财政部规划教材
全国高职高专院校国际贸易专业规划教材

"十二五"江苏省高等学校重点教材
2014－1－087

国际货运代理实务

（第四版）

钱琳伊　许　妍　主　编
陶　莉　张　佳　副主编

中国财政经济出版社

图书在版编目（CIP）数据

国际货运代理实务/钱琳伊，许妍主编；陶莉，张佳副主编. --4 版. --北京：中国财政经济出版社，2022.8

财政部规划教材　全国高职高专院校国际贸易专业规划教材

ISBN 978 -7 -5223 -1554 -6

Ⅰ. ①国…　Ⅱ. ①钱… ②许… ③陶… ④张…　Ⅲ. ①国际货运 - 货运代理 - 高等职业教育 - 教材　Ⅳ. ①F511.41

中国版本图书馆 CIP 数据核字（2022）第 117558 号

责任编辑：张　铮　　　　责任校对：杨　波

封面设计：卜建晨

国际货运代理实务（第四版）

GUOJI HUOYUN DAILI SHIWU

中国财政经济出版社 出版

URL：http：//www. cfeph. cn

E - mail：cfeph@ cfeph. cn

社址：北京市海淀区阜成路甲 28 号　邮政编码：100142

营销中心电话：010 - 88191522

天猫网店：中国财政经济出版社旗舰店

网址：https：//zgczjjcbs. tmall. com

廊坊市佳艺印务有限公司印刷　各地新华书店经销

成品尺寸：185mm ×260mm　16 开　17.75 印张　421 000 字

2022 年 8 月第 4 版　2022 年 8 月河北第 1 次印刷

定价：55.00 元

ISBN 978 -7 -5223 -1554 -6

（图书出现印装问题，本社负责调换，电话：010 - 88190548）

本社质量投诉电话：010 - 88190744

打击盗版举报热线：010 - 88191661　QQ：2242791300

编写说明

本书自2008年第一版、2011年第二版发行以来，得到了社会各界的广泛采用，并取得了较好的市场业绩。2014年，《国际货运代理实务（第二版）》被评为江苏省“十二五”高等学校重点建设建材，次年第三版发行。

近年来，我国高等职业教育呈现出高质量、高层次发展的态势，我国外向型经济亦呈现出高质量发展、数字化转型的新特征，国际货运领域亦出现新发展、新动态。因此为了更好地适应我国高等职业教育发展的新要求，体现国际货运行业发展的新态势、新特点，我们集结了高职教育一线的专业教师和从业于国际货运行业一线的专业人士共同对原第三版进行了修订。

本次修订，我们以习近平新时代中国特色社会主义思想为指导，广泛调研了国际货运领域的政府部门、行业企业、高职院校，查阅了大量文献资料、网络资讯等，深入贯彻立德树人的育人思想，紧紧围绕职业教育实践育人的理念，优化了教材结构体系，重新设计了各单元的学习目标，更新了各模块的知识点，补充了行业新资讯、新案例，丰富了内容表现形式，使教材内容更加适教宜学，清晰易懂。本次修订主要呈现出以下特点：

1. 思政性。本次修订充分落实与课程思政的有机衔接：在各单元增加了与专业内容紧密相关的素养目标；在各模块的“教学视频”、“知识链接”、“案例分析”等有关部分融入德育元素，使专业教育与思政育人自然融合。

2. 职业性：本次修订充分对接国际货运代理行业的岗位工作要求，对接国际货运代理从业人员岗位专业证书的考试大纲，全面更新了相关内容，并更新了各模块的“知识链接”、“案例分析”、“复习题”等，教材内容更新鲜。

3. 实践性。本教材支持的课程是外经贸类专业的主干课程，具有理实一体的特性，所以本次修订，在各模块内容组织与编写时，充分采用任务导向的形式开启、引导全篇，并在各模块配以“技能训练”，彰显教学做一体的特点。

4. 立体化。本次修订在各模块的重点知识点处，以二维码形式压缩呈现教学视频、小案例、小资讯等，更易学易懂。同时，本教材配以整套的在线课程资源，包括教学PPT、教案、案例库、习题库等，这使得教材使用资源更丰富、更立体，也使教与学变得更轻松。

本次修订，由无锡商业职业技术学院的老师们和货代企业的业务骨干共同协作完成，具体分工如下：

主　编　　钱琳伊（副教授、硕士），修订模块1、模块2和模块3

许　妍（讲师、硕士），修订模块4、模块7和模块8

副主编　陶　莉（讲师、硕士），修订模块5和模块6

张　佳（讲师、硕士），修订模块9

企业导师　张　俊　无锡泽华经贸有限公司董事长兼总经理

张　浩　可耐福石膏板（江苏）有限公司采购经理

黄洁华　中国外运长江有限公司无锡分公司经理

全书由钱琳伊总纂和修改。在此次修订中参考了大量书籍和资料，并得到了很多货代企业经理人的支持和帮助，在此谨向有关作者以及提供资料的公司和人员表示一致的感谢。

由于时间紧、任务重，书中难免有疏漏和不足之处，敬请同行专家和广大读者批评指正。

编　者

2022年6月

目 录

单元一
货代基础知识

【知识目标】

1. 熟悉货运代理基本知识；
2. 知道国际货代企业的主要岗位及工作职责。

【能力目标】

1. 能解决简单的货运代理纠纷；
2. 能熟练掌握国际货运代理责任保险承保范围和除外责任。

【素养目标】

1. 初步形成货运代理的纠纷避免、风险防范的意识；
2. 形成培养自我严谨细致的工作作风、科学规范的职业精神的意识。

案例导读

中国外运股份有限公司（以下简称“中国外运”）是招商局集团物流业务的统一运营平台和品牌。2003 年 2 月 13 日在香港联合交易所有限公司上市，2019 年 1 月 18 日在上海证券交易所有限公司上市，是“A + H”两地上市公司（股票代码：0598. HK，601598. SH）。根据 Armstrong & Associates，Inc.

发布的2020年榜单，中国外运货运代理服务居全球第三，全球第三方物流居全球第七。

中国外运的产品和服务包括海运、空运、公路和铁路运输、船务代理、仓储及配送、码头服务等。不管客户的货物种类是什么，目的地在何处，中国外运全力使客户的产品更加准时、安全、高效地面向市场，帮助客户获得竞争优势。

中国外运以打造世界一流智慧物流平台企业为愿景，聚焦客户需求和深层次的商业压力与挑战，以最佳的解决方案和服务持续创造商业价值和社会价值，形成了以专业物流、代理及相关业务、电商业务为主的三大业务板块，为客户提供端到端的全程供应链方案和服务。

(资料来源：根据网络资料整理获得。http：//www. sinotrans. com)

模块1　国际货运代理综述认知

【模块任务】

货物经过合理的运输途径才能既快捷又经济地完成交付，在国际贸易中这需要国际运输来完成。其中，国际货代会起着怎样的作用？国际货代企业又是怎样运营的呢？

一、国际货运代理行业概述

国际货运代理行业的兴起是国际贸易发展到一定程度必然的产物。由于国际货运代理长期从事国际货物运输的代理业务，能做到以最低廉的运费和最快的速度实现货物的安全便捷运输，节省了客户的时间和精力，降低了商品的成本，为客户赢得利润，并且可以避免不必要的损失和延误。

资料卡

国际货运代理行业早在公元10世纪就已建立，初期为报关行，其从业人员多系从国际贸易企业而来，人员素质较高，能为货主代办相当一部分国际贸易业务和运输事宜，随着贸易的发展，逐渐派生出一个专门行业，在其发展过程中，有些国家曾试图取消它，让货主与承运人直接发生业务关系，减少中间环节，但都未成功。因为构成国际货运市场的货主、货运代理、船东（或其他运力）、船代四大主体，与港务码头、场、站、库等客体不能相混，不能兼营，不能交叉经营，取消代理行业会使国际货运市场竞争秩序出现混乱。

（一）国际货运代理的含义

国际货运代理协会联合会（FIATA）对货运代理下的定义是：货运代理是根据客户的指示，并为客户的利益而揽取货物运输的人，其本人并不是承运人。货运代理也可以依据这些条件，从事与运送合同有关的活动，如储货（也含寄存）、报关、验收、收款。

1995 年 6 月 29 日公布的《中华人民共和国国际货运代理业管理规定》（以下简称《管理规定》），国际货运代理业被定义为："接受进出口业务货物收货人、发货人的委托，以委托人的名义或者以自己的名义，为委托人办理国际货物运输及相关业务并收取服务报酬的行业。目前我国普遍采用的是《管理规定》所作的定义。

国际货运代理企业作为代理人从事国际货物运输代理业务，是指国际货运代理企业接受进出口货物收货人、发货人或其代理人的委托，以委托人的名义或者以自己的名义办理有关业务，收取代理费或佣金的行业；作为独立经营人从事国际货物运输代理业务，是指国际货运代理企业接受进出口货物收货人、发货人或其代理人的委托，签发运输单证，履行运输合同并收取运费以及服务费的行为。

（二）国际货运代理的主要工作内容

1. 代表货主的利益

选择运输方式和运输线路、订舱、仓储、安排短途运输、缮制各种运输单据，办理报关、报检、投保等相关手续。

2. 代表承运人的利益

揽货、签发运输单据等。货代本身并不拥有货物的所有权和运输工具，只是为他人提供服务的中间人，在社会经济结构中属于第三产业。

（三）国际货运代理的作用

1. 组织协调作用

国际货运代理人历来被称为"运输的设计师"，"门到门"运输的组织者和协调者。凭借其拥有的运输知识及其他相关知识，组织运输活动，设计运输路线，选择运输方式和承运人（或货主）——提供更专业化的服务。

协调货主、承运人及其与仓储保管人、保险人、银行、港口、机场、车站、堆场经营人和海关、商检、卫检、动植检、进出口管制等有关部门的关系，可以省却委托人时间，减少许多不必要的麻烦，专心致力于主营业务。

2. 专业服务作用

国际货运代理人的本职工作是利用自身专业的知识和经验，为委托人提供货物的承揽、交运、拼装、集运、接卸、交付服务，接受委托人的委托，办理货物的保险、海关、商检、卫检、动植检、进出口管制等手续，甚至有时要代理委托人支付、收取运费，垫付税金和政府费用。国际货运代理人通过向委托人提供各种专业服务，可以使委托人不必在自己不够熟悉的业务领域花费更多的心思和精力，使不便或难以依靠自己力量办理的事宜得到恰当、有效的处理，有助于提高委托人的工作效率。

3. 降低成本作用

国际货运代理人掌握货物的运输、仓储、装卸、保险市场行情，与货物的运输关系人、仓储保管人、港口、机场、车站、堆场经营人和保险人有着长期、密切的友好合作关系，拥有丰富的专业知识和业务经验，有利的谈判地位，娴熟的谈判技巧，通过国际货运代理人的努力，可以选择货物的最佳传输路线、运输方式，最佳仓储保管人、装卸作业人和保险人，争取公平、合理的费率，甚至可以通过集运效应使所有相关各方受益，从而降低货物运输关系人的业务成本，提高其主营业务效益。

4. 资金融通作用

国际货运代理人与货物的运输关系人、仓储保管人、装卸作业人及银行、海关部门等相互了解、关系密切、长期合作、彼此信任，国际货运代理人可以代替收、发货人支付有关费用、税金，提前与承运人、仓储保管人、装卸作业人结算有关费用，凭借自己的实力和信誉向承运人、仓储保管人、装卸作业人及银行、海关部门提供费用、税金担保或风险担保，可以帮助委托人融通资金，减少资金占压，提高资金利用效率。

5. 沟通控制作用

国际货运代理人拥有广泛的业务关系，发达的服务网站，先进的信息技术手段，可以随时保持货物运输关系人之间、货物运输关系人与其他有关企业、部门的有效沟通，对货物进行运输的全过程进行准确跟踪和控制，保证货物安全、及时运抵目的地，顺利办理相关手续，准确送达收货人，并应委托人的要求提供全过程的信息服务及其他相关服务。

6. 咨询顾问作用

国际货运代理人通晓国际贸易环节，精通各种运输业务，熟悉有关法律、法规，了解世界各地有关情况，信息来源准确、及时，可以就货物的包装、储存、装卸和照管，货物的运输方式、运输路线和运输费用，货物的保险、进出口单证和价款的结算，领事、海关、商检、卫检、动植检、进出口管制等有关部门的要求等向委托人提出明确、具体的咨询意见，协助委托人设计、选择恰当的处理方案，避免、减少不必要的风险、周折和浪费。

(四) 国际货运代理的性质

根据《中华人民共和国国际货物运输代理业管理规定》对国际货运代理人的定义，国际货运代理人既可以作为进出口货物收货人、发货人的代理人，也可以作为独立经营人。因此，在我国，国际货运代理人可以具有代理人身份，也可以具有独立经营人或承运人（对收货人或发货人而言）的身份。

国际货运代理人作为代理人从事国际货物运输代理业务时，均以委托人名义进行，收取的是代理费或佣金；作为独立经营人或承运人从事国际货物运输代理业务时，是自己的名义进行货物运输，可签发自己公司的运输单证，按照与进出口收货人、发货人签订的运输合同提供运输服务，并收取运费及服务费。

(五) 国际货运代理业的发展

1. 世界国际货运代理业的现状

1 –1 案例分析

20 世纪 50 年代以来，随着世界各国经济贸易往来的日益频繁，跨国经济活动的增加，世界经济一体化进程的加快，国际货运代理行业在世界范围内迅速发展，国际货运代理人队伍不断壮大，并已成为促进国际经济贸易发展，繁荣运输经济，满足货物运输关系人服务需求的一支重要力量。经过几十年的发展，世界各国已有国际货运代理公司 40000 多个，从业人员达 800 ~ 1000 万人之众。在经济比较发达的西欧主要国家，平均每个国家都有 300 ~ 500 家国际货运代理公司。其中，联邦德国有 4500 多家，法国也有 2000 多家。在美洲，仅 20 世纪 90 年代的美国，就有货运代理公司 6000 多家。在亚洲，日本拥有国际货运代理公司 400 多家，新加坡拥有国际货运代理公司 300 多家，韩国、印度分别拥有 200 多家。我国香港地区拥有国际货运代理公司 1000 多家，台湾地区拥有近 260 家。目前，世界上 80% 左右的空运货物，70% 以上的集装箱运输货物，75% 的杂货运输业务，都控制在国际货运代理人手中。

1 –2 全球十大货代公司排行，你知道几个？

货运代理行业的发展并不平衡。总的来讲，发达国家的国际货运代理行业发展水平较高，制度比较完备，国际货运代理公司多数规模较大，网络比较健全，人员素质较高，业务比较发达，控制了世界国际货运代理服务市场。发展中国家的国际货运代理行业发展比较缓慢，制度不够完备，国际货运代理公司多数规模较小，服务网点较少，人员缺乏培训，以本国业务为主，市场竞争能力较差。

2. 中国国际货运代理业的现状

中国的货运代理行业起步较晚，历史较短，但是由于国家重视，出台政策予以鼓励，实现了规范发展，发展十分迅速。2010 ~ 2013 年四年间，国际货运代理企业的数量达到 32160 家，整个行业以市场为导向，整体实力得到提升。目前，中国 80% 的进出口贸易货物运输和中转业务（其中，散杂货占 70%，集装箱货占 90%），

90%的国际航空货物运输业务都是通过国际货运代理企业完成的。

3. 中国国际货运代理企业的发展方向

改革开放30多年来，随着中国对外贸易的高速增长，中国国际货运代理业的发展方兴未艾，已成为一个初具规模的新兴服务产业。但从整体上讲，中国目前国际货运代理业的现状可概括为：经营规模小、资产规模小，服务功能少、专业人才少、竞争力弱、融资能力弱、服务质量参差不齐、缺乏网络或网络分散，经营秩序不规范。随着经济全球化带来的挑战及中国货运市场的进一步开放，中国的国际货运代理业必将分化重组。未雨绸缪，在这种大背景下，关注思考中国国际货运代理企业的发展方向就显得十分必要。中国货运代理企业发展方向应定位于规模化、专业化、网络化、物流化。

（1）规模化。规模化作为中国货运代理企业发展的一项基本战略，是合理配置其现有资源、推动其永续经营的必由之路。规模化是货运企业应对经济全球化挑战的必然选择。经济全球化的实质就是优化配置全球资源，由其引发的主要特征是世界范围内产业结构的调整和转移。其中一个突出表现就是合并、收购、重组之势风起云涌、高潮迭起。就航运业来说，“东方海外”收购“美国总统”，“马士基”收购“海陆”就是明显例证。这两年航运市场由低迷趋向活跃，经营业绩表现不俗，一方面是世界经济持续增长的驱动；另一方面，与航运业的兼并收购所产生的规模经济性密切相关。规模化是整合中国目前中小货运代理企业资源的内在要求。

随着货运市场的进一步开放，实力超群的外资货运代理企业将大显身手，相当一批势单力薄的货运代理企业将被淘汰出局，出路之一就在于联合、重组，搞战略联盟。而从货源、资金、网络的规模化人手，走规模经营之路，正是实施这一战略必要而有效的一步。以资产和效益为纽带，打破地域、行业、企业等界限，在业务上通过空运销售代理、海运订舱代理或指定代理、一程租船经营等方式，租金货源的规模化、集约化。在财务上，通过集中融资、吸纳外资、私营等民间资本，从资金上为推动规模经营提供保障。在管理上，通过经理层年薪、职工内部持股，竞聘上岗等机制创新，加大货运代理企业横向间联合、兼并、重组的步伐，整合货运代理行业固有资源，推动其发展壮大。

（2）专业化。从完善服务功能，开展集约经营的角度出发，专业化服务是对货运代理企业的基本要求。目前我国多数货运代理仍停留在“代办运输”的中间人角色，服务功能单一、管理水平落后，客户需求只能低层次的得到满足，随着市场竞争的加剧和客户需求的提高，货运代理企业还应当完成向独立运输经营人的角色转换，为此就必须拓宽服务功能，提升服务档次，在业务操作、员工素质、企业文化等方面按专业化服务的标准规范企业行为，从战略、成本、质量、营销等方面提高企业的管理水平。

专业化是培育货代企业核心竞争力的必然要求。企业的核心竞争力是指企业最擅长的业务，是企业品牌、主业、实力、创新能力等综合资源优势的外化。而专业化是培育和增强企业核心竞争力的重要途经，一个货代企业只有立足于专业化经营，才能将它区别于其他企业的地方淋漓尽致地表现出来，通过核心竞争力来凝聚利润，从而使其在激烈的市场竞争中立于不败之地。国际货运代理的业务范围十分广阔，专业化服务的内容就是要求货代企业以培育和增强企业核心竞争力为目的，在空运、整箱、拼箱、海运、租船、集港疏运、仓储分拨、物流配送等业务上选择其中的一两项作为主业，在市场开发、企业战略、人才选用、管理规范等资源配置方面采用密集性的营销策略，稳扎稳打、滚动发展，最终成为市场领导者。

目前，我国相当一批中小货代企业货源、资金、人才等资源有限，瞄准专业化发展目标，是他们迎接挑战，参与市场竞争激烈的明智选择。

(3) 网络化。网络化有三层递进含义：①货运代理企业有形的国内外营运网点的建设。货运代理作为国际运输的一项辅助服务，发展到成熟阶段就必须有一定的网络支撑，否则既缺乏滚动发展的后劲，也会使满足客户需求的理念流于形式。目前，除一些大型货代和一些合资货代拥有相对比较完善的网络设施外，中国其他货代企业普遍缺乏网络培育，这是导致中国货代企业竞争力不高的一个重要原因。②总部对货代企业营运网点的资源能统一调配，通过网络运作追求规模效益。这就要求各营运网点之间不能各自为政、自相残杀，而是根据业务和战略发展的需要联成一体，服从总部的集中指挥和管理协调。这正是泛亚班拿、辛克、联邦快递等跨国货代的经营之道。③货代企业这些星罗棋布的网点怎样联结的问题。信息化、网络化的时代特征决定了利用Internet、EDI、E－mail等先进的传输方式，构筑无形的信息管理系统，通过电子商务实现内部资源网络化运作，这是联结这些分割的有形网点的最快捷和最有效手段，唯有如此，才能达到提高效率、降低成本、共享资源的目的。

(4) 物流化。第三方物流作为现代物流的核心思想之一，对于货运代理企业优化产业结构、提高竞争力、培育新的利润增长点无疑具有重要意义。物流在中国还不是一种成熟的产业，国内外客户需求又有很大不同，根据本国特色，确定符合我国国情的货代物流产品是适应市场的首要条件。另外，由于中国货运代理企业长期处于低层次的粗放经营状态，系统组织能力很低，又缺乏有效的全球网络，提供全球供应链的管理服务有一定难度。所以，我国的货代企业首先要解决的是如何根据自己的条件，融入到全球物流体系之中，开发不同层次的物流服务，最大限度地在物流产业中受益。

根据我国货代企业服务创新的目标，有以下几种模式选择：①以提高服务附加值为目标的基础物流服务。运输、仓储、包装、分拨是物流的基本环节，也是物流系统的实际执行者，并构成了物流产业的基本需求。②以培育新的客户群为目标的个性化物流服务。客户对运输和物流的需求具有多样性，特别是中小型客户，自身的商务功能有限，需求更具有特殊性，这是一个巨大的潜在客户群。为这些客户提供包括运输、仓储、商务等附加服务在内“量体裁衣”式的灵活物流服务，不仅可以有效地支撑货代主业，还可以增加附加收入。③以实现产业更新为目标的第三方物流服务—系统物流服务。第三方物流是介于客户和实际物流承担者之间，为生产商提供物流设计、控制和供应链管理的物流服务模式。这是物流服务体系中的最高层。这种服务不同于货运代理和承运人提供的劳务和基础设施的服务，而是采取虚拟经营的方式，销售专业物流决策和管理技能，主要职能是总体成本控制和对供应链实施动态监控，代表了物流需求的最本质思想。当中国的货运代理企业实现这一物流服务，实际上已经完成了由单纯货运代理服务向货运代理物流服务的升级，可以说达到了物流服务的最高境界。

需要指出的是，物流服务不是一种定型的东西，物流服务模式仅仅代表了三种方向，我国的货代企业完全可以根据自身特点，进行优化组合，最大限度地发挥自身的资源优势，设计出自己的综合物流服务产品。规模化、专业化、网络化和物流化作为我国货代企业发展应确立的四项战略，规模化和网络化侧重企业的组织结构和经营方式，而专业化和物流化侧重企业的管理形态和经营内容，它们相互渗透、互为贯通，统一于我国货代企业发展的实践和战略部署中。其中最核心的是专业化、规模化，这是因为货代企业靠专业化服务创出品牌效应后，为创造新的市场份额，既要通过营运网点的延伸提升经营规模，也必须运用信息管理系统将各支点对接起来才能真正实现满足客户需求的经营理念。货代企业打造特色品牌、加快网络建设的目的也无不是为了把市场蛋糕做大，实施这种战略的本身就隐含着推进规模化经营的过程；现代物流的两大核心思想是专业服务和系统整合，联系我国货代企业的现状，货代企业向现代物流经营转型的前提就是在培育核心竞争力和壮大网络规模两大任务上有所突破，这恰好反映了专业化和规模化思想的本质要求。

（六）国际货运代理相关的行业组织

1. 国际货运代理协会联合会（法文缩写为 FIATA，并作为国际货运代理协会联合会的标识。英文全称 International Federation of Freight Forwarders Association）

FIATA 于 1926 年 5 月 31 日在奥地利维也纳成立，总部设在瑞士苏黎世，是一个非营利性的国际货运代理行业组织，其目的是保障全球货运代理的利益并促进行业发展。FIATA 在各大洲设有办事处，亚洲和太平洋地区办事处设在印度孟买。国际货运代理协会联合会的最高权力机构是会员代表大会，下设代表大会主席团，对外代表 FIATA，对内负责 FIATA 的日常管理。FIATA 设有四个地区委员会——非洲和中东、美洲、亚太以及欧洲委员会。其会员分为：一般会员、团体会员、联合会员和名誉会员四类。我国对外贸易运输总公司作为一般会员的身份，于1985 年加入该组织。2000 年 9 月中国国际货运代理协会成立，次年作为一般会员加入 FIATA。中国台湾地区和香港特区各有一个区域性的一般会员，台湾地区以中国台北名称在 FIATA 登记注册。目前，我国大陆有 20 多个联合会员，香港地区有 105 个联合会员，台湾地区有 48 个联合会员。国际货运代理协会联合会是全球运输行业中最大的非政府组织和非营利性国际组织，具有广泛的国际影响。该组织通常每年 9 月在全球（非洲/中东、美洲、亚太和欧洲）不同城市举办一次世界性代表大会。

国际货运代理协会联合会的宗旨是保障和提高国际货运代理在全球的利益。其主要贡献有：提供各国立法参考的《国际货运代理示范法》；推荐各国国际代理企业采用《国际货运代理标准交易条件》；制定了 FIATA 运送指示、FIATA 货运代理运输凭证、FIATA 货运代理收货凭证、FIATA 托运人危险品运输证明、FIATA 仓库收据、FIATA 可转让联运提单和 FIA－TA 收发货人联运重量证明等单证格式范本。

2. 中国国际货运代理协会（China International Freight Forwarders Association，CIFA）

中国国际货运代理协会

该协会成立于2000 年9 月6 日，是在中华人民共和国境内注册的国际货运代理企业自愿组成的非营利性质的行业协会。

中国国际货运代理协会的宗旨是：维护我国国际货运代理行业的利益，保证会员企业的正当权利，促进我国国际货运代理行业的健康发展。

中国国际货运代理协会的主要业务范围是：协助政府主管部门依法规范国际货运代理企业的经营行为，整顿行业秩序；开展行业市场调研，编制行业统计；组织行业培训及行业发展研究；承担政府主管部门委托的部分职能；为会员企业提供信息咨询服务；代表全行业加入国际货运代理协会联合会，开展同业国际交流。

中国国际货运代理协会的主要任务是：协助政府部门加强行业管理；为政府制定行业发展规划和管理政策提供建议；保护会员的合法权益；维护国际货运代理行业经营秩

序；保护行业利益，维护行业信誉；组织行业人员的业务培训等 11 项。同时，中国国际货运代理协会负责国际货运代理企业业务备案的具体组织实施工作。

3. 我国各地区国际货运代理协会

货代市场的发展迫切需要有一个行业组织来协调企业和政府、企业与市场的关系。上海在 1992 年率先成立了国际货运代理的行业协会，随后各地区的国际货运代理行业协会在后来的 10 年中也纷纷成立。这些行业协会都是由国际货运代理企业自愿组成的、非营利性的行业组织，接受地区外经贸主管部门和民政部门的监督管理。随着经济发展，特别是我国加入 WTO 以后政府职能不断转变，行业管理将进入一个政府监管与行业自律并重的新阶段。

协会作为联系政府与会员之间的纽带和桥梁，其职能主要是：服务政府和会员企业，通过服务增强行业组织的凝聚力；协助政府部门对本地区国际货代企业实施行业管理，运用法律法规指导督促企业依法经营，维护国际货代行业的经营秩序，促进行业的健康发展；与政府有关部门建立沟通协商机制，及时反映涉及会员集体利益的意见和建议，依法维护本行业利益；负责本行业业务培训；组织会员国内外业务考察，推动会员企业间的横向交流与合作；向会员企业提供各种有关行业信息，以及承担行业调查、行业统计、公信证明等职能。

二、国际货运代理企业的类型与业务范围

（一）国际货运代理企业的主要类型

1. 国际货物运输代理企业

国际货物运输代理企业是指接受出口货物的收发货人的委托，代为办理国际货物运输及相关业务并收取相关服务费用的企业，简称货代企业。货代企业本身不是货物的承运人，是货主与承运人的中间人。货代企业通过为货主提供安排运输、仓储、安排接货、货物的集装和分拨、办理相关手续、代为保险、代为报关报检等服务项目获得运费的差价、佣金和服务费等利益和报酬。

根据我国的有关规定，国际货运代理企业必须在商务部或地方外经贸主管部门办理备案手续后方可经营。目前我国货代企业主要从事的是：海上货物运输代理业务；航空货物运输代理业务；国际陆路（铁路、公路）运输代理业务和国际多式联运业务。由于国际货物运输主要是通过海运和空运来完成的，海运代理业务和空运代理业务占了货代业务的绝大多数。货代企业通过自己的特长和优势获得优惠的运价，既为货主提供服务，也为自己获得利益。

（1）海上运输代理业务。由于海运成本相对低廉，目前世界上 80% 的国际货物运输都是由海运完成的，因此，海运代理业务占了货代业务的大半部分，其主要从事着国际集装箱货物和件杂货运输代理业务。从事海运代理业务，必须掌握国际海运航线

地理知识，熟悉与海上运输和进出口业务相关的法律、法规和国际公约，熟悉船舶的航运知识、船舶和码头的货物装载知识、集装箱知识、运价和各种附加费用的有关规定等。

（2）航空运输代理业务。航空运输速度快、安全及时、运输环节少，因而被越来越多的人所采用。一方面，客户为了运送那些价值昂贵的货物、鲜活的产品、易腐和季节性强的商品往往选用航空运输；另一方面，由于国际贸易竞争激烈，货主为了把握商机，争取高利润，也普遍采用航空运输来提高自己的竞争力。从事空运代理业务，必须掌握国际航线和各国的航班情况，熟悉与航空运输和进出口业务相关的法律、法规和国际公约，熟悉各类机型和各种装载知识，会计算各类航空运费，并懂得如何合理地组织运输，以利于节约运输成本。

（3）国际陆路（铁路、公路）运输代理业务。国际陆路（铁路、公路）运输代理业务虽然不是国际货物运输代理的主要业务，但因其运输便捷、运量大、成本低、受气候影响比较小等，有时也具有不小的市场，特别是在与内陆地区连接的大陆桥运输和联合运输中起到了很大的作用。从事国际陆路（铁路、公路）运输代理业务的企业必须掌握国际陆路运输的相关业务，熟悉铁路、公路主要干线，熟悉有关铁路、公路运输和货物装载知识，了解集装箱相关知识等。

（4）国际多式联运业务。国际多式联运是20世纪80年代兴起的一种国际货物运输方式，通过两种以上的运输方式将多程运输交由一个承运人完成。把传统的海海、空空、陆陆单一运输有机地结合起来，为客户提供经济、安全、合理、迅速、简便的运输服务。国际多式联运业务有别于传统的代理业务。国际多式联运的经营人虽然可能不具有运输工具，但其还是以承运人的角色为客户提供服务，不但要承担代理人的责任，还要承担国际货物运输人的责任。国际多式联运企业不仅需要熟悉代理业务，还必须熟悉相关承运人的业务知识。

2. 船舶代理企业

船舶代理企业是指接受船舶所有人的委托，代办与船舶有关的一切业务的企业。船舶代理业务范围很广，主要包括船舶进出港业务、货运业务、船舶供应和船舶服务方面等业务以及其他服务性业务等。

根据我国的有关规定，船舶代理企业必须经交通部批准方可经营。船舶代理企业主要分为两类：船务代理企业和订舱代理企业。在国际货运代理业务中，订舱代理企业主要从事船舶订舱业务。我国的国际货运代理企业往往有着不同的背景，有些企业背靠船公司，具有船公司的优先订舱权，且可以代为承运人签发承运合同，实际上这些货代企业就扮演着船舶代理的角色。

3. 无船承运人

无船承运人是指在国际货物运输中的契约承运人，而不是实际完成运输的实际承运人。国际货运代理企业进入运输领域、开展单一方式运输或多式联运业务时，由于与委托人订立运输合同并签发自己的运输单证（FCT、FBL 等），对运输负有责任，因而已经成为承运人。但是，由于它们一般并不拥有或掌握运输工具，只能通过与拥有运输工具的承运人订立运输合同，由他人实际完成运输，它们实际的角色是自己不完成运输任务，但要承担订立货物运输合同的责任。

4. 第三方物流经营人

第三方物流的本质就是通过运用各种信息技术，将传统的仓储、运输、装卸、包装等货物流动的活动系统化、专业化。第三方物流作为国际货运代理的一种发展，可以看作是国际货运代理业务的延伸和拓展，实际上就是将传统的货运代理和新的增值服务结合起来，以达到降低货物的流通成本，为客户提供便捷、低廉的服务，经营人自己通过服务的延伸获取更多的利润。

第三方物流经营活动由于业务范围的扩大，涉及的服务领域和项目也在增加，经营人的责任和风险也随之增大。由于第三方物流经营人在我国属于起步和发展阶段，其名称和业务的范围并没有一明确的界定。

资料卡

国际货运代理人与无船承运人的识别方法

一、合同的约定

根据合同的名称和内容判断该合同属于运输合同或代理合同，进一步判断货运代理公司的法律身份（无船承运人或货运代理人）。如果合同的名称与合同的内容不一致（如合同的名称为运输合同，而合同的内容中没有运输合同的基本条款），则以合同的内容为准。

二、是否签发无船承运人提单

1. 看提单格式

在货运代理公司使用自身格式的无船承运人提单（提单抬头印制了货运代理公司名称）的情形下，一般应认定其为无船承运人；反之，在货运代理公司没有使用自身格式的无船承运人提单，而是由船公司签发船东提单的情形下，则船公司为承运人，货运代理公司一般为代理人。

2. 看提单的签署

一般而言，船东提单以船公司为抬头，由船舶代理人代签。无船承运人提单通常由货运代理公司自己签署，其签署应与抬头一致，即表明“作为承运人”（As carrier）。然而，现实中往往并非如此。绝大多数货运代理公司即使使用其无船承运人提单，在签署时仍然表示其“作为代理人”（As agent 或 As agent for the carrier）。目前法院新的观点认为：在识别无船承运人的场合，在签署与格式（抬头）不一致的情况下，以格式为准，因为所谓的 Carrier 其实并不存在。

三、收取报酬的形式

目前货运代理公司取得报酬的主要形式为包干费用，即由货主一次性向货运代理公司支付包括货物运费和货运代理公司利润在内的费用。货运代理公司在收取货主支付的费用之后（或之前），向船公司支付较低的运费，其中差额为货运代理公司的利润。这种收费方式，也常常被当事人（一般为货主）引以为判断货运代理公司法律身份的理由：收取运费是承运人的权利，货运代理公司收取运费，可以表明其承运人的身份。

四、其他方法

在上述条件均不能判断的情况下，识别货运代理公司的身份，首先需要从货运代理公司对委托人的询价答复、托运单或委托书的内容、船公司签发给货运代理公司的提单等方面综合考虑。

（二）国际货运代理企业的业务范围

国际货运代理人的业务范围相当广泛。至于具体某个国际货运代理企业的经营范围，应以其经营许可证上核准的业务范围为准，但须符合《中华人民共和国国际货运代理业管理规定实施细则》。

根据《中华人民共和国国际货运代理业管理规定实施细则》的规定，国际货运代理企业的经营范围如下：

（1）揽货、订舱（含船租、包机、包舱）、托运、仓储、包装。

（2）货物的监装、监卸、集装箱的拆箱、分拨、中转及相关的短途运输服务。

（3）报关、报检、报验、保险。

（4）缮制签发有关单证、交付运费、结算及交付杂费。

（5）国际展品、私人物品及过境货物运输代理。

（6）国际多式联运、集合（含集装箱拼箱）。

（7）国际快递（不含私人信函）。

（8）咨询及其他相关国际货运代理业务。

三、国际货运代理企业的管理

1. 货运代理主要管理部门

按照我国政府的有关规定，商务部和各省、自治区、直辖市、

1－3 海洲国际货运有限公司

经济特区、计划单列市的政府商务主管部门对国际货运代理行业进行监督管理。其主要职能是：①制定和执行国际货运代理行业的政策、法规和规章；②审批外商投资国际货运代理企业；③主管国际货运代理企业备案工作；④规范行业的经营行为和经营秩序，处罚违规行为；⑤指导行业协会开展工作。

根据《中华人民共和国行政许可法》和有关规章规定，国务院和地方商务主管部门赋予中国国际货运代理协会和各地方行业协会部分行业的管理职能，主要体现在协调政府与国际货运代理企业的关系、企业的备案、企业的年审、业务人员的培训和行业自律等方面。另外，国务院公路、水路、铁路、航空、邮政运输主管部门以及联合运输主管部门根据与本行业有关的法律、法规和规章，也对国际货运代理企业的设立及其业务活动进行不同程度的管理。目前，我国对国际货运代理行业实行的是以商务部门为主、其他相关管理部门参与、行业协会自律的管理体制。

2. 国际货运代理行业管理主要法律依据

到目前为止，国际货运代理行业管理的主要法律依据是：1995 年 6 月 6 日国务院批准，当年 6 月 29 日由对外贸易经济合作部颁发的《中华人民共和国国际货运代理业管理规定》（以下简称《管理规定》）；1998 年 8 月 28 日对外贸易经济合作部颁发的《中华人民共和国国际货物运输代理业管理规定实施细则》（以下简称《实施细则》）；对外贸易经济合作部于 2002 年 12 月 21 日颁发的《中华人民共和国外商投资国际货运代理业管理规定》；2003 年 12 月 7 日商务部颁发的《外商投资国际货运代理业管理规定(补充规定)》。

《管理规定》和《实施细则》明确了国际货运代理业的定义，规定了对外贸易经济合作部是国际货运代理行业的业务主管部门，并对业务管理的方法和途径进行了规范。在《管理规定》和《实施细则》中明确了国际货运代理企业的设立条件、审批程序、业务范围和对违规行为的处罚。由于《管理规定》和《实施细则》中有关国际货运代理企业的审批程序与后来的《中华人民共和国行政许可法》相冲突，从 2004 年 5 月 19 日起，《管理规定》和《实施细则》中有关国际货运代理企业经营资格审批的规定不再执行。

根据《管理规定》和《实施细则》的规定，设立国际货运代理企业必须具备固定的经营场所、必要的营业设备和一定数量的专业人员。国际货运代理企业最低注册资本为：经营海上国际货物代理业务企业，注册资本最低限额为 500 万元人民币；经营航空国际货物运输代理业务企业，注册资本最低限额为 300 万元人民币；经营陆路国际货物运输代理业务或者国际快递业务企业，最低注册资本限额为 200 万元人民币。兼营两项以上业务（包括两项）的，注册资本最低限额为其中最高一项的限额。如果企业需要设立分支机构，每设立一个分支机构，应增加注册资本 50 万元人民币。

《中华人民共和国外商投资国际货运代理业管理规定》规定了外商投资国际货运代

理企业的定义，外商投资国际货运代理企业的设立条件、审批程序、经营期限等问题。《外商投资国际货运代理业管理规定（补充规定）》允许中国香港、澳门地区服务企业在内地以合资、合作、独资形式设立国际货运代理企业，规定了此类企业的最低注册资本等问题。

由于我国对国际货运代理行业存在着多头管理的现象，除国务院对外经济贸易管理部门（现商务部）以外，国务院和其他行政管理部门也制定了相应的法规和规章，从不同的角度对国际货运代理行业和企业进行了不同程度的管理。如国务院颁布的《中华人民共和国国际海运条例》和交通部发布的《中华人民共和国国际海运条例实施细则》，对无船承运人和国际船舶代理经营者进行了界定，规定了无船承运人的申请资格、申请条件、审批程序、经营范围和无船承运人提单申请办法；明确了国际船舶代理企业及其设立分支机构的申请手续等规定。国家民航总局颁布了《中国民用航空快递业管理规定》，明确了航空快递的定义，规定了经营航空快递业务企业的条件和审批程序。交通部、铁道部联合颁发的《国际集装箱多式联运管理规则》，规定了国际集装箱多式联运经营人的定义，经营集装箱业务企业的审批条件、审批程序和业务范围等。海关总署颁发的《中华人民共和国海关对报关单位注册登记管理规定》，对报关单位的类别、登记注册许可、登记注册程序、报关行为内容等进行了明确的规定。国家质量监督检验检疫总局颁发的《出入境检验检疫代理报检规定》，规定了代理报检单位的注册登记、设立条件和报检的行为规范等具体内容。

3. 国际货运代理的权利

国际货运代理企业的主要业务是接受货主的委托，代理客户完成国际贸易中的货物运输任务，货主是委托方，货代是代理人。根据我国《合同法》的有关规定，国际货运代理企业主要有以下权利：

（1）为客户提供货物运输代理服务获取报酬。

（2）接受委托人支付的因货物的运送、保管、投保、报关、办理汇票的承兑和其他服务所发生的一切费用。

（3）接受委托人支付的因货代不能控制的原因致使合同无法履行而产生的其他费用（如果客户拒付，国际货运代理人对货物享有留置权，有权以某种适当的方式将货物出售，以此来补偿应收取的费用）。

（4）接受承运人支付的订舱佣金。

（5）按照客户的授权，可以委托第三人完成相关代理事宜。

（6）接受委托事务时，由于货主或承运人的原因致使货代受到损失，可以向货主或承运人要求赔偿损失。

4. 国际货运代理的义务

国际货运代理义务是指国际货运代理在接受委托后，对自己的代理事宜应当从事或不应当从事的行为，以及在货运代理业务中与第三人应当或不应当从事的行为。国际货运代理企业一经与货主（委托人）签署合同或委托书，就必须根据合同或委托书的相关条款为委托人办理委托事宜，并对在办理相关事宜中的行为负责。归纳起来其义务分为两类：

（1）对委托人的义务。其主要表现在：①按照客户的指示处理委托事务的义务；②亲自处理委托人委托事务的义务；③向委托人如实报告委托事务进展情况和结果的义务；④向委托人移交相关财物的义务；⑤就委托办理的事宜为委托人保密的义务；⑥由于自己的原因，致使委托业务不能按期完成或造成委托人的生命或财产损失，进行赔偿的义务。

（2）对委托事务相对人的义务。其主要体现在：①如实、按期向有关的国家行政管理部门申报的义务；②如实向承运人报告货物情况的义务；③缴纳税费、支付相关费用的义务；④由于货主或货代本身的原因，致使相关人的人身或财产损失的赔偿的义务。

5. 国际货运代理的责任

国际货运代理的责任是指国际货运代理作为代理人和当事人两种情况时的责任。

（1）作为代理人的责任。国际货运代理作为纯粹的代理人，通常应对其本人及雇员的过错承担责任，其错误和疏忽主要包括：①未按指示交付货物；②尽管得到指示，办理过程中仍然出现疏忽；③报关有误，运往错误的目的地；④未能按必要的程序取得再出口（进口）货物退税；⑤未取得收货人的货款而交付货物；⑥对其经营过程中由于国际货运代理的责任，造成第三人的财产灭失、损坏或人身伤亡。

1－4 国际货运代理企业的义务

（2）作为当事人的责任。国际货运代理作为当事人，是指在为客户提供货运代理服务中以其本人的名义承担责任的独立合同人。他对因履行国际货运代理合同而雇用的承运人、分货运代理的行为或不行为而负责。

1－5 国际货运代理企业的责任

在这种代理中，他与客户接洽的是服务的价格，而不是收取代理手续费。特别当国际货运代理以经营人的身份提供多式联运服务时，作为国际货运代理的标准交易条件中的纯粹代理性质的条款就不再适用了。其合同义务受他所签发的多式联运提单条款的制约，即使此时国际货运代理本人并不拥有船舶或其他运输工具，也将作为多式联运经营人对全程负责，承担如同承运人的全部责任。

6. 国际货运代理的免除责任

免除责任又称免责，是指根据国家法律、国际公约、运输合同的有关规定，责任人免于承担责任的事由。国际货运代理与承运人一样享有免除责任。对于国际货运代理，免除责任通常体现在国际

1－6 案例分析

货运代理标准交易条件或与客户签订的合同中，归纳起来主要包括以下七个方面：

(1) 客户的疏忽或过失所致；

(2) 客户或其代理人在搬运、装卸、仓储和其他处理中所致；

(3) 货物的自然特性或潜在缺陷所致，如由于破损、泄漏、自燃、腐烂、生锈、发酵、蒸发，或由于对冷、热、潮湿的特别敏感性；

(4) 货物的包装不牢固、缺乏或不当包装所致；

(5) 货物的标志或地址错误、不清楚、不完整所致；

(6) 货物的内容申报不清楚或不完整所致；

(7) 不可抗力所致，如战争、海啸、飓风等灾害造成的货物的灭失。

【案例分析】

货运代理是否要承担货车造成的损失?

某货运代理作为进口商的代理人，负责从A港接受一批艺术作品，在100海里外的B港交货。该批作品用于国际展览，要求货运代理在规定的日期之前在B港交付全部货物。货运代理在A港接收货物后，通过定期货运卡车将大部分货物陆运到B港。由于定期货运卡车出现季节性短缺，一小部分货物无法及时运抵。于是货运代理在市场上找了一辆货车，要求该车于指定日期之前抵达B港。然而，该承载货物的货车连同货物一起下落不明。

问：货车造成的损失，是否应由货运代理负责？

【案例分析】

货运代理是否要承担货物受损的责任?

某土畜产进出口公司委托某外运公司办理一批服装的出口运输，从上海运至日本。外运公司租用某远洋运输公司的船舶承运，但以自己的名义签发提单。货物运抵目的港后，收货人发现部分服装已湿损，遂向保险公司索赔。保险公司依据保险合同赔偿收货人后，取得代位求偿权，进而向作为货运代理的该外运公司提起诉讼。

问：保险公司这样做合理吗？货运代理是否要承担责任？

需要说明的是，尽管有上述免责条款的规定，国际货运代理仍需对因自己的过失或疏忽而造成的货物灭失、短少或损坏负责。

另外，作为委托人，应当在国际货运代理对其征询有关业务或处理意见时，及时予以答复，对要求国际货运代理所做的工作亦应及时给予各种明确的指示。如因指示不及时或不当而造成的损失，国际货运代理不承担任何责任。

【复习题】

一、单选题

1. 下列关于国际货运代理协会联合会的描述，不正确的是（　　）。

A. 是非营利性的国际性货运代理行业组

B. 是政府间的国际性货运代理行业组织

C. 维护国际货运代理人的利益，促进行业发展

D. 协调全球货运代理行业活动

2. 下列有关国际货运代理人的表述不正确的是（　　）。

A. 国际货运代理人是委托合同的当事人

B. 国际货运代理人是进出口货物收、发货人的代理人

C. 国际货运代理人是进出口货物收、发货人的委托人

D. 国际货运代理人是进出口货物收、发货人的受托人

3. 以下不属于国际货代企业除外责任的是（　　）。

A. 客户的疏忽或过失所致责任

B. 客户或其代理人在搬运、装卸、仓储和其他处理中所致

C. 货运代理过程中所得到的资料向第三者泄漏

D. 货物的自然特性或潜在缺陷所致责任

4. 我国某货主委托货运代理人安排货物出口事宜，由于货主所提供的货物资料不清楚，造成货运代理人在办理货物出口申报时资料被退回，影响了货物的正常出运。为此造成货主的损失，应当由（　　）承担。

A. 货运代理人　　　　B. 报关行

C. 船公司　　　　D. 货主

二、多选题

1. 下列（　　）属于国际货物运输代理企业的经营范围。

A. 国际展品运输代理　　　　B. 国际多式联运

C. 私人信函快递业务　　　　D. 报关、报检

2. 国际货运代理的具体业务可分为（　　）。

A. 为发货人服务　　B. 为收货人服务

C. 为承运人服务　　D. 提供拼箱服务、多式联运服务

3. 根据 FIATA 货运代理标准交易条件的规定，国际货运代理人可以提供的服务包括办理（　）。

A. 货物的储存　　B. 货物的运输

C. 货物的保险　　D. 货物的官方申报

4. 在国际货物运输服务方面，对委托人或货主而言，国际货运代理人可以起到组织协调，咨询顾问，降低成本和资金融通等作用（　）。

A. 组织协调　　B. 咨询顾问

C. 降低成本　　D. 资金融通

三、判断题

1. 除非国际货运代理企业与委托人另有约定，一般情况下，以发货人或收货人代理人名义在运输单据上签字，或以承运人代理人名义签发运输单据的国际货运代理企业将分别被视为发货人、收货人或承运人的代理人，享有代理人的权利，承担代理人的义务和责任。(　)

2. 在我国，国际货运代理企业既可以作为代理人从事国际货运代理业务，也可以作为独立经营人从事国际货运代理业务。(　)

3. 国际货运代理协会联合会和中国国际货运代理协会均属于政府组织，其宗旨是配合政府部门管理货代行业，维护国际货运代理业正常经营秩序。(　)

4. 国际货运代理协会联合会是一个营利性的国际货运代理行业组织，其宗旨是保障和提高国际货运代理在全球的利益。(　)

5. 在国际货物运输服务方面，对委托人或货主而言，国际货运代理人可以起到组织协调，咨询顾问，降低成本和资金融通等作用。(　)

【案例分析】

这是一个很简单的行业，从业者都是小学文化程度。但以 99.999999% 的精确性，它入选了“吉尼斯世界记录”，年收益高达 1.8 亿卢比，它成为许多经济管理学院研究、讨论的案例。

这一切都得益于孟买拥有一个独特的速递网络，专门提供从顾客家到顾客指定地点的送餐服务。从事这一行业的人员被称作“达巴瓦拉”，“达巴”在印度语中是“饭

盒”、“小桶”的意思，“瓦拉”指某类人，合在一起就是送盒饭的人。达巴瓦拉在送餐时都穿着印度传统的白色长袍，头戴船形小白帽。每到中午时分，在孟买城区纵横交错的大街小巷穿梭的达巴瓦拉是孟买一道独特的风景。

在孟买，目前约有5000名达巴瓦拉，要为20万名顾客送餐。达巴瓦拉同属于孟买盒饭供应者协会，相互之间有明确的分工和协作，是一个有机的整体，绝不会单打独斗。这种餐盒是印度最常见的。餐盒上标有一些数字和字母，表明它来自何方、将要前往何地。外人对此一头雾水，达巴瓦拉却烂熟于心。牢记标志的含义是达巴瓦拉人行的基本功，也是保证送餐顺利的前提。达巴瓦拉装盒饭的工具一般是一个2.5米长、55厘米宽的木条箱，每个能装40盒左右。达巴瓦拉要头顶这个沉重的木条箱，在旅客中快速穿行并安全地登上列车。火车在一个站的停留时间是两分钟，所以达巴瓦拉必须动作敏捷、争分夺秒。

与此同时，在城区各个火车站站台上，早有另一批达巴瓦拉在等候。火车到站后，他们从同伴手中接过餐盒，再次按区分拣，落实到每个达巴瓦拉头上。这些人会把餐盒送到顾客指定的地点。吃过饭，顾客只要将餐盒放回原处，达巴瓦拉就会按照来时的方法将它运抵家中。

达巴瓦拉的组织结构分为三层。最高层是协会执行委员会，负责组织、协调、处理紧急事务、福利和对外交往。第二层是协会内20~25个达巴瓦拉小组的负责人。他们一般是经验丰富的老达巴瓦拉，监管一个小组的工作运行。第三层就是具体干活的达巴瓦拉。

达巴瓦拉与协会不是雇佣与被雇佣关系，而是成员关系。每个达巴瓦拉都是股东，都享有分红的权利。他们在加入协会时都必须缴纳一定的资本金。最低投资要求是两辆自行车、一个木条箱、一套白色传统服装和一顶标志性的帽子，这几项约合5000卢比(5卢比约合1元人民币)。

达巴瓦拉的工作是艰辛的，不仅需要体力，还必须与时间赛跑。他们的行规就是：无论发生什么，必须准时送达。印度媒体曾报道过这样一件事：一个骑自行车送餐的达巴瓦拉在路口等红灯时被一违规卡车撞倒身亡。同伴们赶到后，有人处理善后事宜，有人立即继续他未完的工作。当盒饭到达目的地时，只比平时晚了30分钟。

达巴瓦拉的文化程度都不高，一般是小学毕业。他们的月收入为4000~5000卢比，这个水平已足够他们养家糊口。此外，协会还提供紧急援助、子女就学等福利。

孟买的这个送餐网络反映出货物运输系统的哪些要素和特征？

【技能训练】

运用互联网查找我国目前几大国际货运代理企业，并结合其实际业务，分析其业务经营范围和具体的业务内容。

模块2　国际货运代理的法律法规

【模块任务】

要求学生了解国际货运代理相关法律、货代的法律地位及责任；掌握国际货运代理责任范围及除外责任。

一、国际货运代理法律

(一) 国际货运公约

1.《海牙规则》

《海牙规则》规定承运人对所承运的货物负有绝对安全的责任，而免责的范围仅为：①天灾或不可抗力；②国王的敌人；③货物本身的缺陷；④包装不牢；⑤货物的投弃。《海牙规则》作为一个国际货运公约，仅适用于参加该规则的国家，但没有加入该规则的一些国家在制定提单和开展实际航运业务中执行的内容与《海牙规则》并无区别，该规则的主要内容有：①承运人的责任和义务；②承运人的免责事项；③货物托运人的责任和义务；④承运人的赔偿责任限制；⑤索赔与诉讼时效；⑥公约的适用范围。

资料卡

英国、美国等一些国家还存在一种不成文的规定

即承运人应默示保证：①订立运输合同时应保证船舶绝对适航；②保证船舶合理速；③保证船舶不会有不合理的绕航。

2.《维斯比规则》

1963年国际海事委员会在斯德哥尔摩会议上订立了一个对《海牙规则》的修改议定书。会议期间，代表采访了附近的哥特兰岛海运古成维斯比，并在那里由会议主正式签署了该规则的修改建议，因此习惯上将该规则称《维斯比规则》。该规则于1968年2月在布鲁塞尔的会议上正式通过，并定名为《布鲁塞尔1968年议定书修改的海牙规则》，于1977年生效。《维斯比规则》对《海牙规则》修改的主要内容有：①扩大了公约的适用范围；②提高了承运人的赔偿责任限制；③对侵权行为的请求；④提单的最终证据。

3.《汉堡规则》

1978年3月，联合国主持在汉堡召开了海上货物运输会议，通过了《1978年联合国海上货物运输公约》，简称《汉堡规则》，该规则至今未生效。《汉堡规则》对《海牙规则》的修改主要内容有：①扩大了货物范围，货物包括活的动植物和舱面货；②扩大了承运人的责任期限；③修改和废除了承运人的免责条款；④扩大了公约的适用范围；⑤延长了索赔诉讼的时效；⑥提高了赔偿责任限制；⑦对提单作了定义规定等。

4.《联合国国际货物多式联运公约》

《联合国国际货物多式联运公约》是国际货物运输方面第一个多式联运的公约。该公约的制定对国际集装箱运输和国际多式联运的意义是十分重大的。该公约除序言外，分总则、多式联运单证、多式联运经营人的赔偿责任、发货人的赔偿责任、索赔与诉讼、补充规则、海关事项、最后条款八个部分，共40条，外加一个有关事项条款的附件。

（二）中国国际货运代理的法律

1.《海商法》

中国于1992年11月7日通过了《海商法》，于1993年7月1日施行。《海商法》共15章，主要内容有：①适用范围为调整海上运输关系和船舶关系。海上运输是指海上货物运输和海上旅客运输，包括海江之间、江海之间的直达运输。但海上货物运输合同的规定不适用于我国港口之间的海上货物运输。船舶是指海船和其他海上移动式装置，但是用于军事的、政府公务的船舶和20公吨以下的小型船艇除外。船舶包括船舶属具。②详细规定了海上货物运输合同、海上旅客运输合同、船舶租用合同、海上拖航合同、海上保险合同的成立，双方当事人的权利义务、违约责任等。③实行海事赔偿责任限制原则，即船舶所有人、救助人可依法规定限制赔偿责任。该法还规定“中华人民共和国缔结或者参加的国际条约同本法有不同规定的，适用国际条约的规定；但是，中华人民共和国声明保留的条款除外。中华人民共和国法律和中华人民共和国缔结或者参加的国际条约没有规定的，可以适用国际惯例”。

2.《国际货物运输代理业管理规定》

为了规范国际货运代理行为，保障进出口货物收货人、发货人和国际货运代理企业的合法权益，1995年国务院批准由商务部（原外经贸部）发布了《国际货物运输代理业管理规定》、《中华人民共和国外商投资国际货运代理业管理规定》，对国际货运代理的部分相关问题做出了规定。在此基础上，1998年进一步制定了《国际货物运输代理业管理规定实施细则》对此问题加以补充，该细则于2004年1月1日实施。《实施细则》中规定国际货运代理企业可以作为代理人或者独立经营人从事经营活动，其经营范围包括：①揽货、订舱（含租船、包机、包舱）、托运、仓储、包装；②货物的监装、监卸、集装箱装拆箱、分拨、中转及相关的短途运输服务；③报关、报检、报验、保险；④缮制签发有关单证、交付运费、结算及交付杂费；⑤国际展品、私人物品及过境货物运输代理；⑥国际多式联运、集运（含集装箱拼箱）；⑦国际快递（不含私人信函）；⑧咨询及其他国际货运代理业务。

二、国际货运代理责任保险承保范围和除外责任

国际货运代理责任保险是指国际货运代理企业在业务经营过程中，因为疏忽而造成货物的损坏和产生的费用，对他人承担的赔偿责任由责任保险人承担的一种责任保险。其是为了弥补国际货物运输方面所带来的风险，这种风险不仅来源于货物运输本身，而且来源于完成运输的许多环节当中，如运输合同、仓储活动、保险合同的签订、操作、报关、管货、向承运人索赔或保留索赔权的合理程序、签发单证、付款手续等。因此货运代理有必要投保自己的责任险。此外，当货运代理以承运人身份出现时，不仅有权要求合理的责任限制，而且其经营风险还可通过投保责任险而获得赔偿。

（一）货运代理责任险的产生

货运代理所承担的责任风险主要产生于以下三种情况，这三种情况所涉及的风险，货运代理都可以通过投保责任险，从不同的渠道得到保险的赔偿。

2－1 国际货运代理企业风险防范措施

1. 货运代理本身的过失

货运代理未能履行代理义务，或在使用自有运输工具进行运输出现事故的情况下，无权向任何人追索。

2. 分包人的过失

在“背对背”签约的情况下，责任的产生往往是由于分包人的行为或遗漏，而货运代理没有任何过错。此时，从理论上讲货运代理有充分的追索权，但复杂的实际情况却使其无法全部甚至部分地从责任人处得到补偿，如海运（或陆运）承运人破产。

3. 保险责任不合理

在“不同情况的保险”责任下，单证不是“背对背”的，而是规定了不同的责任限制，从而使分包人或责任小于货运代理或免责。

（二）货运代理责任险的内容

货运代理投保责任险的内容，取决于因其过失或疏忽所导致的风险损失。具体内容如下：

1. 错误与遗漏

如虽有指示但未能投保或投保类别有误；迟延报关或报关单内容缮制有误；发运到错误的目的地；选择运输工具有误；选择承运人有误；再次出口未办理退还关税和其他

税务的必要手续；保留向船方、港方、国内储运部门、承运单位及有关部门追偿权的遗漏；不顾保单有关说明而产生的遗漏；所交货物违反保单说明。

2. 仓库保管中的疏忽

在港口或外地中转库（包括货运代理自己拥有的仓库或租用、委托暂存其他单位的仓库、场地）监卸、监装和储存保管工作中代运的疏忽过失。

3. 货损货差责任不清

在与港口储运部门或内地收货单位各方接交货物时，数量短少、残损责任不清，最后由货运代理承担的责任。

4. 迟延或未授权发货

如部分货物未发运；港口提货不及时；未及时通知收货人提货；违反指示交货或未经授权发货；交货但未收取货款（以交货付款条件成交时为准）。

（三）货代责任保险的除外责任

虽然货运代理可以通过投保责任险将风险事先转移。但作为货运代理必须清楚地懂得投保了责任险并不意味着保险公司将承保所有的风险。事实上，保单中往往都有除外条款，即保险公司不予承保，所以要特别注意阅读保单中的除外条款，并加以认真地研究和考虑。另外，保单中同时订有要求投保人履行的义务条款，如投保人未尽其义务，也会导致保险公司不予赔偿的后果。

适用于各种保险，包括责任保险的保单，除外条款和限制通常有：

（1）在承保期间以外发生的危险或事故不予承保；

（2）索赔时间超过承保条例或法律规定的时效；

（3）保险合同或保险公司条例中所规定的除外条款及不在承保范围内的货运代理的损失；

（4）违法行为造成的后果，例如：运输毒品、枪支、弹药、走私物品或一些国家禁止的物品；

（5）蓄意或故意行为，例如：倒签提单、预借提单和无单放货引起的损失；

（6）战争、入侵、外敌、敌对行为（不论是否宣战）、内战、反叛、革命、起义、军事或武装侵占、罢工、停业、暴动、骚乱、戒严和没收、充公、征购等产生的任何后果，以及为执行任何政府、公众或地方权威的指令而造成的任何损失或损害；

（7）任何由核燃料或核燃料爆炸所致核废料产生之离子辐射或放射性污染所导致、引起或可归咎于此的任何财产灭失、摧毁，毁坏或损失及费用，不论直接或间接，还是作为其后果损失；

（8）超出保险合同关于赔偿限额规定的部分；

（9）事先未征求保险公司的意见，擅自赔付对方，亦可能从保险公司得不到赔偿或得不到全部赔偿。

【案例分析】

货主A公司向作为无船承运人的B国际货运代理公司订舱出运20个出口集装箱，B公司接受委托承运后签发了提单，又以自己的名义将其中10个集装箱交由C航运公司运输，将另外10个集装箱交由D航运公司运输。D航运公司的船舶在运输途中遇强风，部分装在甲板上的集装箱因绑扎不牢而落入海中灭失。收货人持B公司签发的提单提货时发现少了3个集装箱，收货人向B公司索赔，B公司拒赔，从而引发诉讼。

【思考】

（1）B公司和D航运公司是否应对收货人承担赔偿责任？为什么？

（2）D航运公司对集装箱落海灭失是否适用免责条款？为什么？

【分析】

（1）B公司和D航运公司应对收货人承担赔偿责任。理由：①B国际货运代理公司作为无船承运人，对其承运人的货物损失具有赔偿责任；②D航运公司作为实际承运人，在运输途中有责任保证货物运输安全，并承担货物灭失责任。

（2）D航运公司对集装箱落海灭失不适用免责条款。理由：①作为实际承运人，D航运公司将运输货物装在甲板上，加剧货物运输过程中的风险；②D航运公司未将集装箱绑扎牢靠，作为承运人，应承担赔偿责任。

（资料来源：张建奇，《国际货运代理实务》，北京大学出版社，2013. P22－23）

三、防止与减少国际货运代理责任风险的方法

投保责任险，将风险事先进行转移，是防止或减少货运代理责任风险的较好方法之一。除此之外，货运代理尚须采取其他的必要措施，以尽量避免损失的发生、降低其责任风险。

（一）预防性措施

1. 加强对货运代理人员的培训，使他们熟悉有关标准交易条件、提单条款及相关行业术语等，并能处理索赔和进行迅速有效的追偿。

2. 使用的单证应规范、正确、字迹清楚，并且适合所需之目的。

3. 保证在国际货运代理协会标准交易条件下，其经营能够被客户及其分包人所理解和接受。

4. 雇佣的分包人——船舶所有人、仓库保管人、公路运输经营人等应为胜任职务和可靠的，货运代理应通知他们投保足够的和全部的责任保险。

5. 经营仓储业、汽车运输业的货运代理应做好防止偷窃、失火等安全工作。

（二）挽救性措施

1. 拒绝索赔并通知客户向货物保险人索赔。

2. 在协定期限内通知分包人或对他们采取行动。

3. 在征得保险人同意后，只要可能，与货主谈判，友好地进行和解。

4. 及时向保险人通知对货运代理的索赔或可能产生索赔的任何事故。

5. 及时、适当地通知有关的空运、海运、驳运、陆运承运人，包括其他的货运代理、货物拼装人、报关人及与事故/事件有关的保险公司，并及时提供法律上所要求的事故通知书。

6. 立即将双方有关要求与答复的书面材料的副本抄送保险公司，尚须将索赔人提出的口头要求的记录，或双方口头联系（包括口头要求与答复，或与此有关的交谈内容）的记录，提供给保险公司，并将在下述情况下发生的全部内部通信记录（或内部口头联系记录）提供给保险公司：从事导致发生此项索赔的交易时；收到索赔进行处理时；或知道该事故/事件已发生进行处理时。

7. 必须与保险公司和保险公司的法律代表，在索赔或诉讼的协商、调查或诉讼中进行合作与协助；遇到货物灭失或损坏时，与保险公司（责任保险人和货物保险人）联系检验事宜；向保险人提供单证和资料；收集支持案件的证据。保险公司的费用将限于应适用的保险单内所约定的免赔额外的费用，还包括但不限于：提供证据、取得证据、出庭聆听、出庭听审、设法使证人出庭的费用。

8. 没有保险公司的允许，既不承认责任也不处理索赔。被保险人不得在没有获得保险公司书面授权的情况下，承担任何经济义务，承诺支付任何款项，或任何金额。不得对某项索赔作出任何负有责任的陈述或行为。如果作出此种陈述或行为，将导致保险公司的拒赔，即使此项赔偿或许是在保险单承保范围之内。

9. 不得在没有得到保险公司特别的书面同意的情况下，予以诉讼时效的延期。

10. 采取上述挽救措施时，尚须注意以下情况无权对保险公司采取法律行为：未遵照保险单所规定的全部条款与条件行事；损失金额尚未通过法院的判决或仲裁员的裁决而获得解决；损失金额尚未得到被保险人、保险人和索赔人的同意；该事故/事件发生超过诉讼或仲裁时效后采取的法律行为。在请求法院裁定被保险人在这一事故/事件中对损失是否负有责任的案件中，被保险人与索赔人均不得将保险公司列为被告或共同被告。

11. 被保险人与保险人之间发生有关承保争议时（包括：保险公司是否有责任为被保险人抗辩其索赔案），还应注意适用下述规定：首先应尽快向保险公司提供下述情况——任何有关的文件、通信、抗辩书、向对方提供的文书副本、合同等和按时间顺序排列的、导致发生有关索赔的有关事实与有关情况，以及最了解该项索赔的人员的姓名、住址及电话号码；一份详细说明，解释该项索赔应属于承保范围的所有理由。如果将上述资料提交给保险公司仍不能解决与其之间的争议时，可采取法律手段解决。

（三）补偿性措施

这种措施有两种：一种是先征得保险公司的同意，先赔付给索赔人，然后再从保险公司获得补偿，这种索赔属于补偿性保险；另一种是行使追偿权，即为保险公司向责任人进行追偿，如果这种追偿取得成功，则可从保险公司获得一定比例的赔款。

四、国际货运代理的风险防范与索赔实务

2-2 货物受污染案例

在业务活动中，当货运代理是代理人时，其责任主要是履行代理的职责，其义务主要是“合理谨慎”，仅对因代理的过失给客户造成的损失承担责任，以及对第三人的选任和对第三人的指示承担责任。当货运代理是当事人时，要承担合同项下的责任，承担相应的风险。由于货运代理业务的复杂性和法律地位的多变性，正确地认识自己的身份，是正确地享有权利、承担义务的前提和基础。

建立健全内部规章，制定标准业务流程，对可能出现因疏忽造成风险的业务环节进行科学、全面的分析，使业务环节程序化、制度化，并不断完善，同时加强检查力度，使因疏忽大意造成损失的概率降到最低。

明确托运人的权利和责任，分清货运代理人与托运人权利和责任的界限，不要越俎代庖，替人受过。

对货主实行资信等级考察制度，对不同等级的货主实行不同的对待策略，同时提高警惕性，时刻注意保护自身的权益。

（一）货运代理业务经营风险及防范对策

1. 未尽代理职责

货运代理人在作为代理身份时，一定要谨慎履行合理的职责，这是对货运代理人最基本的要求。然而在实践中，货运代理企业往往由于疏于管理、马虎大意，未能尽到合理的义务，因自身的过错而给托运人造成损失，如选择承运人不当；选择集装箱不当；未能及时搜集、掌握相关信息并采取有效措施；对特殊货物未尽特殊义务；遗失单据；单据缮制错误。

2. 超越代理权限

货运代理人作为代理人时，其代理行为应当在托运人的委托范围内，如果超越了委托范围，擅自行事，则由货运代理人自行承担责任。在业务实践中，货运代理人处处为托运人着想，为了货物及时出运不惜超越代理权限代行托运人的权利，如签发各类保函、承诺支付运费、同意货装甲板、更改装运日期、将提单直接转给收货人等，这些行为有的可能托运人一无所知，有的可能事先得到托运人的默许或口头同意，但一旦出现问题，托运人便会矢口否认，由于没有证据证明托运人的认可，货运代理人往往要为自

己超越代理范围的行为承担责任。

3. 货主欺诈

2－3 无单放货的类型

很多货运代理人为了承揽生意、吸引货主，往往采取垫付运费及其他相关费用的方式，而这一点恰恰被个别货主钻了空子。个别货主往往在前几票业务中积极付费、表现出具有良好信誉的假象，在获取货运代理人的信任后，在随后的某一大票业务中由货运代理人垫付巨额费用后、人去楼空，而他们自身可能就是收货人，在贸易方式中无形减少了运输的成本。货主为了逃避海关监管，可能会虚报、假报进出口货物的品名以及数量，当货运代理人（包括报关行）代其报关后，经海关查验申报品名、数量与实际不符时，货运代理人可能首当其冲遭受海关的调查和处罚。在集装箱运输方式下，由于货物不便查验，货主可能会实际出运低价值的货物而去申报高价值的货物，并与收货人串通（或者收货人就是该货主或其关联企业）伪造出具假发票、假信用证、假合同，当货物到达目的地，通过各种手段骗取无单放货后，发货人凭正本提单向货运代理人索要高于出运货物实际价值的赔偿。

4. 随意出具保函

目前，倒签、预借提单现象屡禁不止，凭保函签发清洁提单或无单放货的情况更为普遍。船公司为了规避自己的风险，一般在货主提出上述要求时要求货主出具保函，但经常由于货主远在异地或者货主的资信不能得到船公司的信任和认可，往往会要求货运代理人出具保函以保证承担由此引起的一切责任，或要求货运代理人在货主出具的保函上加盖公章，承担连带担保责任。货运代理人为向货主体现自己“优质”的服务质量，一般随意地按照船公司的要求出具保函。货运代理人此时仅是货主的代理人，出具保函的行为是超越代理范围的自身行为，因此货运代理人所承担的风险责任也远远超越了其应当所承担责任的范围。

5. 法律适用问题

货运代理人作为国际多式联运经营人时，由于货物运输可能同时采取几种运输方式，货物运输的路段也会涉及几个国家，每一种运输方式所适用的法律不同，其规定的责任区间、责任限额、责任大小都不尽相同，而不同国家的具体法律规定又是不同的，这样就有可能导致法律适用问题给货运代理人造成损失。

（二）国际货运代理索赔实务

国际货运代理索赔（Claim）是指国际货运代理依约或依法向造成损失的责任人（比如发货人、收货人、区段承运人、港站经营人等）进行追偿的过程。

各种运输方式下货运事故索赔的程序基本上是相同的，主要包括以下步骤：

1. 发出书面的货损通知

目前，规范各种运输方式的国际公约与法规中均要求货主应在索赔时限内向承运人发出货损、货差的通知，索赔人必须遵循其规定。

所谓索赔通知时限（也称作货物灭失或损害通知时限），是指有关运输的国际公约或国内法律中所规定的收货人或其代理人在收受货物后，应用书面形式向承运人或其代理人提出表明货物的损坏、灭失、延迟交付情况，并提出保留索赔权利的书面声明的期限。

（1）对于货物灭失或损坏的书面通知。书面通知有效应同时满足：①通知必须是书面的，口头通知不发生效力；②通知必须在规定的时间内递交；③通知必须递交于承运人及其代理人；④必须表明有关货损或灭失情况。

如果货物交付时收货人已经会同承运人进行联合检查或者检验的，或者已记载于双方交接的文件上，则收货人无须再提交上述书面通知。

在法定时间内未提交书面通知，可能会产生如下三种后果：第一，货物状况良好的初步证据。在海运公约或法律、公路货运合同公约中规定：如果收货人未在规定的时间内提出书面通知，则货物的交付可视为承运人已经按照运输单证的记载交付以及货物状况良好的初步证据。第二，丧失索赔权。《华沙公约》、我国民用航空法、《国际铁路货物联运协定》等规定：除非承运人有欺诈行为，否则收货人未在规定时间内递交书面的索赔通知将丧失索赔权。第三，后果视不同情况而区别对待。在《联合国国际货物多式联运公约》中，除了对货物灭失、损坏规定了一般索赔通知时限，并规定未能及时通知则视为多式联运经营人按货物状况良好交付的初步证据外，还进一步规定：如果在货物交付之日或应当交付之日后6个月内，没有提出书面索赔通知，并说明索赔的性质和主要事项，则在期满后失去诉讼时效。

（2）对于延迟交货损失的书面通知。收货人应在规定的时间向有关承运人或其代理人提交书面的延迟损失通知。

如果收货人未在规定的期限内提交书面通知，各种运输方式下的国际公约或法律均规定收货人将失去索赔权。

2. 货运索赔权利的保全措施

为了保证索赔得以实现，需要通过一定的法律程序采取措施，使货运事故责任人对仲裁机构的裁决或法院的判决的执行履行责任，这种措施就称为索赔权利的保全措施。

在实践中，国际货运代理可采取的保全措施主要有留置责任人的运输工具，如扣船，以及要求责任人提供担保，比如，现金担保或保函担保。

3. 提交索赔申请书或索赔清单及随附单证

索赔申请书、索赔函或索赔清单是索赔人向货运责任方正式要求赔偿的书面文件。索赔函的提交意味着货损责任方正式向被索赔人提出索赔要求，也就是说，如果索赔方仅仅提出货损通知，而没有递交索赔申请书或索赔清单，或出具有关的货运单证，则可解释为没有提出正式索赔要求，被索赔方不会受理货损、货差的索赔。因此，索赔在提出书面的货损通知后，应尽快地备妥各种有关证明文件，在规定的时效内向责任人正式提交索赔要求。

索赔人除了提交索赔函外，还应该提供能够证明货运事故的原因、损失程度、索赔金额、责任所在以及索赔人具有索赔权利的单证，这些单证主要有提单或运单正本、商业发票、装箱单、货损货差理货报告及货物残损检验报告、修理单、权益转让书、往来电传等。

4. 解决争议

对于国际货运业务中发生的争议，主要有和解、调解、诉讼和仲裁四种解决办法。

（1）和解。和解（Consultation，Negotiation）也称为协商，是指在发生争议后，由当事人双方直接进行磋商，自行解决纠纷。和解的方式大致分为四种：自行解决、委托代理解决、仲裁庭外和解、法院庭外和解。和解的优点是，解决争议时间短，费用低或没有费用，不伤和气，有利于以后的进一步合作。其不足是，当事人达成的和解协议不具有强制执行力，任何一方的反悔都会使协议无法履行，所以对不具备和解条件或达成和解协议但因各种原因无法履行的争议，应采取其他有效途径及时解决，以避免拖延时间，导致超过有关时效从而丧失胜诉权。

（2）调解。调解（Conciliation）是指在第三者的主持或参与下解决当事人之间的争议。根据调解人的不同，调解可分为法院调解、仲裁机构调解、其他单位和公民个人调解。调解人在进行调解时，必须遵守三项原则，即当事人自愿原则，查明事实、分清是非的原则和合法原则。在调解的情况下，除当事人在调解协议上签字盖章外，调解人也要签字盖章。是否有第三者参加是调解与和解的主要区别。调解与仲裁和诉讼的主要区别是：调解的结果更多地体现了争议主体的意志，最后的解决办法还须经当事人一致同意才能成立，而仲裁和诉讼更多地体现了仲裁者或法院的意志。

（3）诉讼。诉讼（litigation）是当事人以起诉的方式，由法院依据法定程序行使审判权来解决双方争议的一种途径。它是解决各种争议方式中最权威和最有效的一种。这通常是由于争议所涉及的金额较大，双方都不肯让步，不愿或不能采取友好协商或仲裁方式，或者一方缺乏解决问题的诚意，必须通过向法院提出诉讼来解决。

（4）仲裁。仲裁（Arbitration）是指双方当事人在争议发生后，依据仲裁条款或仲裁协议，自愿将争议提交某一临时仲裁机构或某一国际常设仲裁机构审理，由其根据有关法律或公平合理原则做出裁决，从而解决争议。仲裁和诉讼的不同点主要在于当事人之间通过仲裁协议，达成自愿仲裁的合意是仲裁的必备条件；相同点是仲裁裁决与法院判决都具有法律效力，当事人必须履行，否则，另一方当事人有权申请法院强制执行。

上述处理国际货物运输争议的几个途径，在性质、特点、效力等方面各不相同，但解决争议中的作用都是不可忽视的。除诉讼和仲裁不可以同时并用外，其他各种途径可以单用或共用。某一争议应该采用什么途径解决，要根据争议的具体情况而定，如果争议的案情复杂，分歧较大，当事人之间互不相让，通过和解或调解途径难以解决，应及早采取诉讼或仲裁方式解决。

【复习题】

一、单项选择题

1. 国际货运代理所承担的责任风险主要产生于（　　）。

A. 国际货运代理本身的过失　　B. 分包人的过失

C. 保险责任不合理　　D. 以上皆是

2. 国际货运代理企业在经营过程中可能面临许多风险，因此需要投保责任险。通常情况下保险人对于国际货运代理企业的（　　）行为不予承保。

A. 延迟交货　　B. 填单有误

C. 无单放货　　D. 保管疏忽

3. 国际货运代理人作为进出口货物收、发货人的代理人在安排货物运输事宜时，依照我国相关法律法规的规定，其享有一定的权利并需要承担一定的义务，下列表述不正确的是（　）。

A. 国际货运代理人有权要求委托人支付服务报酬

B. 国际货运代理人有权在授权范围内自主处理委托事务

C. 国际货运代理人有向委托人报告委托事务处理情况的义务

D. 国际货运代理人有向承运人报告委托事务处理情况的义务

4. 货运代理人的责任可以通过投保责任险将风险事先转移。但作为货运代理企业或其工作人员，必须清楚的懂得投保的责任险，并不意味着保险公司将承保所有的风险。通常情况下，保险公司对于货运代理企业的（　　）负赔偿责任。

A. 倒签提单　　B. 预借提单

C. 无单放货引起的损失　　D. 错误与遗漏

5. 国际货运代理企业在经营过程中可能面临许多风险，因此需要投保责任险，通常情况下保险人对货运国际货运代理企业的（　　）行为不予承保。

A. 延迟交货　　B. 填单有误

C. 无单放货　　D. 保管疏忽

6. 为了防止或减少国际货运代理企业的责任，风险可以采取的方法有（　　）。

A. 投保责任险

B. 使用的单证规范正确，字迹清楚

C. 选择有诚信的客户

D. 以上都对

二、判断题

1. 当发生货损后，国际货运代理人可以在任何情况下作为货主的代理人，以索赔人的身份向有关方提出索赔。(　　)

2. 在国际货物运输中，托运人应承担提供正确的货运资料和妥善包装货物的义务，如有货物包装不良或标志不清，由此引起货物本身的灭失或损坏，承运人可免除对拖延人的赔偿责任。(　　)

3. 国际货运代理责任保险是指国际货运代理企业在业务经营过程中，因为疏忽而造成货物的损坏和产生的费用，对他人承担的赔偿责任由责任保险人承担的一种责任保险。(　　)

【案例分析】

A 是广州市的一家货代，B 是深圳市的一家进口公司，C 是湖南省的一家工业供销公司。C 于 2014 年 3 月 10 日持 B 致 A 的信件，向 A 办理 8 吨化工原料进口的代理手续，并随函附有按 CIF 条件的进口合同副本一份，在该合同的副本上由 B 公司的业务员手书注明收货人名称、地址、电话、联系人及用卡车运至某地某库字样。事隔 3 个月后，货从国外运抵广州，于是 A 向 C 发出“进口到货通知书”，在通知书的注意事项第五条内注明货运内地，加批加保由货代统一办理。A 办好进口报关、纳税等事项后，以自己的名义委托广州市一家具有营运资格的车队（以下称承运人）将货物运往合同副本上指定的某地某库。不料货物在运输途中由于驾驶员违章操作，导致与另一卡车相撞后车货俱毁。事后，C 以 A 转交他人运输、又未履行加保为由，向 A 提出赔偿。A 以造成货损是承运人的责任而拒赔。双方经多次协商未果，最后 C 向法院起诉。

原告 C 称：我公司委托 A 办理货物到港后的一切手续，并将货物运至某地某库。双方既已确定委托运输关系，即应受到法律保护，但被告方擅自转交第三者运输又未履行加保手续，结果导致货物灭失，理应负赔偿责任。

被告 A 称：该业务根据 B 的信件而受理，我们只与 B 建立了法律关系，原告只是这笔业务的收货人，我们之间没有法律关系。货物灭失的责任在承运人，原告在向 B 购买货物时，理应知道国内段的风险已转至自身，原告自己没有转移风险，又未委托他人代为转移，理应自行承担风险。

被告 A 称：进口到货通知书注意事项第 5 条规定：凡集装箱进口货物在港口拆箱转运内地的货物统一由我司代办加批加保手续。但该条不适用于本案。因广州人保的“特别条款”的加批加保并不包括 CIF 条款，CIF 条款系在国外投保。

【问题】

1. 如果你是法官，你将如何判决？

2. 应吸取的教训有哪些？

【技能训练】

实践中，判断货运代理是代理人还是当事人可以根据几个方面来综合考量？（学生查找资料后进行讨论）

模块 3　国际货运代理企业与主要岗位

【模块任务】

国际货运代理企业的组织结构是怎样的？有哪些主要岗位，他们的职责有哪些？

一、国际货运代理企业的组织结构

国际货运代理企业的组织结构如图 3－1 所示。

图 3－1　国际货运代理企业的组织结构

◆总经理负责公司整体运营，包括制定公司战略、财务战略、人力资源战略、投资计划等。

◆副总经理负责公司日常运营，管理操作部、市场部、业务部、商务部和财务部，完成总经理制定的年度计划。

◆行政部负责日常行政事务，配合部门经理和副总经理进行日常工作的管理。

◆财务部负责收付各种运杂费、报表编制等财务人事后勤相关工作。

◆业务部负责发展新客户，维系老客户等销售工作。

◆操作部负责与客户联系，处理日常进出口货物订舱排载、签发提单等操作性工作，保持与客户的良好关系。

◆客服部负责查询运输信息、跟踪反馈、处理运输过程中的异常状况、处理业务费对账、催收业务费用及单证核退等，解决客户疑问。

二、国际货运代理企业的主要岗位及工作职责

（一）货代业务员

1. 通过多种渠道搜集各种市场信息；
2. 协调内外部相关物流资源；
3. 进行客户开发；定期与已营销成功的客户沟通，与运营中心共同维护客户；
4. 根据市场的实际情况实施商务报价。

（二）集卡司机

1. 保持良好的职业道德，热诚的服务态度；
2. 自觉遵守公司各项规章制度，服从公司领导的调配；
3. 定期汇报车辆的运行情况，保证车辆在安全的状态下行使；
4. 自觉做到不违章行车、不私自用车、不酒后开车、不开赌气车；
5. 按时按量将货物运送到目的地。

（三）操作员

1. 负责从客户处接单，并审核相关信息；
2. 负责向船公司订舱、向车队安排装货、集港，目的港送货；
3. 负责订单和货物的全程跟踪；
4. 负责协调处理整个过程中各种意外和突发情况；
5. 负责具体业务操作中的费用控制和费用登记；
6. 负责向营销部门反馈相关运作信息。

（四）客服人员

1. 负责客户的下单、咨询、投诉电话的处理；
2. 负责查询运输信息、跟踪反馈、处理运输信息异常状况、处理业务费用对账、催

收业务费用及单证核收等；

3. 负责业务员的下单电话处理及内部协助部门经理工作，使得本部门的工作顺利开展；

4. 做好与相关人员的沟通，使得车辆合理高效运行，为公司业务的拓展打好基础。

（五）报关员

1. 进出口货物批文报批与通关手续办理；

2. 对报批资料的审核与单证制作；

3. 处理外经委与海关相关批文，办理海关年审相关工作；

4. 办理海关申报、查验、征税、审价、放行和检验检疫局报检、查验、原产地证等手续；

5. 办理通关后海关手册核销手续和外汇管理进出口收汇付汇核销手续；

6. 办理税务机关出口退税手续与其他通关后的相关手续；

7. 协调关务、商务之间的业务操作和公司内部门业务操作及与船务之间的运作；

8. 完成上级交办的其他工作；

（六）报检员

1. 依法代表公司办理报检业务；

2. 严格按照规定提供真实的数据和完整、有效的单证，准备、清晰地填制报检单；

3. 在规定时间内缴纳有关费用；

4. 协助所属企业完整保存各种报检单证、票据、函电等资料；

5. 承担其他与报检业务有关的工作。

（七）单证员

1. 负责根据客户的托运单等资料制作提单、保函等相关单证；

2. 商检单据、报关资料、各类发票和客户单据管理；

3. 将每批的单证所有文件进行登记、建档，对单证文件进行整理、分析、保存。

三、国际货运代理人员的职业素能要求

（一）国际货运代理人员的职业能力

1. 业务操作能力

国际货物运输路线长，环节多，手续复杂，货物种类繁多，运量大，这要求货运代理从业人员必须具备全面掌握有关国际贸易运输方面的专业知识，具有丰富处理问题的能力。熟悉不同运输方式运作流程和操作环节，根据客户的要求选择合理运输路线及运输工具和运输手续；了解不同国家的法律规定和习惯做法；能顺利完成订舱、进出口报关、换单提货等实际业务操作能力。

3－1 货代，你选对了吗？

2. 风险防控能力

由于环节多，手续复杂，运输时间长，货损货差屡见不鲜。货代人员要加强风险意识，提高专业敏感性和职业的敏感性，加强业务学习，熟悉国际货物运输的主要公约及相关法律规定，参照国际惯例，时刻关注业务中存在哪些风险，如何避免这些风险，如在投保责任险的情况下，哪些风险可以由保险公司承保，哪些责任职能由自己承担。货代人员应密切关注，调查研究，积极采取措施预防风险事故的发生。

3－2 国际货运业务“六知”

3. 市场开拓能力

能与承运人和托运人进行磋商，进行预定和销售服务。能掌握货运市场客户开发的方法和技巧，具备设计运输方案，确定交易条件，签订货代合同的能力。

4. 单证处理能力

在国际货运代理业务中涉及大量的货物运输单证，流转过程也较复杂。国际货运代理人员应掌握缮制、审核、签发各种货运单证的技能。除了货运单证外，还会涉及报关、报检业务和国际贸易中的其他进出口代理业务，国际货运代理人员填制报关单、报检单、产地证，审核发票、装箱单、合同、信用证等都成为国际货运代理的基本工作。

5. 客户服务能力

及时、准确、有效地处理客户咨询，了解每一个客户的习惯、注意事项等，避免与客户沟通同样的问题，满足客户的需求；能主动提供符合客户需求的资源整合方案，做好信息沟通，维护好客户关系。

（二）国际货运代理人员的职业素养

1. 敬业精神与团队精神

企业对于新员工的要求首要体现在货代业务人员的责任心、敬业精神及团队合作精神。货代业务人员要从最基本的事做起，踏实肯干，敢于承担责任，努力做好自己的本职工作。国际货运代理业务中的每个环节之间都紧密联系，任何环节的疏漏都可能造成整体企业经营不可挽回的损失。货代企业的业务需要不同部门间的密切合作才能将一单票的货物运输顺利完成，所以团队合作精神非常重要。

2. 专业知识的广度与深度

国际货运代理是一个国际化的服务行业，涉及到国际间的贸易与运输等相关领域的服务，这就要求国际货运代理行业的从业人员必须具备扎实的专业知识和较广的知识面。在业务知识方面，货代业务人员不仅要对船公司的各方面信息及市场体系精通，还要了解国内外各大港口的操作惯例等情况。另外，由于国际贸易双方处在不同的国家和地区，各国的政治制度、文化背景互有差异，价值观念也有所不同，因此国际货运代理从业人员还要熟知国际贸易法规，通晓国际金融及社会文化等知识。

3. 心理素质与应变能力

国际货运代理工作在实践操作中经常面临突发事件，货代业务人员的心理压力较大。因此，国际货运代理从业人员要有很好的心理素质和应变能力，要稳重、应变快。在复杂多变的市场中，国际货运代理从业人员不仅要有自信心，还要具备开阔的思路和竞争意识，勇于承受压力，勇敢面对失败；当遇到突发事件时，货代业务人员必须借助经验快速应变，追求高效。国际货运代理从业人员要永远走在客户、合作企业的前面，只有这样才有可能保持整个货运流程的流畅贯通，解决问题时才能游刃有余。

4. 沟通技巧与业务技巧

能否与客户进行有效的沟通是关系到是否能盈利的一个重要因素。有效沟通的目的在于知己知彼，找到切入点，与客户良性互动，并与客户建立良好的业务合作关系。能否完成一次有效的客户拜访，能否开发出一个有价值的客户，取决于货代业务是否与客户进行了融洽、有效的沟通。要想提高沟通能力，就必须坚持不懈的努力，不断积累经验，掌握沟通技巧，让客户满意并给予信任。国际货运代理业务涉及业务关系方较多，货代业务人员只有与不同的业务关系人保持良好的合作关系，才能顺利地完成业务。

【案例分析】

3－3 资料卡

2020 年 5 月 30 日，我国某国际货运代理企业单证部的小王将提单通过联邦快递寄给英国某国际货运代理企业的麦克，6 月 1 日，麦克收到快件时，发现信封破损，没有提单，快递公司也查不到提单的去向，于是麦克给小王发了一封邮件要求补发提单。因小王度蜜月，直到 6 月 8 日才补寄备份的正本提单，提单于 6 月 17 日到达英国，但货物在 6 月 13 日已经到达英国，因此造成了报关报检的延误，以及港口码头滞留费等各项开支，导致损失 34000 美金。

【讨论】

本案中小王的做法是否正确？

【复习题】

一、多选题

1. 关于国际货运代理人员的职业素养，以下说法正确的是（ ）。

A. 敬业精神　　B. 团队合作　　C. 应变能力　　D. 丰富的专业知识

2. 关于国际货运代理人员的业务素质，以下说法正确的是（　　）。

A. 风险防控能力　　B. 市场开拓能力

C. 客户服务能力　　D. 单证处理能力

3. 国际货代企业的主要岗位有（　　）。

A. 单证员　　B. 操作员

C. 客服　　D. 货代业务员

二、判断题

1. 操作员负责查询运输信息、跟踪反馈、处理运输信息异常状况、处理业务费用对账、催收业务费用及单证核收。（　　）

2. 国际货运代理人员应掌握缮制、审核、签发各种货运单证的技能。（　　）

3. 货代业务员主要工作职责是开发客户。（　　）

【案例分析】

UPS 是一家大型的国际快递公司，它除了自身拥有几百架货物运输飞机外，还租用了几百架货物运输飞机，每天运输量达 1000 多万件。它在全世界建立了十多个航空运输的中转中心，在二百多个国家和地区建立了几万个快递中心。其员工达到几十万人，年营业额可达到几百亿美元。

UPS 公司从事信函、文件及包裹快速传递业务，在世界各国和地区均取得了进出航空权。2001 年 4 月起，它可以直航中国大陆，这使它在中国的业务量在 2001 年第二季度同比猛增 25%，初步尝到了直航的甜头。此外，为了适应中草药业务量快速增长的要求，UPS 又采取了多种措施，包括增加直航中国的运力和航班。在上海浦东机场快件中心大仓库，UPS 还安装了包裹处理流水线，于 2001 年 9 月初投入使用。从 2001 年 8 月下旬开始，UPS 在上海安装了上百台速递资料收集器，以取代传统的纸上传递记录。

迅速是快递公司的主要特点。UPS 公司能够实现国际快件 3 日到达、国内快件 1 小时取件和 24 小时到达的承诺，满足了较高的服务质量要求。安全也是快递公司的主要特点，UPS 公司能够实现每天一万多人的网上文件跟踪查询以及每天两万人的电话文件跟踪查询。

UPS之所以能够达到以上服务标准，主要是：一是公司对内具有严格的管理制度和规范的业务处理流程；二是公司充分地运用了高科技手段，在互联网上建立了快递文件跟踪系统，同时又建立了快递文件数据汇总的数据中心，实现了快递档案的高效管理；三是建立了 EDI 等系统。

UPS 公司除了开展信函文件、包裹的物流快递业务之外，还为客户提供代理报关服务，减轻了客户报关负担并缩短了报关时间；也为客户代理特殊物品的包装服务，解决了客户在物品包装上面的困难并节省了包装材料费用。

【分析】

（1）为什么说 UPS 是一家国际物流企业？

（2）开办国际快递物流企业是否有风险？风险表现在哪些方面？

【技能训练】

训练背景：甲为某国际综合物流服务公司。2019 年 4 月，甲为某市乙公司提供由中国武汉到美国纽约的全程综合物流服务，4 月 16 日，甲指示其在上海港的代理安排货物在上海港短期仓储，以待装船，同时对有关仓储提出了一定要求。该代理依指示而委托上海港丙仓库代为储存，双方签订了仓储合同，并且约定甲公司交付货物时，丙给付提货单，凭提货单取货。签订合同后，该仓库按要求作了适当安排。但是，4 月 20 日装运该批货物的船舶在运输途中失事，全部货物沉没。于是甲通知其上海港的代理解除该仓储合同，但未提交有关机构的证明。丙仓库经营人称，其已为履行合同作好了准备，如要求解除合同，甲应承担违约责任并赔偿损失，双方协调不成，诉至法院。

根据上述训练背景，分组讨论：

（1）本案例中，仓储合同是否已有效成立？为什么？

（2）甲公司是否应承担违约责任并赔偿损失？

单元二

货 代 营 销

【知识目标】

1. 了解国际货运代理营销的基本概念和特点；
2. 熟悉国际货代企业的产品组合；
3. 熟悉国际货运代理企业揽货的整个流程。

【技能目标】

1. 能识别、分析、选择和发掘国际货运代理营销机会；
2. 能熟练掌握揽货的注意事项和技巧。

【素养目标】

1. 形成良好的沟通协调能力和应变能力；
2. 逐步养成全局思维和系统思维。

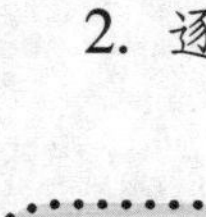

案例导读

法国的米其林轮胎公司创立于1889年，一直是全球轮胎科技的领导者，占有世界轮胎市场约20%的份额，在米其林的市场视野中，中国是将来世界上最主要的和增长最迅速的市场之一。1995年米其林建立了在中国的第一个合资企业——米其林沈阳轮胎有限公司。米其林沈阳卡车轮胎公司于2002年1月1日并入米其林沈阳轮胎公司（简称MSTC）。米其林沈阳轮胎公司是目前沈阳唯一生产轿车胎和卡车胎的法人单位。米其林沈阳轮胎作为专事轮胎生产的制造公司，将其物流业务予以外包，精心打造其核心竞争力。

中外运辽宁公司在得知米其林公司物流外包的消息后，通过各种渠道对米其林公司进行了调研，掌握了许多有利的谈判线索，并制订了可行的进攻计划。最终，中外运辽宁公司与米其林成功的进行了合作，拿到了该公司的物流和货代项目。

（资料来源：根据网络资料改编获得 https：//wenku. baidu. com/view/078a39befd0a79563c1e724a. html）

启示：

国际货代企业的一切市场营销活动都以增加货源为目标，揽货成绩直接关系企业的兴衰存亡，其重要性不言而喻。因此，从事国际货运代理的揽货人员，应该了解揽货的整个环节，掌握各个环节所必须具备的技巧，正确运用各种有效的沟通方式与目标客户群体接洽，从而达到成功揽货。

模块4 国际货运代理营销业务

【模块任务】

国际货运代理营销业务是货代业务的重要环节。国际货代服务产品分析包括哪些内容？在揽货程序和技巧上要注意什么？

一、国际货运代理营销基础

（一）国际货运代理营销的涵义

市场营销是20世纪初发展起来的一门建立在现代管理理论、经济科学、行为科学基础上的应用科学，简称营销，其研究对象主要包括：了解和研究市场需求；研究如何最大限度的满足顾客（市场）的需求；研究如何采用更好的方法和技巧，使产品有计划有目的地进入最有利润潜力的市场，在满足市场需求的同时，最大限度地实现企业的利润目标。

国际货运代理营销是关于货运解决方案、货物舱位和附加货代服务的内容、定价、促销和分销的策划与实践过程，即为实现国际货代企业的赢利目标而进行的交换过程。国际货运代理营销即是研究国际货运代理企业如何寻求最优化的途径、策略与方法来满足货主对国际货代服务产品的需求。

（二）国际货运代理营销的特点

1. 国际货代市场的营销对象

1985 年美国市场营销协会的定义提到市场营销的对象是思想（主意或计策）、货物和劳务。针对国际货运代理行业来说，“思想”就是为委托人准备的货运解决方案；“货物和劳务”就是国际货运代理企业提供的舱位以及如报关、报检、仓储、拖车的附加货代服务。

2. 国际货运代理营销的管理过程

国际货运代理营销过程是对国际货运代理产品的构思、定价、促销和分销的策划与实施过程，即包含调研、细分、定位、开发、设计、定价、分销、促销以及售后服务、信息反馈、再销售等一系列过程。

3. 国际货运代理营销的核心是交换

在市场经济条件下，任何国际货运代理企业在经济或业务活动中都必须树立市场（客户）观念。这就是说，任何国际货运代理企业都必须把服务对象当做客户看待，切实调查研究和了解目标客户的需要并千方百计地满足目标客户的需要，同时必须坚持互利原则，实现潜在交换。

4. 国际货运代理营销不等于推销或销售

国际货运代理营销是指国际货运代理企业的一切经济活动都必须以委托人的需要为转移，企业只能经营那些适合委托人需要的国际货运代理服务产品。现代企业的市场营销活动包括市场营销研究、产品开发、定位、广告宣传、人员推销、销售促进、售后服务，而推销或销售只是国际货运代理营销职能中的一部分，且不是最重要的部分。

（三）国际货代市场的供需特征

1. 国际货运代理市场供需特征

在国际货运代理市场，委托人手中的货源构成总需求，总供给即国际货运代理企业所控制的总舱量和所能提供的货代服务。在国际货运代理市场，需求的一方可以是国际贸易的买卖双方或其代理人或其他相关人；供给的一方就是国际货运代理企业，这些国际货运代理企业发展到一定的程度可以成为独立经营人，进入“承运人”的角色。

国际货运代理市场与一般商品市场在供求特征上有共性的一面，如运价影响着供求关系，供求关系反过来又作用于运价使供求趋于均衡。但由于国际货运代理服务产品的特殊性，决定了其供求特征的特殊性。

（1）国际货运代理市场的需求特征。

①货代需求的派生性。国际货运代理需求与国际贸易、国际货运息息相关，国际贸

易与国际货运的发展变化直接影响并决定着国际货运代理市场需求状况。另外，由于国际贸易与国际货运发展的不平衡性，决定了国际货运代理市场需求的不平衡性。

②总体需求的潜在性。由于国际贸易受经济、政治、自然等诸多因素的影响，世界经济从衰退到复苏或从繁荣到萧条，都要经过一段时间才能从国际贸易、国际货运上反映出来，因此反映到国际货运代理市场的需求上必然有滞后性，即表现为国际货运代理市场需求的潜在性。

③个别需求的差异性和总体需求的规律性。个别需求是指在一定运价水平条件下，有许多性质不同、货类不同、运输要求各异的具体要求。它要求必须以相应的运输工具和配载技术去适应货物的重量、体积、形状及包装等各方面的特点。这些各种各样的需求虽有差异性，但总体需求具有一定规律性，如原材料运往工业发达国家，工业制成品运往工业欠发达的国家等，又如粮食等农产品及取暖燃料等运输的季节性。

(2) 国际货运代理市场的供给特征。

①货代服务产品的非储存性。产品的储存在市场经济中具有特别重要的意义，通过产品的储存可以调节市场的供求关系，对市场价格人为地加以控制。但在国际货运代理市场中，国际货运代理服务产品不能改变劳动对象的性质和形状，不能生产出任何的物质形态的产品。国际货运代理服务产品是无形的，随着服务的终止而消失，不能像一般生产产品那样可以储备。这一特点使得国际货运代理市场的调节非常困难，需求发生变动，供给不可能随即加以变动，其结果是市场的运价大幅度波动。

②总体供给储存的必然性。由于世界经济的周期性及货运代理需求的不平衡性，使货代服务的供给很难时时与需求相符。在货代服务产品无法储存的情况下，唯有通过总体舱位配额储备来适应市场的变化，这就要求国际货运代理企业有超前意识，及时和承运人签订仓位配额合约。舱位配额储备可以使国际货运代理企业在市场需求增长时抓住机遇，为企业创造巨大的效益，但也存在着当市场萧条时，仓储配额过剩会给企业带来亏舱损失的风险。舱位配额预定的超前量就成为国际货运代理企业经营者研究的重要课题。

③货代服务产品使用的不充分性。一方面，舱位配额储备的必要性决定了在国际货运淡季及货运代理市场不景气时，必然会导致部分舱位闲置；另一方面，货运代理需求与供给在时间和地点上存在着不一致现象，即当市场上有货物要出运时，不一定能在该时该地恰好能提供它所需要的舱位。反之，国际货运代理企业手中有多余的舱位，但此时此地不一定有货，这意味着舱位供给中存在着浪费。

2. 国际货代客户的需求特征

货代市场上客户的需求既包括对船型、舱位、港口、箱量、运价等方面的物质需求，也包括对运送质量、服务态度及安全性、准确性和购后的满意感等方面的精神需求。从总体上看，客户的各种需求之间存在着某些共性，这就是客户需求的特点。

（1）无限扩展性。

客户的需求是无止境的，永远不会停留在一个水平上。随着运输设备、技术及通讯水平的不断提高，世界贸易市场、国际航运市场不断变化，客户的需求也不断地向前发展。如过去未曾有过的对货物流向追踪掌握能力的需求，现在已成为货主选择承运人的主要条件之一。客户的一种需求满足了，又会产生新的需求。因此，作为货运营销者要不断开发新服务项目，开拓新的市场，以适应不断提高的客户的需要。

（2）多层次性。

尽管客户会有多种多样的需求，但不可能同时得到满足，总要按照个体的经济实力、支付能力和客观条件，根据需要的轻重缓急，有序地逐步实现，这便是客户需求的多层次性。在同一货运市场上，不同货主由于其社会地位、经济效益的差异，其需求也表现出多层次性的特点。如出口商强调低廉的运价及舱位的保证，而进口商除了可接受的运价外，更要求加强卸货港的交货服务，如供应车架，并在内陆城市设有箱场站等。客户需求的多层次性，要求企业在对货运市场进行细分的基础上，准确地选择自己的目标市场。

（3）可诱导性。

客户需求的产生有些是必需的、最基本的，有些是与外界的刺激诱导有关的。如经济政策的变动、运输部门营销活动的影响、社会交际的启示、广告宣传的诱导等，都会使客户的需求发生变化或转移，潜在的需求也可以变为现实的需求。可见，客户的需求对某一具体运输部门来说是可诱导和调节的，具有较大的弹性。客户需求的这一特征，要求货运营销者不仅要适应和满足客户的需求，而且应通过各种促销途径，正确地影响和引导客户需求，变潜在的客户为现实的客户。

（4）分散性。

改革开放以来，在外贸管理体制上打破了国有企业一统天下的格局，许多大中型企业取得了外贸进出口经营权，加之我国大量、全方位地吸引和利用外资，使中小货主、客户数量激增，分布面广，而大货主相对减少。大多数客户每次的托运量较少，且使用行为频率高。针对这一特点，营销者应采取灵活多样的销售揽货方式和服务方式，适应货运市场结构的变化。

（四）国际货运代理营销管理过程

国际货运代理营销管理过程是国际货代企业识别、分析、选择和发掘市场营销机会，以实现其任务和目标的管理过程，具体包括以下四个步骤：

1. 发现和分析评价国际货代市场机会

市场机会就是市场上未满足的需要，但并不是所有未满足的需要都构成企业的市场机会。只有符合企业的目标和资源条件的市场机会才构成企业的机会。因此，营销人员不但要善于发现市场机会，还要善于分析、评估市场机会，看它是否有利可图。

市场机会的分析有赖于对营销环境（包括宏观环境和微观环境）进行科学细致的市

场调研。为了更好地进行市场营销调研，企业应建立市场营销分析系统，专门搜集、整理、分析和评估有关营销信息，为公司的营销决策提供科学依据。

2. 研究和选择国际货代目标市场

经过分析和评估，选定了符合企业目标和资源的营销机会后，还要对这一市场的容量和市场结构作进一步的分析，以缩小选择范围，选出本企业准备为之服务的目标市场。这包括四个步骤：测量和预测市场需求；进行市场细分；在市场细分的基础上选择目标市场；实行市场定位。

资料卡

目标市场营销与市场定位

企业根据自己的营销目标和资源条件选择一定的目标市场进行经营，这种经营方式称为“目标市场营销”。

市场定位是指在目标客户心目中为自己的企业和产品确定一定的位置，形成一定的特色，树立区别于竞争者的企业形象和产品形象。

3. 确定国际市场营销组合

市场营销组合也就是企业的综合营销方案，即企业针对目标市场的需要，对自己可控制的各种营销因素如产品、运价、分销、促销手段等进行优化组合和综合利用，使之协调配合，以取得最好的经济效益和社会效益。

国际货运代理企业的经营过程受多种因素的影响，在诸因素中，有些是企业可以控制的，有些是企业无法控制的。企业可控的因素通常可归纳为四大类：产品（Product）、运价（Price）、渠道（Place）、促销（Promotion），简称4P。

资料卡

大市场营销观念

20世纪80年代后，由于国际市场竞争日益激烈，许多国家和地区政府干预加强，贸易保护主义盛行。在此情形下，科特勒提出了一种新的市场营销观念——大市场营销观念。其基本含义是企业在进行营销活动时，不仅要顺从和适应市场环境，而且要影响它。对此，企业营销要从“4P”发展到“6P”，即增加权利（Power）和公共关系（PublicRelations）。此观念认为，一个企业或国家在全球经济一体化的国际市场营销过程中，不应消极被动地服从外部环境和市场需求，而应借助于整治力量、外交手段、公共关系等，积极主动地改变外部环境和市场需求，以使商品打入目标市场。

服务行业由于其产品及提供过程的特殊性，使其营销组合因素在有形产品营销组合4P的基础上又增加了3个P，即人员（People）、过程（Process）、有形展示（Physical Evidence）。这三个因素对服务企业来说是可以控制的，对企业有效地保证和提高服务质量具有重要影响。

企业在营销过程中还要受到各种微观和宏观环境因素的影响与制约，如微观环境的供应者、企业竞争者、营销中介、社会公众等，宏观环境中的经济、自然、政治、法律、社会文化、科技、环保等，这些都是企业的不可控因素。由于营销组合因素的多层次性，使营销组合具有可控性、复合型、动态性和整体性的特点，体现了市场营销观念中的整合营销思想。

4. 管理国际货代市场的营销活动

国际货代企业营销管理过程的最后一个环节是管理企业的市场营销活动。管理市场营销活动包括三个方面：（1）制订市场营销计划；（2）市场营销的实施过程；（3）市场营销的控制系统。

二、国际货代服务产品分析

（一）国际货运市场营销产品的特征与质量

1. 国际货运市场营销产品的特征

货运服务就是货运企业以提供劳务的形式满足他人货物运输的需要并取得报酬的经济活动。许多学者对货运服务的共同特性进行了大量的探索和研究，力图把货运服务和有形产品区分开来，并从不同的角度对有形产品和货运服务的区别进行了阐述。大多数学者都同意货运服务存在以下五种不同于有形产品的一般特征：无形性（不可感知性）、差异性、不可分离性、不可储存性及缺乏所有权性。这些特征给服务提供者带来了独特的管理挑战。其中，“无形性”被认为是服务产品的最基本特征，其他特征都是从这一特征派生出来的。事实上，正是因为服务的无形性，它才不可分离。而“差异性”、“不可储存性”、“缺乏所有权”在很大程度上是受“无形性”和“不可分离性”两大特征所决定的；同时，就对服务市场的营销行为及顾客行为的影响而言，前两种也不如后三种特征那么深远。

2. 国际货运市场营销产品的质量

货运服务质量是指提供货运服务的货运企业在一定时期内为客户提供服务的效用及其客户需求的满足程度的综合表现。服务效用是指货运企业为客户提供货运服务的有效性和有用性，是反映货运企业提供货运服务满足客户和社会明确或隐含需要能力的特性总和，包括安全性、功能性、经济性、时间性、完整性、准确性、和方便性等。客户需求的满意程度取决于客户总价值（产品价值、服务价值、人员价值、形象价值）与客户总成本（资金成本、时间成本、精力成本、体力成本）的比值。比值越大，满意程度越高；反之亦然。在总价值和总成本一定的情况下，客户的满意程度取决于客户的预期价值与感受价值的比值。比值越小，满意程度越高；反之亦然。

货运服务质量主要内容包括服务态度、服务技术、服务设施、服务项目、服务时间等方面，如表4-1所示。

表4-1　　货运服务质量的主要内容

主要内容	内容描述
服务态度	◆货运服务质量的重要组成部分。 ◆良好的服务态度具有感召功能，对客户具有吸引力。 ◆服务态度影响着服务质量的优劣和服务水平的高低。 ◆服务态度是指服务人员在服务过程中言行举动的外部表现形式，它是由认知、情感和行为倾向三部分所构成的一个有机整体。认知是指员工对客户和服务工作的认知和理解；情感是指员工对客户和服务工作的热心程度；行为倾向是指员工对客户和服务工作所采取的行为。这三者缺少任何一个要素，都会对服务态度产生决定性的影响。 ◆服务态度主要通过员工在服务过程中的表情、举止、言行表现出来。受主客观因素的影响，不同员工的服务态度表现形式各异，很难用一把尺子来衡量服务态度的好坏。但经过长期的实践证明，对服务态度的评价还是有一个较为公认的标准，即良好的服务态度主要是由“亲切、主动、耐心、诚恳、周到、热情”等方面构成，这些方面相辅相成，共同构成良好的服务态度。
服务技术	◆评判服务质量的基本标准。 ◆良好的服务态度还需依赖于高超的服务技能。没有一定的技术难以满足客户的需求。 ◆服务技术是指员工在服务过程中具备的服务知识和掌握的操作技术。服务知识主要是指员工对货运相关知识的掌握程度，包括熟知世界贸易的主要航线、港口所处的位置，转运地以及内陆集聚地对港口情况、运输方式、货物特性及装载的要求，运输情况以及最新货运动态信息，国际国内关于运输的法律规定，外贸基本知识等。服务操作技术是指工作能力，是否能独立、迅速、准确地编制各种单据，是否熟练掌握各种英文函电，打字是否熟练、准确，是否能运用计算工具迅速、准确地进行价格、运费、保险费、杂费等计算，是否熟悉计算机制单和操作技能等等。服务知识和操作技术相辅相成，缺乏任何一个都会对服务技术产生根本性的影响，最终导致服务质量的下降。
服务设施	◆完善而先进的服务设施是现代货运企业高度发展的一个重要标志，也是为客户、货主提供高效率、高质量的服务所必需的物质基础，是保证服务质量、提高服务水平的重要部分。 ◆服务设施是指货运服务企业为客户提供服务所必需的硬件设施，即生产资料，包括运输工具、港口码头、车队、场站、集装箱、通讯系统等，是服务企业生产服务产品所必需的三大要素（劳动者、劳动对象、劳动资料）之一。货运企业只有拥有先进的现代化设施，才能为客户提供优质服务。
服务项目	◆是货运服务质量的重要内容之一，服务项目是指服务性企业为客户提供的服务范围或服务内容，也可以说是服务性企业的业务经营范围。 ◆作为企业，既有其主营项目又有兼营项目。货运公司主营项目是运输服务，兼营项目是货物运输相关业务。服务项目的设置要以“需要”和“可能”为原则，以客户满意为度，同时兼顾协调性策略，即各个服务项目应配套。并且各项目之间一定要相互促进，不能彼此制约、分散或抵消各项目和服务环节功能的发挥。

续表

主要内容	内容描述
服务时间	◆货运服务时间包括两层含义：一是指货运企业为客户提供服务的工作时间范围；二是指货运企业为客户提供服务的时间效率。服务的工作时间范围通常是指企业的工作时间，由于货运业的特殊性要求，企业应根据客户的要求，适当延长服务时间或在某些服务环节或服务项目上设置 24 小时客户服务或专人业务值班服务等。服务时间效率包括及时、准时和省时三个方面。及时是指货物迅速地运达目的地，而不应出现任何延误，当客户需要某种服务时，能够及时地提供；准时是指服务工作在时间上准确无误，能按客户的要求准确安排各项服务工作；省时是指为客户提供的服务所消耗的时间应越短越好，尽量减少客户等待时间。

（二）产品组合

1. 产品组合的含义

国际货运代理企业的产品组合是由若干产品大类组成的，每个产品大类又包含若干产品亚类、产品项目。

◆产品组合又叫做产品品种的集合，是某一个国际货运代理企业所提供的全部服务产品大类、产品项目的组合。

◆产品大类是一组密切相关的产品，因为这种产品都能满足某种需要，或者必须在一起使用，或者卖给相同的客户群，或者属于一定的价格幅度。

◆产品项目是在某种产品大类中，具有不同装货地、卸货地、接单时间、离到港时间、价格、客服、运输工具等的产品。

2. 产品组合的宽度、长度、深度和关联性

国际货代服务产品组合还有一定的宽度、长度、深度和关联性。如表 4－2 所示。

表 4－2　产品组合的宽度、长度、深度和关联性

内容	特征描述	举例
产品组合宽度	国际货代企业拥有的产品大类。国际货代企业的揽货网络越广，它所能涵盖的航线范围越大。	有的国际货代企业受限于所掌握的货源以及企业与承运人的关系，可能在某些航线上有特别的价格优势和服务优势。
产品组合长度	国际货代企业所包含的产品项目总数。用企业的产品大类数除以总长度就可得到每一个产品大类的平均长度。	航班的密度，即在单位时间内国际货代企业能提供服务产品的频率。
产品组合深度	国际货代企业产品大类中每个产品项目，企业能提供相关货代服务的多寡。	国际货代企业在承揽货物的时候会问客户需不需要提供报关、拖车服务，有的委托人会自理报关和自理拖车等。
产品组合关联性	国际货代企业的各个产品大类在货源、承运人等方面的密切相关程度。	有的国际货代企业会把中国内地的货源地分成华北、华中和华南地区，按运输方式分成国际海运部、国际空运部和国际快递部等，这就是将国际货代服务产品相关度大的聚集到同一部门。

产品组合的上述四个方面决定了企业如何制定其产品战略。可供企业选择的扩大业务的方法有：增加新的产品大类，增加其产品组合的宽度；增加现有产品大类中的产品项目，增加其现有产品大类的长度；增加更多的附加服务以增加产品组合的深度；增加或减少其产品组合的关联性。

三、国际货代企业揽货程序和技巧

4－1 联邦快递服务产品组合策略

国际货代企业的揽货成绩直接关系企业的兴衰存亡，其重要性不言而喻。货代企业是个整体，揽货员就像一个冲锋陷阵的骑兵，旨在争取核心客户群。要赢得客户信任及建立长久的伙伴关系，后勤部门所发挥的作用同样重要。所以，与揽货工作有关的各部门亦须如揽货部门般以客户为中心，并协助揽货部门的工作。

揽货，即招揽货源的意思，是国际货运代理企业通过一定的营销手段争取对货物的承运权，所以也称为揽载。大部分情况下它是国际货运代理企业的一项职能，有时会因社会分工的需要独立成一个行业，如航空货运承揽业。

（一）国际货代企业揽货程序和方法

1. 如何确定目标

开发新客户就是抓货源，货源的目标很广，有同行、外贸工厂、国际贸易公司等，任何能提供货源的委托人都是揽货目标。外贸工厂、国际贸易公司本身都是货主，业界称之为直接客户，简称直客；而同行则是间接客户，拥有较多的同行客户是因为国际货运代理企业在某运输线路有较多的价格优势，如 A 货代将揽取的货物给同行 B 货代，则 B 称为 A 的拼装人。寻找新客户是揽货程序的开始，也是决定揽货成败的关键所在。

2. 接触前的准备

（1）与客户初次沟通。通过电话、QQ、微信、E－mail 等联络方式和有意向的客户交流，了解到货运要求后，马上电话联系客户。联络过程中要学会绕过守门人，找出货运决策关键人，以提高交易成功几率。可以这样提问："请问谁负责进出口货运？"

（2）进一步了解客户要求。了解客户要求是很重要的一个环节，向关键负责人介绍公司服务流程和谈论出运要求，不要把时间浪费在无关人员或说不清楚的下属人员身上。

相关链接

客户询问的细节

在了解客户要求时，应具体询问如下细节：

◆ 货物的目的地或来源国家，出货时间，是否制定货；

◆货物性质：数量、品名、价值、包装、是否危险品（注意危险品级别）或特种货物，监管证件要求及特殊保管要求；

◆ 运输方式：海运、空运、汽运、铁运等；

◆ 时限要求：特别是国际速递要问清楚；

◆ 操作质量要求：货差率、货损率、接货及时性、包装等；

◆ 财务要求：付款方式、保险、发票、代收款等。

当客户问到一些业务员不明白的具体操作问题，要根据对方语气来判断客户的耐性，耐性较好的可以请他稍等，耐性较差的则说等会儿回复，记得请客户留下电话、姓氏等联系要素。一放下电话马上请教相关部门人员或资深业务员，在尽可能短短时间内回复。如果客户没有时间在电话里谈论以上细节，则把这些内容留到见面的时候。

(3) 客户询价与揽货员报价。

业务员不但要求报价准，而且对市场行情要随时了解，对于自己没有的价格要善于向同行询价。

报价方式主要类型有：①按对象分为直客报价、同行报价、网络报价；②按环节分为分项报价与全包价（有的称为多式联运报价）。分项报价对各环节如海运、空运、驳船、拖车、报关、报检、仓储、保险等分别计费；全包价中分整箱价和散货价；③按公司价格管理层次分为底价、对外标准报价、合同客户报价。各种服务对底价管理是由业务主管负责，有的公司也专设市场价格员来负责；特殊价格或同行报价就需要由这些负责人来决定，普通揽货员无权决定。

报价内容主要包括：运杂费、船期或航班、运价走势等。不同的客户，报价方式不同，价格也会不同，报价必须慎重，同时需要灵活发挥，看情况报价，注意客户的出价并存档。合适的报价是从竞争对手中“抢”客户到重要手段之一。业务员应对客户的询价时，对市场价、公司底价、报价方式及佣金给付方式要相当清楚。大部分公司都会给不同等级业务员一个谈价的幅度，第一次报价要留有余地，可以是试探性的，为面谈做好铺垫。

(4) 营销环境调查。

正式约见客户前，揽货员要做许多功课。准备工作包括：搜集对方资料，如公司的营业状况、需要及货运委托特性等，并建立档案；搜集竞争对手特别是对方以前的国际货运代理的信息并建立竞争者档案，制定访问计划。揽货员必须学会准确预测市场未来动向的能力，可以和同行、同事交换情报及讨论市场趋势，也可以和老客户讨论未来发展方向，这样才能作出最切合客户需要的决定，做到知己知彼、有的放矢。

3. 电话预约

初步了解后，应试探性地预约有合作机会的客户，如对方同意，就立即确定见面时间、地点。约定时间应该在双方都方便的基础上，尽量主随客便，以客户为尊。见面必须准时。如对方同意见面，但没有确定具体时间，应保持联系，尽快拜访。

4. 业务洽谈

业务洽谈是整个揽货工作的核心内容，直接关系到揽货的成败。因此，每位揽货员都应高度重视洽谈的技巧和艺术性。和直客及同行洽谈的技巧是有很大区别的，我们应根据客户的具体情况作出具体分析，灵活机动地进行洽谈。注意要点有：①善于在与客户的商谈中把握谈话气氛，及时调整自己，注意得体的称呼、穿着，礼貌的举止和交谈距离。融洽的谈话就算成功了一半，幽默的揽货员往往比较受欢迎；②善于倾听，注意对方的肢体语言，如表情、姿势，适时给予回应。通过交谈可以知道客户关心的是什么，这是得到客户信息的重要途径；③善于把握关键点，如优惠的运价、通关能力、良好的服务、信用等；④懂得必要的告辞，不要浪费在不必要的谈话上。不易于应付的客户实际上并不热衷合作，但也不轻言放弃；⑤一次面谈后每隔一段时间应找机会和客户电话沟通或登门拜访，感情投入有助于客户在将来需要的时候想到你。客户主动表示有兴趣的例子是很稀少的，揽货员通常需要向准客户提出交易，才有望成功。揽货过程中，揽货员没有抓住客户意愿，容易错过交易机会。

5. 签订合约

客户跟进就是与客户反复接触，多次短时面谈。经过一番询价还价之后，在双方意见趋于一致的情况下，揽货员应及时把握机会，与客户签订服务合作协议。国际货运代理企业接单就是接受客户委托，签订国际货代服务协议书。接单是揽货的目的，也意味着国际货运代理操作的开始。国际货运代理服务协议书也是一份客户服务方案计划书，包括航线要求、时限要求、运价要求、通关要求、拖车要求等。与客户签订合约是整个揽货工作中最重要的环节，合作关系是建立在双赢等基础上并适当留有余地，这样便于与客户保持良好的合作关系，最终从客户处揽取更多的货物。

资料卡

国际货代服务协议书

国际货代服务协议书格式多种多样，大部分是一份货物托运单（shipping instruction, S/I），空运常常直接用空运单（shipper's letter of instruction or Air waybill）来代替，也有比较正式地签订一份委托运输代理合同。这就是委托方提出的“要约”，一经委托方书面确认，意味着“承诺”，双方之间的要约行为成立。因此，委托书应有委托单位签字盖章，使之成为有效的法律文件。

委托人可直接向代理人签订长期或临时委托代理合同。长期委托的委托期可以为一年、两年或三年，如终止委托代理合同，需根据合同规定，提前一定期限以书面形式通知代理人。临时委托以合同注明的委托事项和有效期为准。双方义务履行完毕，有关费用均已结算，合同即视为终止。

凡是委托人已委托某货运代理公司为国内某港口货运代理的，委托人应通知有关单位，对同一委托事项或同一时期，不得另行委托其他单位做同一货运代理服务。双方委托代理关系建立，货运代理人即表示接受委托，开始履行货物的进出口代理业务，委托人必须提供相关单证资料，作为代理人办理货运代理的依据。

6. 售后服务

揽货员填好货物托运单后，接着填写工作流程单，详细纪录客户的要求，然后传递给后续部门，即是把客户的托运单转为内部工作单的工作。揽货单售后服务是指从接受客户委托开始直至在目的地交付收货人并完成所有委托事项为止，是所有国际货物运输相关服务的总称。它是揽货工作的“后勤工作”，也是国际货物运输代理企业履行服务合同、提供国际货代服务产品最重要的内容之一。

（二）揽货注意事项

1. 充分了解合作伙伴和目的国货运法律

国际货运代理企业离不开承运人、仓库、堆场、货运站、码头、机场、车站、保险公司、报关行、拖车行、控箱公司等关系企业的协作，对以上各关系企业的操作程序要了然于胸，同时对目的国货运法律也要熟悉，以应付客户的各种问题。如美国国内道路限重很严格，各州之间的法律规定均有不同（约 15 ~ 17 吨不等），故对五金、瓷砖、石制品等大重量货物的揽收要特别小心。通常小柜不可超出 17 吨，以免遭每次 2000 ~ 3000 美元的交通罚款。

对合作伙伴的适时价格也要充分了解，以便向客户报出正确的价格。如各码头的费用，如客户要外拖又要加上拖车行的拖车费，普通车与转关车的价格也不一样；船公司的海运费和航空公司的空运费也在随时波动。海运方面要掌握发货港到各大洲及客户常用港口的运杂费，各主要船公司的船期；空运方面要掌握发货空港到各大洲及客户常用空港的运杂费，各主要航空公司的航班时刻；陆运方面要掌握各大城市的公里数和拖箱费及港口装箱费；对于所有的运输方式，报关费、报检费、文件费、修箱、洗箱、租箱、仓租等都必须有所了解。国际货运代理企业的揽货员应常备一份各种运杂费清单。

要掌握承运人的货运时刻表，如航空公司的航班时刻、船公司的船期，特别是头程开船时间和次程开船时间等，国际货运代理企业在不同的港口码头发货，相应的大船公司也有所不同。

2. 建立服务优势，掌握报价技巧，协助商务人员签约

国际货运代理企业要善于建立小范围垄断，那么你就有了别人没有的优势，建立所在地区最优惠的服务价格是公司迈向成功的基石。比如有的公司中南美线和欧地线价格优惠；有的是马来西亚航线优惠。国际货运代理企业在优势产品方面拥有较多的同行客户，从而降低了揽货成本和操作成本。每个揽货员要了解本公司优势产品的价格结构及特点，并及时向合作伙伴索取适时报价，学会用优先权或优惠价来吸引新客户和稳定老客户，灵活应用揽货佣金。

（1）运价优势。路线价格的差距取决于揽货量和客户关系。国际货运代理企业同承运人的合作协议往往规定揽货量与运价的对应关系，国际货运代理企业以此获取优惠运价。另一情形，因为承运人给熟客优惠，所以许多货代常常会夸口："我和某某大船公司的业务员是朋友，所以拿到好价格。"随着国际货运代理行业竞争的加剧，单靠承运人的运价承诺已经不能满足客户要求，许多国际货运代理企业谋求以优化运输组合来取得某线路的运价优势，在中转点、货运站、拖车等所有的环节上争取最好的价格。

（2）时间优势。除了价格优势外，时间优势也是值得揽货员向客户介绍的核心竞争力。

（3）质量优势。服务质量优势对于有特殊服务要求的货物（危险品、贵重货物、动植物等）尤其重要，对某类货物运输处理的优势可以赢得客户。国际货代服务质量可以体现在如由于过往有较多的化工品或危险品货量，使得公司处理这些货物得心应手、效率高，客户也放心。

（4）地区优势。国际货运代理企业往往在创业所在地或公司总部所在地有良好的客户关系网络和业务网络，使得从这些地区发出的货物处理效率高、费用低，从而构成了地区优势。

3. 资料收集及时齐全，准确传递给操作员

要了解客户的全部关键要求，对常规的服务要求一定要问清楚，如是否代理报关、报检、保险、拖车、仓储等；要及时收集齐全货代单证，特别要注意报关、报检中的监管证件是否提前准备好了，同时要认真核实单证资料的准确性，以免造成改单的额外费用；向操作员传递客户的有关资料。华运国际物流集团揽货员将客户所提供的资料填写在公司规定的一张业务流程卡上传递给操作员，上面的内容包括：起运港、目的港、船名、截关日、箱型箱量、价格及其他服务要求等。

4. 建立客户档案，协助客服人员做好客户关系管理

建立客户档案并非仅是客户服务人员的事，甚至在一些中小型企业不设客户服务部，而是由业务部本身来管理客户关系。客户历史档案有助于揽货员在第一时间内对客户的要求作出响应，以最快、最好的服务满足客户。

5. 做好业务报告，协助财务人员保证运杂费回款

国际货运代理企业通常要求业务部定期作业务报告给公司管理层，让公司管理决策人及时了解客户的动向和指导开拓市场。业务报告中包含了业务量和应收服务款项的统计，清楚、正确地列出每一票业务所有服务项目及费用和客户支付情况，分列出已付账款（开了发票给客户）和应收账款。客户当月应收账款由单证员同相关单位（特别注意境外合作国际货运代理单位）开来的发票及订舱单核对。单证员做好清单后，交由主管并通知相关揽货员及其客户本月应收金额的具体情况。在操作就要完成时，揽货员要通知财务部开发票、核对发票，协助财务部及时收回服务款。

（三）揽货员必备条件

1. 心理素质要好

揽货员要面对的问题很多，包括无情的回绝、自尊受打击、信心危机等。如果心理承受力不够强的话，那么很快就会崩溃，这不单指业务方面，甚至揽货员的私人生活方面，时刻都会受它的影响。良好的心理素质是经过不断磨炼得来的，业界有一个“1%原则”，即在揽到1%客户的货物之前被99%的客户拒绝是不可避免的。在不断的失败中却仍然自信坚强，在失败中不断地吸取经验，百折不挠地向目标逼近。客户很少自动找上门来，在竞争如此激烈的环境下，大部分客户靠揽货员主动出击得来，开发客户过程中会经常被拒绝，一次、两次、三次甚至无数次，不能灰心、不能胆怯，要大胆地介绍公司的业务范围和公司的服务优势。

揽到货后也不是万事大吉，后续工作还会遇到很多的问题：出货厂家的问题、操作的问题、承运人的问题、货场的问题、拖车欠缺的问题、拖车不够准时的问题、报关没报好的问题等等，尤其当你接到几票货的时候也许这些问题会同时显现出来。揽货员要冷静面对，乱了一个环节就有可能全盘皆乱。受到委屈要及时调整好自己的心情，绝对不能把情绪带给下一个客户。每个客户每天的问题都会不一样，揽货员要学会应变，国际运输往往时间长、距离远，只要其中一个环节出错，客户就很紧张，生怕误了交货期。他们的心情会特别烦躁，时刻会打电话来责备，揽货员是首当其冲的，处理好这些问题才能让客户放心。

2. 爱岗敬业，良好的服务意识

揽货员在面对客户时，其个人的素质就代表了公司的素质。国际货运代理行业是属于服务行业，揽货员要有服务客人的素质，一切以客户为中心，全心全意为客户服务。揽货员应具备的职业精神可归纳为“五心”：信心、耐心、恒心、诚心、爱心。

4－2 案例分析

（1）信心：揽货员要时刻充满信心，对自己有信心，对所属公司的服务产品有信心，给予客户正面的印象，在衣着、精神状态和言行举止上都要体现出来。

（2）耐心：揽货员在工作中虽然能判断出某些客人只是来询价而无意提供货源，但还是要耐心地回答他们的问题，去解答他们的疑问。如果客户是来投诉和发脾气的，要控制自己的情绪等对方发泄完，如果是自己的责任要保证改进，如果是其他同事的责任也要有礼貌转达客户的批评或转接给负责的同事。

（3）恒心：持之以恒地关心你的客户。如果想获得一个客户，需要不断和潜在客户联络。有的公司要求揽货员每个月都要联络大客户，即使没有合同，相互交流也有助于今后的合作。对于已经移交给操作或客服的老客户也要经常去关心，对客户货物的跟踪要有始有终。

（4）诚心：和对方真诚地交流，让客户知道公司服务的限度，说明你的困难，不足的地方要如何努力才能做到，不要承诺做不到的事情。尊重客户的要求，但不是满足他所有的要求。

（5）爱心。揽货员要凭着一颗爱心热情对待客户，为客户分担困难和忧愁，然后才可能揽到业务。对潜在的业务伙伴，揽货员要热情和认真地追踪。这里的追踪是要保持不断的联系和不断的交流，不用刻意追求接单与否，而是先交朋友。优质贴心的服务、刻苦勤勉的揽货员容易得到客户的认可。

3. 善于沟通，判断准确

揽货员要善于研究客户心理，学习社会心理学；同时要具有能说会道的口才，掌握与人沟通的技巧。要成为出色的揽货员，外表穿着方面也要注意自己的形象，保持仪容端庄，穿着要搭配合理，给人舒服的感觉。

收集的货源资料告诉揽货员要开发的客户很多，是否每个都是准客户呢？当然不是，只是其中小小的一部分才是真正会合作的，所以要学会取舍。揽货员的时间有限，要把较多的时间花在有可能合作的客户身上，要学会去筛选。

注意观察客户的肢体语言，如客户倾身听你讲或递支烟给你，或突然向你要一个较低的价格，表示他在考虑与你合作。此时不要错失良机，也不要操之过急，可以说："我们约个时间喝茶。"或"这个价格我和经理商量后我们再约。"如果客户忙于其他事没有停下来的迹象或他双腿抖动显得有点不耐烦，你可能要先告辞了。

4. 树立专业人士的形象

揽货员对本企业所提供的国际货运代理服务范围、质量、过程、后勤服务等必须熟悉，本企业的历史、规模、组织、人事、财务及营业政策等也必须熟悉，以便解答客户可能询问的问题。

每个揽货员必须努力提升自己，掌握必要的相关专业知识，如国际货运代理、国际贸易、货代英语、国际贸易地理等知识，以满足工作中各方面的需要，为企业带来更多的商机及提高企业的效益。比如帮助客户理解单据，甚至帮助客户做单据。因为并不是所有的外贸人员都了解单证，他们能卖出产品给外国客户，但未必了解外贸必需的单据。

资料卡

服务“十尺”定律

无论何时，跟客户距离在十尺之内就应堆起笑容，看着对方的眼睛，准备亲切地问候，让客户觉得你真的很高兴来拜访。建立亲密与和谐的关系，因为每个人都喜欢跟他们觉得有好感以及有认同感的人交易，跟客户建立感情，他们就会愿意跟你谈生意。

【复习题】

一、多选题

1. 国运代理客户的需求特点有（　　）。

A. 无限扩展性　　B. 多层次性

C. 可诱导性　　D. 分散性

2. 揽货人员必备的条件有（　　）。

A. 良好的心理素质　　B. 爱岗敬业

C. 服务意识好　　D. 专业知识强

3. 国际货运代理企业服务的优势包括（　　）。

A. 运价优势　　B. 时间优势

C. 质量优势　　D. 地区优势

4. 货代揽货的注意事项包括（　　）。

A. 充分了解合作伙伴和目的国货运法律

B. 建立服务优势，掌握报价技巧

C. 资料收集及时齐全，准确传递给操作员

D. 做好客户关系管理

二、判断题

1. 管理市场营销活动包括三个方面：制订市场营销计划；市场营销的实施过程；市场营销的控制系统。(　　)

2. 国际货运代理企业的产品组合是由若干产品大类组成的；每个产品大类又包含若干产品亚类、产品项目。(　　)

3. 货运市场上客户的需求既包括对船型、舱位、港口、箱量、运价等方面的物质需求，也包括对运送质量、服务态度及安全性、准确性和购后的满足感等方面的精神需求。(　　)

4. 货运服务质量主要内容包括服务态度、服务技术、服务设施、服务项目、服务时间等方面。(　　)

【案例分析】

外贸业务员 A 向货代业务员 B 询价，一台小机器需要出运到美国的一个小城市，询价时报的体积是 0.3CBM、重量 84kg，B 查询了一下运价，+45kg 的价格是 RMB52/kg，+100kg 的价格是 RMB32/kg。B 计算了 RMB52/kg × 84kg = RMB4368，RMB32/kg × 100kg = RMB3200。然后用 100kg 的总运费加上自己的利润（预估利润 RMB200）除以重量，算出（RMB3200 + RMB200）/84 = RMB40.5/kg，报给客户。为了与客户成交可以这样报价，货物按照 100kg 走，自己还有 RMB200 的利润。

可是当实际拿到托书的时候重量变成了 40kg、体积 0.22CBM，如果按照原先的报价应该是（空运最低都是按照 45kg 计费）RMB40.5/kg × 45kg = RMB1822.5，而要付给航空公司的价钱却是 RMB52/kg × 45kg = RMB2340，如果这样做下来就是亏本的单子。B 向 A 解释，但是 A 认为 B 失信于他而不再相信 B 了。

请分析该报价出现问题的原因何在？如何规避？

【技能训练】

1. 请上网访问主要船公司网站。

2. 写出 10 个船公司的中文名称及英文缩写。

3. 请说出日本、韩国、印度尼西亚、巴基斯坦、澳大利亚、美国、多米尼加、秘鲁、西班牙、荷兰、意大利、英国、德国、挪威、尼日利亚、肯尼亚等国的主要港口名称，并通过网络或其他方式获取我国主要港口至上述国家港口的海运航行时间。

单元三

货 代 实 务

【知识目标】

1. 了解海、陆、空运输方式下的货运代理业务，以及集装箱运输和多式联运方式下的货运代理业务的发展概况

2. 理解班轮运输，空运、公路、铁路运输和多式联运业务的特点

3. 掌握集装箱班轮货运流程、货物班轮运输出

4. 代理与进口代理流程

5. 掌握空运、公路、铁路运输和多式联运业务的运作流程

【技能目标】

1. 能够熟练完成货物班轮运输出口代理和进口代理的业务流程，以及班轮运输相关单证的填制

2. 能够熟练完成空运、公路、铁路运输和多式联运业务的实务操作

3. 能够正确缮制相关运输单据，熟练完成制单结汇手续

【素养目标】

1. 养成在货代业务中诚实守信的职业道德，及爱岗敬业、严谨踏实的工作作风；

2. 形成成本管理和风险控制的意识；

3. 强化团队精神和跨部门、跨领域的沟通协作意识。

案例导读

上海一家公司（以下称发货人）出口30万美元的皮鞋，委托某集装箱货运站装箱出运，发货人在合同规定的装运期内将皮鞋送货运站，并由货运站在卸车记录上签收后出具仓库收据。该批货出口提单记载CY－CY运输条款、SLAC、FOB价、由国外收货人买保险。国外收货人代理在提箱时，箱子外表状况良好，关封完整，但打开箱门后却一双皮鞋也没有。收货人代理应如何处理此事？

国际海上进出口货物运输是货代企业最常见的业务。在国际海运代理业务中，货运代理从业人员必须熟悉海上班轮和租船货物运输基础知识，掌握班轮进出口货运代理业务流程及相关单证，能够正确地对班轮运输代理业务中的各方利益进行分析，并能够准确地进行班轮运费的核算，以及掌握租船合同的不同形式和内容。

（资料来源：根据网络资料整理获得。http：//info. jctrans. com/haiyun/hyal/20068228290 5. shtml）

模块5　国际业务海上班轮和租船运输代理业务

【模块任务】

在国际海运代理业务中，如何识读班轮运输主要航线、班轮船期表和运价本，怎么计收班轮运费？如何为货主选择合适的集装箱、识读集装箱标记，并进行集装箱的配载运算？班轮集装箱货物是如何交接的？国际海上班轮进出口货运代理业务流程及相关单证是怎样的？

一、班轮运输业务概述

国际远洋运输为了适应不同货物、不同贸易合同对运输的不同需要，也为了合理地利用远洋运输船舶的运输能力，并获得最佳的营运经济效益。当前国际上普遍采用的远洋船舶的营运方式可以分为两大类：班轮运输和租船运输。

国际贸易运输中，班轮运输是主要的运输方式之一，它是在租船运输的基础上发展起来的，迄今已有 150 多年的历史。目前班轮运输航线，已遍及世界各海域和主要港口，有力地促进了国际贸易的发展。

班轮运输又称为定期船运输，是指船舶按事先制定的船期表，在特定的航线上，以既定的挂靠港口顺序、相对确定的运价，经常地从事航线上各港口的船舶运输。根据班轮运输装载器具技术的不同，我们又将其分为杂货班轮运输和集装箱班轮运输，集装箱班轮运输的相关内容在前面模块五中已详细介绍，此处不再赘述。

（一）班轮运输主要关系人

班轮运输中，通常会涉及班轮承运人、船舶代理人、无船（公共）承运人、海上货运代理人、托运人等有关货物运输的关系人。

1. 班轮承运人

这里所指的班轮公司，是运用自己拥有或者自己经营的船舶，提供国际港口之间班轮运输服务，并依据法律规定设立的船舶运输企业。班轮公司应拥有自己的船期表、运价本、提单或其他运输单据。根据各国的管理规定，班轮公司通常应有船舶直接挂靠该国的港口。班轮公司有时也被称为远洋公共承运人。

世界上有很多集装箱班轮公司，知名的国际班轮公司都已进入了中国海运市场。主要有：

（1）中远集装箱运输有限公司（COSCON），简称中远集运，成立于 1997 年 12 月 29 日，是中远集团（COSCO）所属专门从事集装箱运输的核心企业。中远集运现有超过 20 条主干航线，连接着全球 100 多个港口，在全球班轮公司中位居前列。

（2）马士基航运公司（Maersk Liner），A. P. Moller 集团（丹麦）下属的 12 个公司的主要成员之一，马士基航运公司是世界上最大的国际班轮公司。

（3）地中海航运公司（MSC），总部设在日内瓦的地中海航运公司目前已上升至世界第二大集装箱班轮公司。

除上述之外，还有一些著名的班轮公司，如日本邮船（NYK）、韩进海运（Hanjin）、商船三井（MOSK）、东方海外（OOCL）、海皇/总统轮船（NOL/APL）、长荣（Ever - green）和达飞（CMA）等。中国著名的集装箱班轮公司还有中海集装箱运输有限公司、中外运集装箱运输有限公司等。

2. 船舶代理人

这里所指的船舶代理公司，是接受船舶所有人、船舶经营人或者船舶承租人的委托，为其船舶及其所载货物或集装箱办理船舶进出港口手续，安排港口作业，接受订舱，代签提单，代收运费等服务，并依据法律规定设立的船舶运输辅助性企业。由于国际船舶代理行业具有一定独特的性质，所以各国在国际船舶代理行业大多制定有比较特别的规定。

中国最大的国际船舶代理公司是成立于1953年的中国外轮代理公司。20世纪80年代末中外运船务代理公司成立，成为第二家从事国际船舶代理业务的国际船务代理公司。目前，在我国对外开放的港口都有许多家国际船舶代理公司。实践中，国际货运代理人经常会与船舶代理人有业务联系。

3. 无船承运人（NVOCC，non-vessel operating common carrier）

无船承运人也称无船公共承运人，这里指经营无船承运的公司，是以承运人身份接受托运人的货载。签发自己的提单或者其他运输单证的，向托运人收取运费，通过班轮运输公司完成国际海上货物运输，承担承运人责任，并依据法律规定设立的提供国际海上货物运输服务的企业。

根据《中华人民共和国国际海运条例》的规定，在中国境内经营无船承运业务，应当在中国境内依法设立企业法人；经营无船承运业务，应当办理提单手续，并交纳保证金；无船承运人应有自己的运价本。

5-1 无船承运人的含义

无船承运人可以与班轮公司订立协议运价，国外称为服务合同（service contract，S.C.），以从中获得利益。但是，无船承运人不能从班轮公司那里获得佣金。国际货运代理企业在满足了市场准入条件后，可以成为无船承运人。上海航运交易所制定有无船承运人的标准格式提单。

资料卡

货运代理人与无船承运人的区别

货运代理人与无船承运人的区别包括：

◆在法律地位上，前者是代理人，后者是承运人（当事人）；

◆在业务范围上，对于货运代理而言，在未取得无船承运经营资格之前不得以承运人身份开展业务，即此时只能从事传统下的代理业务；对于无船承运人而言，在未取得国际货运代理经营资格之前不得从事货运代理业务，即此时只能从事无船承运业务。

由此可见，无论是货运代理还是无船承运人，如欲既能从事货代业务又能从事无船承运业务，则必须同时取得货代经营资格和无船承运经营资格。

【案例分析】

货装舱面，损失由谁承担？

某年10月，原告Z公司委托被告美商Y公司将一批机翼壁板由美国长滩运至中国上海。实际承运人 M 公司签发给被告的提单上载明“货装舱面，风险和费用由托运人承担”。而被告向原告签发的自己抬头的提单上则无此项记载。货物运抵上海港后，商检结果确认部分货物因装舱面而遭受不同程度的损坏及水湿。原告遂向法院提起诉讼，请求判令被告赔偿货损68.2万美元，并承担诉讼费。被告辩称，其身份是货运代理人，不应承担承运人的义务。原告遭受货损系由其未购买足够保险而产生，据此请求法院驳回原告诉讼请求。试评析此案例。

4. 海上货运代理人（ocean freight forwarder）

海上货运代理人也称远洋货运代理人，这里所指的国际海上货运代理公司，是接受货主的委托，为货主办理有关国际海上货物运输相关事宜，并依据法律规定设立的提供国际海上货物运输代理服务的企业。

海上货运代理人除可以从货主那里获得代理服务的报酬外，因其为轮班公司提供货载，所以还应该从班轮公司那里获得奖励，即通常所说的“佣金”。但是，根据各国的管理规定（如果有的话），国际海上运输代理人通常无法与班轮公司签订协议运价或 S.C.。

5. 托运人（shipper）

这里指货主企业，在运输合同中是指本人或者委托他人以本人名义或委托他人为本人与承运人订立海上货物运输合同的人；本人或者委托他人以本人名义或者委托他人为本人将货物交给与海上货物运输合同有关的承运人。托运人可以与承运人协议运价，从而获得比较优惠的运价。但是，托运人无法从承运人那里获得“佣金”。如果承运人给托运人“佣金”，则将被视为给托运人“回扣”。

班轮运输中还会有收货人的关系人。

（二）班轮运输的特点

班轮运输的服务对象是非特定的、分散的众多货主，运输的多为各种性质的杂货。因此，组织班轮运输必须具备的条件主要有：要有技术性能高、设备齐全的船舶；需要配备技术、业务水平高的船员；有一套适合小批量货物接收、运送的货运程序；有相关航线港口的船务代理和货运代理网络。班轮公司作为公共承运人，其主要特点有：

（1）具有“四固定”的特点，即固定船期、固定航线、固定港口和相对固定的费率。这是班轮运输的最基本特征。

（2）班轮运输的承运人和货主之间是凭船公司或其代理人签发的提单作为处理运输中相关问题的依据。

（3）除特别约定在船边交货或船边提货之外，一般船公司要求托运人将货物送到承运人指定的码头仓库交货，或到指定的码头仓库提货。承运人与货主之间不规定货物的装卸船时间，不计算速遣费和滞期费。

（4）承运人负责货物的装卸、理货等作业，一般还负责仓库到码头之间的作业，并承担相关费用。这些费用已计入班轮费率表所规定的费率中，不另外收取。例外情况，也有船公司公布的费率中不包含仓库到码头船边之间的运输费用，以附加费的方式向托运人收取。

(三) 班轮运输的作用

(1) 班轮运输只要有舱位，不论货物的数量、直运或转运都可以接受，有利于一般杂货和不足整船的小批量货物的运输。

(2) 交货时间比较准确，运价相对固定。

(3) 班轮运输能够提供专门优质的服务，能够满足各种货物的运输要求，保障货物的运输质量。

(4) 运输条款的格式化、通用化，使得运输手续简便，方便货主结算。

(四) 船期表

班轮船期表（liner schedule or service schedule）是班轮运输营运组织工作中的一项重要内容，也是国际货运代理企业操作员必读的资料之一。船期表的作用是多方面的：首先是为了招揽航线途径港口的货载，既满足揽货的需要，又体现货物运输服务质量；其次是有利于船舶、港口和货物的及时衔接，以便船舶在挂靠（Call）港口的短时间内取得尽可能高的工作效率；最后是有利于提高船公司航线经营的计划质量。

以前船期表登在一些地方报纸上，现在最重要的载体是船务期刊与因特网。国际货运代理企业经常订阅的载有船期表的杂志有《中国航务周刊》、《香港航务周刊》、《广州航务周刊》、《深圳航务周刊》。示例是中远集装箱代理有限公司的一份船期表，我们可以看到船期表的主要内容：航线、船名、航次号、截关日、始发港、中途港、终点港、离岗时间、到岗时间；收货地点和截货时间；业务、客服联系号码、传真，公司网址、地址。有时还会附带其他注意事项。

5-2 船期表示例

1. 船名（Ship's Name）与航次号（Voyage Number）

这些是用来识别某航线一个特定航线的标识资料。

2. 截关日（Customs Closing Date）

截关日是承运人为特定的航次在指定的送货地点（集装箱终端或码头）最后接受货物的日期。出口商必须在最后日期和地点及截关日期在订舱单中写明。允许送货日包含截关的前一天在内为2天。如果货物比承运人指定的日期早到集装箱终端或码头，场站可能不接受，如果接受则要收仓储费。截关地点一般是海关查货和监管的地方。

由于美国9·11事件发生之后出现的24小时舱单预申报制度（Automated Manifest Sys-tem，AMS）使得截关日变得更为复杂，一般可分为舱单截货和码头场站截货。

(1) 舱单截货。许多船期表习惯写成仓单截货，指的是截止交舱单的时间。英文用托运单（Shopping Instruction，SI）来表示舱单。所以就出现了 SI CLS、SI CUT－OFF、SI AMS CUT－OFF、E－SI CLOSE、EDI SI CUT－OFF、DOC、DOCUMENTATIONCUT－OFF 等表示方法，其中 AMS 是美国 24 小时自动舱单申报系统，E 或 EDI 指电子数据交换，DOCUMENTATION 或 DOC 是指单证，因为平时将 DOCUMENT 翻译成文件，所以该日也称为截文件日。

（2）码头场站截货。这里指的是截止收货的地点和时间。如 CY CLS、FCL CLS、CYRCVG 是指集装箱堆场整箱收货，RCVG 是 Receiving 的缩写；而 CFS CLS 是集装箱货运站拼箱收货；WPRD CLS 是指珠江三角洲码头收货。前面船期表示例中堆场收货地为 8 号中远国际集装箱码头，即通常讲的 HIT（Hongkong International Terminals）码头；堆场截货时间是中午 12：00。

5－3 关于截关日的小知识

（3）加载货物（Additional Cargo）。截关日之后承运人一般是不收货的，但是如果船舶空舱太多，承运人为减少损失在截关日以后也收货，这些临时托运的货物称为加载货物，加载货物时要注意舱客和机载系数及海关的最后报关时间。结关日同截关日不同，它是指海关对货物结束监管的日期。一般海关放行后几日内，机关行或货主办理出口退税等后续工作的程序，有时结关工作持续的时间很长，特别是保税货物。

3. 运输时间（Transit Time，T/T or T. T.）

是港口间的航行时间，如从上海到洛杉矶的运输时间为 12（T/T FM SHA TO LAX；12DAYS），SHA、LAX 分别是 Shanghai、Los Angeles 的缩写。

ETD（Estimated Time of Departure）一词指预计或期望的从起运港或点起运的时间，于或大约发运（Shipment on or About），简称离港时间；适用于所有的运输方式。ETS（Estimated Time of Sailing）一词指预计或期望的从起运港开船的时间，于或大约开船（Sailing on or About）；适用于海运。每一水船截关日早于开船日或叫开航日、实际离港时间（Sailing Date or Time）。

ETA（Estimated Time of Arrival）一词指预计或期望的目的港或点到达时间，简称到港时间；适用于所有的运输方式。TA（Time of Arrival）则是到达时间。

各班轮公司根据具体情况，编制公布的船期表是有所差异的。通常，近洋班轮航线因航程短且挂港少，船公司能较好地掌握航区和挂靠港的条件，以及港口装卸效率等实际情况，可以编制出时间准确的船期表，船舶可以严格按船期表规定的时间运行。远洋班轮航线由于航程长，挂港多，航区气象海况复杂，船公司难以掌握航区、挂靠港、船舶在航线上运行可能发生的各种情况，在编制船期表时，对船舶运行时间必然会留有余地。集装箱运输具有速度快、装卸效率高、码头作业基本上不受天气影响等优点，所以集装箱班轮航线可以编制出较为准确的船期表。

（五）班轮运价表

班轮运价表（liner schedule or service schedule）是指按班轮运输条件所制定的不同航线、不同货种或货物等级的运费率计算各种费用的规定和划分费用的条款文本。班轮运费是根据班轮公司指定的运价表进行计算的。

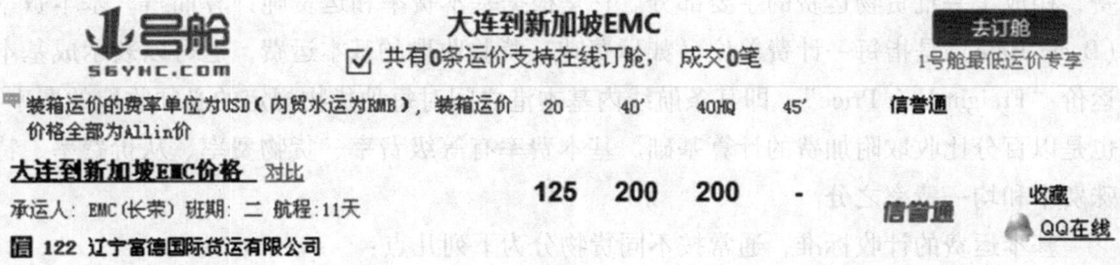

图5－1 集装箱整箱货运价示例

资料卡

班轮运价表基本内容

◆说明及有关规定：这部分内容主要是该运价表的适用范围、计价货币、计价单位及其他有关规定；

◆港口规定及条款：主要是将一些国家或地区的港口的规定列入运价表内；

◆货物分级表：列明各种货物所属的运价等级和计费标准；

◆航线费率表：列明不同的航线及不同等级货物的基本运费率；

◆附加费率表：列明各种附加费及其计收的标准；

◆冷藏货费率表及活牲畜费率表：列明各种冷藏货物和活牲畜的计费标准及费率。

（六）班轮运费

1. 班轮运费的特点

（1）班轮运费按班轮公司事先公布的运价表和计收运费规定，具有相对固定的标准。

（2）班轮运费包括货物从装港船边（船舷）或吊钩至目的港的船边（船舷）或吊钩的全程运费，习惯上称为"船边至船边"（Side to Side）或"船舷至船舷"（Rail to Rail）或"吊钩至吊钩"（Tackle to Tackle）费用。

（3）班轮运输中，承运人双方不涉及滞期和速遣的费用。

（4）班轮公司或班轮公会一般都有自己的运价表（亦称费率表），托运人以此作为支付运费的依据。由于班轮公司一般在某条航线上采取垄断经营的方式，因此，班轮运价属于垄断运价。

2. 班轮运费的构成

班轮运费由基本费率和附加费两部分构成:

(1) 基本运费(Basic Freight)。基本运费是对运输每批货物所应收取的最基本的运费,构成了一批货物运费的主要部分。它是根据基本费率和运费吨计算而得。基本费率(Basic Rate)是指每一计费单位(如运费吨)货物收取的基本运费,也可以表示成基本运价“Freight Unit Price”。即某条航线内基本港之间对每种货物规定的必须收取的费率,也是以百分比收取附加费的计算基础。基本费率有等级费率、货物费率、从价费率、特殊费率和均一费率之分。

基本运费的计收标准,通常按不同货物分为下列几点:

①按货物的毛重计收。在运价表中以“W”表示,即“Weight”的缩写。一般以1吨为计算单位,吨以下取两位小数,也有按长吨或短吨来计算的。

②按货物的体积计收。在运价表中以“M”表示,即“Measurement”的缩写。一般以1立方米为计算单位。

③按货物的毛重或体积计收。在运价表中以“W/M”表示,以其价高者计收运费。按惯例,凡1重量吨货物其体积超过1立方米者即按体积收费;反之,1重量吨货物其体积不足1立方米者,按其毛重计收。如机器、零件、小五金工具,都按此办法计算。

④按货物的价格计收运费,又称从价运费。在运价表中以“Ad Val”表示,一般按商品FOB货价的百分之几计算运费。按从价运费计算的,一般都属高值货物。

⑤按货物重量、体积或价值三者中选最高的一种计收。在运价表中以“W/M or A. V.”表示。也有按货物重量或体积计收,然后再加收一定百分比的从价运费,在运价表中以“W/M plus Ad Val”表示。

⑥按货物的件数计收。如汽车、火车按辆(per unit),活牲畜如牛、羊等按头(perhead)计算。

⑦大宗低值货物按议价运费(Open Rate)。如粮食、豆类、煤炭、矿砂等大宗货物,一般在班轮费率表内不规定具体费率,在订舱时,由托运人和船公司临时洽谈议订。议价运费通常比按等级计算运费低廉。

⑧起码费率(Minimum Rate)。指按每一提单所列的重量或体积所计算出的运费,尚未达到运价表中规定的最低运费额时,则按最低运费计收。

应当注意,如果不同商品混装在同一个包装内,则全部运费按其中较高者计收。同一票商品如包装不同,其计算标准及等级也不同。托运人应按不同包装分列毛重及体积,才能分别计收运费,否则全部货物均按较高者收取运费。另外,同一提单内如有两种或两种以上的不同货名,托运人应分别列出不同货名的毛重或体积,否则全部货物均按较高者收取运费。

（2）附加费（Surcharges）。附加费是为了保持在一定时期内基本费率的稳定，又能正确地反映出各种货物的航运成本的差异，班轮公司在基本费率之外，为了弥补损失又规定了各种额外加收的费用。班轮运费中的附加费名目繁多。

①超重附加费（Heavy Lift Additional）。一件货物毛重超过运价表中规定的重量即为超重货。但各班轮公司对每件货物的重量规定不一，有的为2.5吨，有的为3吨，有的为5吨，有的为8吨。我国的轮船公司规定每件不得超过5吨。如超过限额，则按每吨加收一定的超重附加费。

②超长附加费（Long Length Additional）。一件货物的长度超过运价表中规定的长度即为超长货。一般规定为9米，如超过则按每米加收超长费附加费。如一件货物既超重又超长，则按高价者计收。如需转船，则每转一次，加收一次超重或超长附加费。这类货物在托运时，如有条件最好能拆装，将一大件拆装为几小件可节省运费。如不能拆装，应在托运时在托运单上注明货物的重量、尺寸以及其他应注意的事项，以便承运人在装卸时加以注意，以防造成货损。

③转船附加费（Transhipment Surcharge）。凡运往非基本港口且须转船运往目的港口的货物，须加收转船附加费，其中包括中转费和二程运费。但有的轮船公司不收转船附加费，而分别另收中转费和二程运费。中转费和二程运费连同一程运费，叫做“三道价”。

④燃油附加费（Bunker Adjustment Factor）。在燃油价格上涨时，轮船公司便按基本运价的一定百分比或按每一运费吨加收附加费。

⑤直航附加费（Direct Additional）。运往非基本港口的货物达到一定数量（如中远规定近洋直航须达到2000吨，远洋直航须达到5000吨，轮船公司方肯安排直航，直航附加费较转船附加费低。

⑥港口附加费（Port Additional）。有些港口由于设备条件差或装卸效率低，轮船公司便加收附加费以弥补其原因船舶靠港时间延长所造成的损失。一般按基本运价的百分之几收取。

⑦港口拥挤附加费（Port Congestion Surcharge）。有些港口拥挤压港压船，以致停泊时间较长，一般按基本运价收取附加费。通常，此项费用金额较大，遇有这种费用，卖方应设法让买方负担。

⑧选港附加费（Optional Surcharge）。托运时因不能确定卸货港口，只能预先提出两个或两个以上（最多不得超过3个）的港口作为选卸港。但是所选港口必须是班轮的基本港口，货主应在货船到达第一选卸港之前24小时或48小时（各轮船公司规定不一）通知船方最后确定的卸港，否则船方有权将货物卸在所选港口中的任何一个港口。

⑨变更卸货港附加费（Alteration Charge）。货主要求改变原定卸货港口，如有关当局（海关）允许、船方又同意时，便要加收此项附加费。如因倒舱困难或使船停留时间

过长，船方也可拒绝，此项费用应由买方负担。

⑩绕航附加费（Deviation Surcharge）。当正常航道不能通行，须绕道才能将货物运至目的港时，轮船公司便要加收此项费用。

⑪货币贬值附加费（Devaluation Surcharge）。当运价表中规定的货币贬值时，轮船公司为弥补其损失便按基本运价加收一定的货币贬值附加费。

除上述各种附加费之外，还有一些附加费须由船、货双方临时议定，如洗舱费、熏蒸费、破冰费、加温费等。

3. 班轮运费的计算

运费的计算分为以下几种步骤：

（1）选择相关的运价本。

（2）根据货物名称，在货物分级表中查到运费计算标准（Basis）和等级（Class）。

5-4 实用的附加费

（3）在等级费率表的基本费率部分，找到相应的航线、起运港、目的港，按等级查到基本本价。

（4）从附加费部分查出所有应收（付）的附加费项目和数额（或百分比）及货币种类。

（5）根据基本运价和附加费算出实际运价：

运费 = 运价 × 运费吨

基本运费是所运货物的数量（重量或体积）与规定的基本费率的乘积。附加费是指各项附加费的总和。在多数情况下，附加费按基本运费的一定百分比计算。

[例5-1] 2014年4月广州A公司委托货运代理B出口某商品100公吨，4000箱装，每箱毛重25公斤，体积20厘米×30厘米×40厘米，单价CFR马赛每箱55美元，查运价表得知该货为8级，计费标准为W/M，每运费吨运费80美元，另按基本费率征收转运船附加费10%。请计算B公司应收多少运费（用人民币表示）?（假设当时外汇牌价：100美元=605人民币元）

解：每箱体积为：0.2米×0.3米×0.4米=0.024（立方米）

每箱毛重为25公斤，即0.025公吨。

因为计费标准为W/M，而毛重>体积，所以应按毛重计收运费：

运费 = 运价 * 运费吨 = 80 ×（1 + 10%）× 0.025 × 4000 = 8800（美元）= 8800 × 7.56 = 66528（人民币元）

答：B公司应收66528元运费。

（七）世界主要海运航线和主要海港

1. 海运航线

船舶在两个或多个港口之间从事货物运输的线路称为海运航线。航线中停靠的港口分为基本港（Basic Port）和非基本港（Non-basic Port）。基本港是指港口设备好、货运量大、班轮公司按期挂靠的港口，按国际惯例，运往基本港的货物均按基本费率收取运费，航行在基本港之间的船舶，业内称之为大船、主船（Main Vessel）或母船（Mother/Ocean Vessel）；非基本港又称支线港（Feeder Port）或偏港、僻港、小港（Side Port），是指班轮公司不常挂靠的港口，去该港运输货物要加收费，在支线航道上行驶的船舶一般为小船或称支线船和喂给船（Feeder Vessel）。主船的船名和航次号码都会在海运提单中体现出来。

海运航线分类方法如下：

（1）按船舶营运方式分类。

①定期航线，是指使用固定的船舶，按固定的船期和港口航行，并以相对固定的运价经营客货运输业务的航线。定期航线又称班轮航线，主要装运件杂货物。

②不定期航线，是临时根据货运的需要而选择的航线。船舶、船期、挂靠港口均不固定，是以经营大宗、低价货物运输业务为主的航线。

（2）按航程的远近分类。

①远洋航线（Ocean - Going/Deep Sea Shipping Line），是指航程距离较远、贯通一个或数个大洋的海上运输路线，包含太平洋航线、大西洋航线、印度洋航线、远东至欧洲和美洲的航线等。我国习惯上以亚丁港为界，把去往亚丁港以西，包括红海两岸和欧洲以及南北美洲广大地区的航线划为远洋航线。

②近洋航线（Near - Seal/Local Shipping Line），是本国各港口至邻近国家港口间的海上运输航线的统称，不跨越大洋，在局部海域较邻近国家间港口运行的海上运输路线，包含地中海航线、波罗的海航线等。我国习惯上把航线在亚丁港以东地区的亚洲和大洋洲的航线划为近洋航线。

③沿海航线（Coastal Shipping Line），是指链接同一个国家沿海各港口之间的海运，属于一国国内航线，如上海—广州、青岛—大连等。

（3）按航行的范围分类。

①大西洋航线：西北欧—北美东海岸航线；西北欧、北美东海岸—加勒比航线；西北欧、北美东海岸—地中海、苏伊士运河—亚太航线；西北欧、地中海—南美东海岸航线；西北欧、北美东海—好望角、远东航线；南美东海—好望角—远东航线。

②太平洋航线：远东—北美西海岸航线；远东—加勒比、北美东海岸航线；远东—南美西海岸航线；远东—东南亚航线；远东—澳大利亚、新西兰航线；澳新—北美东西海岸航线。

③印度洋航线：以石油运输线为主，此外有不少是大宗货物的过境运输。波斯湾—好望角—西欧—北美航线；波斯湾—东南亚—日本航线；波斯湾—苏伊士运河—地中海—西欧、北美运输线；远东—东南亚—东非航线；远东—东南亚、地中海—西北欧航线；远东—东南亚—好望角—西非—南美航线；澳新—地中海—西北欧航线；印度洋北

部地区—欧洲航线。

目前，世界上规模最大的三条集装箱航线是远东—北美航线，远东—欧洲、地中海航线和北美—欧洲、地中海航线。这三条航线将当今全世界人口最稠密、经济最发达的三个板块—北美、欧洲和远东联系起来。这三大航线的集装箱运量占了世界集装箱水路运量的大半壁江山。

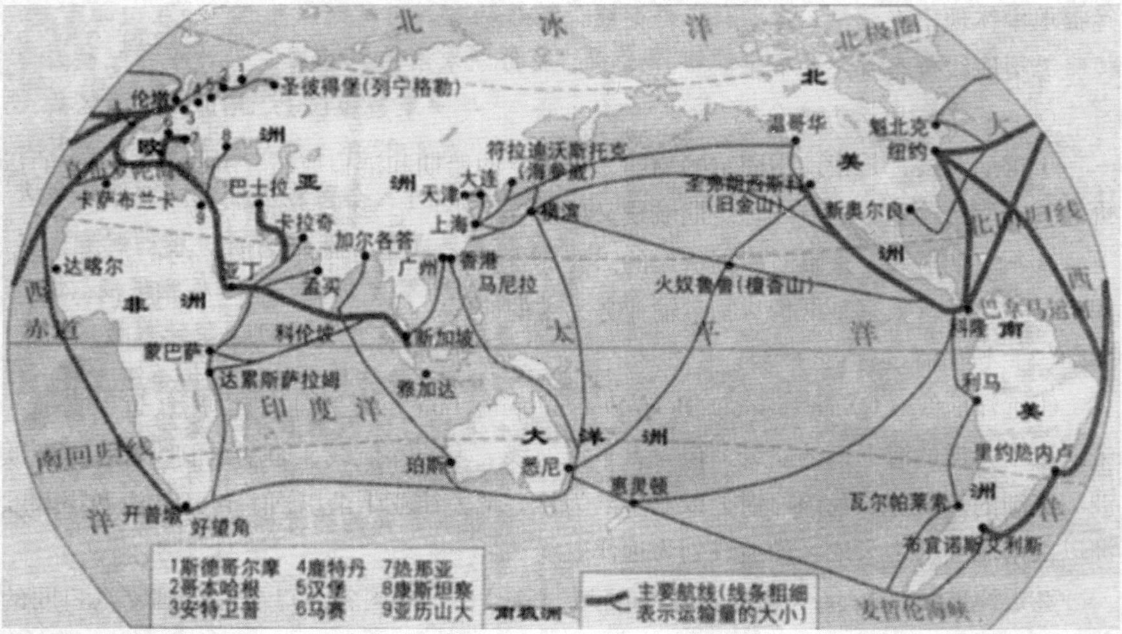

图 5－2 世界三大主要海运航线和主要海港

(4) 我国外贸主要海运航线。

①近洋航线：中国—朝鲜、韩国航线；中国—日本航线；中国—越南航线；中国—香港地区航线；中国—俄罗斯远东航线；中国—菲律宾航线；中国—新加坡、马来西亚航线；中国—北加里曼丹航线；中国—泰国、柬埔寨航线；中国—印度尼西亚航线；中国—孟加拉湾航线；中国—斯里兰卡航线；中国—阿拉伯海、波斯湾航线；中国—澳大利亚、新西兰航线。

②远洋航线：中国—红海航线；中国—东非航线；中国—西非航线；中国—地中海航线；中国—西欧航线；中国—北欧航线；中国—南、北美西海岸航线；中国—加勒比、北美东岸航线；中国—南美东海岸航线。

2. 世界主要海港

海运港口分为基本港和非基本港。基本港是班轮公司一般要定期挂靠，设备条件比较好，货载多而稳定并且不限制货量的港口。基本港口的货物一般为直达运输，无需中途转船；若船方决定中途

5－5 世界著名的运河

转船则不得向货方加收转船附加费或直航附加费。凡基本港口以外的港口都称为非基本港口。非基本港口一般除按基本港口收费外，还需另外加收转船附加费。达到一定货量时则改为加收直航附加费。

资料卡

主要船公司挂靠的欧洲基本港

船公司	港口
中海	费利克斯托、汉堡、安特卫普、鹿特丹、勒阿佛
中远	鹿特丹、汉堡、安特卫普、费利克斯托、勒阿佛、不来梅
韩进	鹿特丹、安特卫普、汉堡、费利克斯托、勒阿佛
阳明	鹿特丹、汉堡、费利克斯托、安特卫普
川崎汽船	费利克斯托、南安普顿、汉堡，鹿特丹、勒阿佛
北欧亚	汉堡，鹿特丹，安特卫普，勒阿佛，南安普敦
法国达飞	勒阿佛、汉堡、鹿特丹、南安普顿、安特卫普、泽布吕赫
长荣	鹿特丹、汉堡、泰晤士港、勒阿佛、安特卫普、不来梅哈芬
美国总统轮船	勒阿佛、鹿特丹、汉堡、安特卫普、南安普敦，不莱梅，不莱梅哈芬
现代	勒阿佛、汉堡、鹿特丹、不来梅、南安普敦、安特卫普
商船三井	勒阿佛、鹿特丹、汉堡、南安普顿、安特卫普、不来梅哈芬
马士基	焦亚陶罗，勒阿佛，不来梅哈芬，费利克斯托，安特卫普
东方海外	南安普敦，安特卫普、鹿特丹、汉堡、不来梅、勒阿佛
铁行渣华、马来西亚航运、东方海外、日本邮轮、哈帕劳埃德航运	鹿特丹、汉堡、南安普顿

二、集装箱班轮运输概述

运输企业要提高劳动生产率和降低运输成本，必须遵循生产合理化的原理，采用大批量运输的生产方式，并力促技术创新和技术提高。运输工具和装卸工具实现机械化和自动化，运输方式和过程的合理化等则成为运输企业实现利润最大化的手段和方法。集装箱班轮运输就是在这一基础上诞生和发展起来的。

(一) 传统杂货班轮运输中存在的问题

1. 手续繁杂

货物从发货人到收货人的整个运输过程一般需要经过多种运输方式的转运。为了分清各承运人的责任，在每一个转运点上均需清点货物，办理交接手续。由于普通杂货一般批量较小，票数较多，文件、单据数量相对庞杂。繁杂的手续过程中，容易出现货物、文件、单据的差错而造成货差事故。

2. 货损货差多

由于转运点多，每次转运都需要进行一次货物装卸。货物装卸次数多，不仅增加了装卸、搬运费用，而且增加了货物损坏和丢失的几率。

3. 装卸效率低

传统的件杂货运输必须逐件、逐包进行装卸和搬运，需要花费很长的时间。有的货物在搬运时有一定的条件限制，如只能使用人力搬运，不能使用机械，或只能使用特殊机械搬运等。这样，即使杂货班轮公司采用托盘运输装卸、优化装卸组织流程等技术手段，仍然无法大幅度提高传统杂货班轮的装卸效率。

(二) 集装箱班轮运输的优越性

1. 简化包装，大量节约包装费用

为避免货物在运输途中受到损坏，必须有坚固的包装，而集装箱具有坚固、密封的特点，其本身就是一种极好的包装。使用集装箱可以简化包装，有的甚至无须包装，实现件杂货无包装运输，可大大节约包装费用。

2. 减少货损货差，提高货运质量

由于集装箱是一个坚固密封的箱体，集装箱本身就是一个坚固的包装。货物装箱并铅封后，途中无须拆箱倒载，一票到底，即使经过长途运输或多次换装，不易损坏箱内货物。集装箱运输可减少被盗、潮湿、污损等引起的货损和货差，深受货主和船公司的欢迎，并且由于货损货差率的降低，减少了社会财富的浪费，也具有很大的社会效益。

3. 提高运输效率

将不同外形、包装的件杂货装入具有标准规格的集装箱内，以集装箱为运输、装卸、搬运的对象，提供了实现高效机械化作业的必要条件。通过提高运输装卸过程中的机械化程度，大大提高了货物的装卸效率，减少了运输船舶在港停泊时间。为适应装卸集装箱的需要，出现了码头的专业化发展趋势，从而解决了船舶大型化、高速化而带来的运输效率被装卸效率过低而抵消的问题，使船舶经营人、货主等各方运输参与人从中受益。

4. 减少营运费用，降低运输成本

由于集装箱的装卸基本上不受恶劣气候的影响，船舶非生产性停泊时间缩短，又由于装卸效率高，装卸时间缩短，对船公司而言，可提高航行率，降低船舶运输成本，对港口而言，可以提高泊位通过能力，从而提高吞吐量，增加收入。

5. 促进多式联运的发展，实现了“门到门”运输

以集装箱为媒介，将货物从内陆发货人的工厂或仓库装箱后，经由海陆空不同运输方式，可一直运至内陆收货人的工厂或仓库。中途无须倒载，也无须开箱检验。实现“门到门”运输，也促成了国际多式联运的形成和发展。

由于上述特点，大大有利于解决传统运输中久已存在而不能解决的问题，因而，集装箱运输日益成为国际货物运输的主要运输方式，各个国家也下大力气改造或修建更多的集装箱港口，不断扩大集装箱的吞吐量。

（三）集装箱班轮运输存在的问题

1. 初始投资大

集装箱运输是一种现代化的运输系统，开展集装箱运输需要专门的设施和新的技术装备。如要有专业码头、专业装卸设备、专用集装箱堆场；航运公司要有专用集装箱船和大量价格昂贵的集装箱；铁路要有专业的车皮、专用的装卸设备；公路运输要有专用集装箱运输车辆等。专业化的运输方式，必须有全方位专业的运输设备作支撑，否则，各运输环节发展不平衡，仍然无法体现集装箱运输的优越性。

2. 管理要求高

集装箱运输是采用现代化大规模生产方式，因此要求有更高的作业效率。这就要求各方参与者，针对集装箱运输的要求，在作业流程、作业规范等制度上作出调整。此外，集装箱运输中需要大量的集装箱，而集装箱的价格又很高。如何有效利用集装箱，加速集装箱的周转率，减少回程空箱的调运等，成了集装箱箱务管理的课题。除了依靠计算机系统的帮助，还需要建立一整套完善的集装箱设备交接规范。而上述这些规范都需要管理者的认真贯彻和实施。

3. 潜在危险性增大

由于集装箱允许在甲板上装载，从而影响了船舶的稳定性、安全性；集装箱船为使集装箱进入舱内，必须把舱口开大，因此集装箱船比普通杂货船纵向变形的适应力小了很多；一般集装箱船没有装卸设备，当发生危险时无法采取抛弃货物自救；由于货物在装箱后处于密闭状态，在运输途中无法发现箱内货物的状况。即使货物处于危险状态下，也无法及时采取处置措施。当运输的货物为危险货物时，情况更为严重。此外集装箱内货物因装载技术不当，或装载方式不妥而造成的货损，同样是因无法及时发现，而采取补救办法所致。在某种程度上，集装箱运输反而增加了货物损坏的可能性。随着新型集装箱的设计、货物装载规范的标准化和科学技术的发展，集装箱运输中存在的危险程度在降低，有的问题已经得到了逐步解决。

（四）集装箱的选用与货物装载

1. 集装箱的定义

集装箱由“Container”一词翻译过来，是指具有一定强度、刚度和规格，专供周转使用的大型装货容器。

为了便于集装箱在国际运输中的识别、管理和交接，国际标准化组织制定了《集装箱的代号、识别和标记》国际标准。该标准规定了集装箱标记的内容、标记字体尺寸、标记的位置等。

5－6 集装箱的定义

（1）箱主代号、顺序号和核对数字标记。

这些标记统称为集装箱号。箱主代号是集装箱所有人向国际集装箱管理局登记注册的四个大写拉丁字母，如中远集团的集装箱主代号是“COSU”。箱主代号中最后一个字母“U”表示常规所有的集装箱，“J”表示带有可拆卸设备的集装箱，“Z”表示集装箱的拖车和底盘车。

顺序号用以区别同一集装箱主的不同集装箱，由六位阿拉伯数字组成，不足六位的数字前以“0”补足。

核对数字是在集装箱数据记录或计算机处理时用于验证箱主代号和顺序号记录是否正确的一位阿拉伯数字，有具体的计算方法。

5－7 集装箱的代号、识别和标记

（2）额定重量和自重标记。

额定重量实际上是最大总重量，简称总重，是集装箱设计的最大允许总重量。自重是集装箱空箱时的重量，这两项标记要求同时以千克（kg）和磅（lb）标示。如：

MAX GROSS	24000	KG
	52920	LB
TARE	2300	KG
	5070	LB

2. 集装箱类型

集装箱按用途或所装货物种类不同，可分为以下九种：

（1）通用干货集装箱（Dry Cargo Container）。

这种集装箱也称为杂货集装箱，用来运输无需控制温度的件杂货，使用范围极广。这种集装箱通常为封闭式，在一端或侧面设有箱门。这种集装箱通常用来装运文化用品、化工用品、电子机械、工艺品、医药、日用品、纺织品及仪器零件等。这是平时最常用的集装箱。不受温度变化影响的各类固体散货、颗粒或粉末状的货物都可以由这种集装箱装运。

5－8 常用集装箱的型号，你都认识吗？

（2）保温集装箱（Keep Constant Temperature Container）。

它们是为了运输需要冷藏或保温的货物。所有箱壁都采用导热率低的材料隔热而制成的集装箱，可分为以下三种：

5－9 集装箱的种类和选择

①冷藏集装箱（Reefer Container）。它是以运输冷冻食品为主，能保持所定温度的保温集装箱。它专为运输如鱼、肉、新鲜水果、

蔬菜等食品而特殊设计的。目前国际上采用的冷藏集装箱基本上分两种：一种是集装箱内带有冷冻机的，叫机械式冷藏集装箱；另一种箱内没有冷冻机而只有隔热结构，即在集装箱端壁上设有进气孔和出气孔，箱子装在舱中，由船舶的冷冻装置供应冷气，这种叫做离合式冷藏集装箱（又称外置式或夹箍式冷藏集装箱）。

②隔热集装箱。它是为载运水果、蔬菜等货物，防止温度上升过大，以保持货物鲜度而具有充分隔热结构的集装箱。通常用干冰作制冷剂，保温时间为72小时左右。

③通风集装箱（Ventilated Container）。它是为装运水果、蔬菜等不需要冷冻而具有呼吸作用的货物，在端壁和侧壁上设有通风孔的集装箱，如将通风口关闭，同样可以作为杂货集装箱使用。

（3）罐式集装箱（Tank Container）。

它是专用以装运酒类、油类（如动植物油）、液体食品以及化学品等液体货物的集装箱。它还可以装运其他危险液体货物。这种集装箱有单罐和多罐数种，罐体四角由支柱、撑杆构成整体框架。前者由于侧壁强度较大，故一般装载麦芽和化学品等相对密度较大的散货，后者则用于装载相对密度较小的谷物。散货集装箱顶部的装货口应设水密性良好的盖，以防雨水侵入箱内。

（4）台架式集装箱（Platform Based Container）。

它是没有箱顶和侧壁，甚至连端壁也去掉而只有底板和四个角柱的集装箱。这种集装箱可以从前后、左右及上方进行装卸作业，适合装载长大件和重货件，如重型机械、钢材、钢管、木材、钢锭等。台架式的集装箱没有水密性，怕水湿的货物不能装运，或用帆布遮盖装运。

（5）平台集装箱（Platform Container）。

这种集装箱是在台架式集装箱上再简化而只保留底板的一种特殊结构集装箱。平台的长度与宽度与国际标准集装箱的箱底尺寸相同，可使用与其他集装箱相同的紧固件和起吊装置。这一集装箱的采用打破了过去一直认为集装箱必须具有一定容积的概念。

（6）敞顶集装箱（Open Top Container）。

这是一种没有刚性箱顶的集装箱，但有可折叠式或可折式顶梁支撑的帆布、塑料布或涂塑布制成的顶篷，其他构件与通用集装箱类似。这种集装箱适于装载大型货物和重货，如钢铁、木材，特别是像玻璃板等易碎的重货，利用吊车从顶部吊入箱内不易损坏，而且也便于在箱内固定。

（7）汽车集装箱（Car Container）。

它是一种运输小型轿车用的专用集装箱，其特点是在简易箱底上装一个钢制框架，通常没有箱壁（包括端壁和侧壁）。这种集装箱分为单层的和双层的两种，因为小轿车的高度为1.35～1.45米，如装在8英尺（2.438米）的标准集装箱内，其容积要浪费2/5以上，因而出现了双层集装箱。这种双层集装箱的高度有两种：一种为10.5英尺（3.2米），另一种为 8.5 英尺高的 2 倍。因此汽车集装箱一般不是国际标准集装箱。

(8) 动物集装箱 (Pen Container or Live Stock Container)。

这是一种装运鸡、鸭、鹅等活家禽和牛、马、羊、猪等活家畜用的集装箱。为了遮蔽太阳，箱顶采用胶合板覆盖，侧面和端面都有用铝丝网制成的窗，以求有良好的通风。侧壁下方设有清扫口和排水口，并配有上下移动的拉门，可把垃圾清扫出去，还装有喂食口。动物集装箱在船上一般应装在甲板上，因为甲板上空气流通，便于清扫和照顾。

(9) 服装集装箱 (Garment Container)。

这种集装箱的特点是，在箱内上侧梁上装有许多根横杆，每根横杆上垂下若干条皮带扣、尼龙带扣或绳索，成衣利用衣架上的钩，直接挂在带扣或绳索上。这种服装装载法属于无包装运输，它不仅节约了包装材料和包装费用，而且减少了人工劳动，提高了服装的运输质量。

资料卡

单证上常用英文字母简写货柜类型

类型	通用柜	通风柜	散装柜	冷柜	开顶柜	平台式	挂衣柜	超高柜
代码	DC 或 GP	VH	BK	RF	OT	PF	HT	HQ 或 HC

另外，集装箱按制造材料分，有木集装箱、钢集装箱、铝合金集装箱、玻璃钢集装箱、不锈钢集装箱等；按结构分，有折叠式集装箱、固定式集装箱等，在固定式集装箱中还可分密闭集装箱、开顶集装箱、板架集装箱等；按总重分，有 30 吨集装箱、20 吨集装箱、10 吨集装箱、5 吨集装箱、2.5 吨集装箱等。

按照国际标准化组织集装箱技术委员会 (ISO/TC 104 International Organization for Standardization—Technical Committee No 104) 所指定的各项国际标准，以及我国的集装箱国家标准 (GB1413—78)《货物集装箱外部尺寸和额定重量》；1998 年修订国家标准 (GB/T1413 - 1998) 将集装箱的外部尺寸和总重量分为若干型号。

ISO 体系中的 1CC 型箱，是钢制普通货物集装箱中有代表的一种箱型，在集装箱量统计中所使用的 TUE 单位，就是以它作为基础的换算单位。

3. 集装箱的选用与检查

(1) 集装箱合格标准。

符合 ISO 标准，四柱、六面、八角完好，箱子各焊接点牢固，箱子内部清洁，干燥，无味无尘，不漏水，漏光，有检验合格证书。

(2) 集装箱的检查。

集装箱在装载货物之前，必须经过严格检查。有缺陷的集装箱，轻则导致货损，重则在运输、装卸过程中造成箱毁人亡事故。所以，对集装箱的检查是货物安全运输的基本条件之一。发货人、承运人、收货人以及其他关系人在相互交接时，除对箱子进行检查外，应以设备交接单等书面形式确认箱子交接时的状态。通常，对集装箱的检查应做到：

①外部检查。对箱子进行六面察看，外部是否有损伤、变形、破口等异样情况，如有，即做出修理部位标志。

②内部检查。对箱子的内侧进行六面察看，是否漏水、漏光，有无污点、水迹等。

③箱门检查。检查箱门是否完好，门的四周是否水密性良好，门锁是否完整，箱门能否重复开启。

④清洁检查。箱子内有无残留物、污染物、锈蚀异味、水湿。如不符合要求，应予以清扫，甚至更换。

⑤附属件的检查。对集装箱的加固环节状态，如板架式集装箱的支柱，平板集装箱和敞棚集装箱上部延伸结构的检查。

（3）集装箱的选择。

在集装箱货物运输中，为了船、货、箱的安全，必须根据货物的性质、种类、容积、重量和形状来选择适当的集装箱；否则，不仅对某些货物不能承运，而且还会因选用不当而导致货损。集装箱货物对集装箱的选用可作以下考虑：

①清洁货物和污秽货物。可选用杂货集装箱、通风集装箱、开顶集装箱、冷藏集装箱。

②贵重货物和易碎货物。可选用杂货集装箱。

③冷藏货物和易腐货物。可选用冷藏集装箱、通风集装箱、隔热集装箱。

④散货。可选用散货集装箱、罐状集装箱。

⑤动物和植物。选择牲畜（动物）集装箱，通风集装箱。

⑥笨重货物。选择开顶集装箱、框架集装箱、平台集装箱。

⑦危险货物。可选择杂货集装箱、框架集装箱、冷藏集装箱。

此外，在货运量较少的航线上，选用集装箱的规格不宜太大。当然，还得视货物的密度，如在进出口货物中轻抛货较多，则用规格较大的集装箱为宜。

4. 集装箱的配载

（1）装载量的掌握。

①最大载重（Maximum Pay Load）。最大载重量是指可装在集装箱内的货物最大重量，也就是集装箱的总重量（Rating）减去集装箱的自重（Tare Weight）的重量，把这个重量称为最大载重。该值根据不同的集装箱制造厂和不同类型的集装箱有所差别。集装箱的总重量绝对不能超过标注在集装箱上的最大总重量（国际标准化组织标准中20英尺箱为20320千克，40英尺箱为30480千克）。如超过这一数值，考虑到集装箱本身强度以及装卸和运输的安全，各种运输部门、集装箱码头都可拒绝装卸。此外，集装箱总重量虽在最大总重量范围内，但超过公路运输上限的限制重量，有的也不能进行公路运输。

②最大装载容积（Maximum Capacity）。关于集装箱的容积和内部尺寸，在国际标准化组织的 R－1984 中虽然规定了最小内部尺寸，但如果采用容积来计算集装箱的最大装载量时，最好以集装箱的内部尺寸和实际货物尺寸对比来计算（见表 5－1 和表 5－2）。

表 5－1　　箱体内部尺寸（Internal dimensions）　　单位：毫米（mm）

	干货箱（dry）			冷冻箱（Reefer）			开顶箱（Open Top）			框架箱（Flat Rack）		
	L	W	H	L	W	H	L	W	H	L	W	H
20’	5890	2350	2390	5435	2286	2245	5900	2330	2337	5628	2178	2159
40’	12029	2350	2393	11552	2266	2200	12025	2330	2337	11762	2178	1986
HC	12029	2352	2698	11558	2286	2505	\	\	\	\	\	\

表 5－2　　箱体内容积及载重量（Capacity and Payload）

容积：立方米　载重量：千克

	干货箱（dry）		冷冻箱（Reefer）		开顶箱（Open Top）		框架箱（Flat Rack）	
	Cu	P	Cu	P	Cu	P	Cu	P
20’	33.1	21740	27.5	21135	32.6	21740	\	27800
40’	67.7	26630	58.7	26580	65.8	26410	\	40250
HC	76.3	26600	66.1	26380	\	\	\	\

资料卡

集装箱换算标准

为了便于计算集装箱数量，以 20ft 的集装箱作为换算标准箱（Twenty－foot Equivalent Unit，TEU），以此作为集装箱船载箱量、港口集装箱吞吐量、集装箱保有量等的计量单位。其互换关系为：20ft 集装箱＝1TEU，40ft 集装箱＝2TEU，30ft 集装箱＝1.5TEU，10ft°集装箱＝0.5TEU。实践中人们将 40 英尺集装箱称为 FEU（Forty－foot Equivalent Unit）。

（2）货物密度（Cargo Density）。

所谓货物密度是货物单位体积的货物重量，以平均每立方英尺或每立方米货物体积的货重作为货物的密度单位，是普通杂货船上常用的货物积载因数（Stowage Factor）的倒数。

对于集装箱来说，把集装箱的最大载货重量除以集装箱的容积，所得之商叫做箱的单位容重。要使集装箱的容积和重量都能满载，就要求货物密度等于箱的单位容重。实际上集装箱装货后，箱内的容积或多或少会产生空隙，因此集装箱内实际利用的有效容积应为集装箱容积乘上箱容利用率。通常在初步计算时，箱容利用率取为 80%。

应用货物密度和箱的单位容重来计算集装箱需要量的方法如下：

①如果货物密度大于箱的单位容重，这种货一般称为重货，则用货物重量除以集装箱的最大载货重量，即得所需要的集装箱箱数。

②如果货物密度小于箱的单位容重，这种货一般称为轻货，则用货物体积除以集装箱的有效容积，即得所需要的集装箱数。

③如货物密度等于集装箱的单位容重，则无论按重量计算或容积计算都可求得集装箱的需要量。

5－10 如何计算集装箱的数量

资料卡

集装箱内的货物积载

货物装在集装箱内虽然由于装卸次数减少而不致残损，但若积载不当，或无视货物的性质和包装情况也会造成货损。因此，在积载时应注意以下一些问题：

◆要根据集装箱的长、宽、高的尺寸，考虑单件货物的包装尺寸，以确定堆码的层次和方法。在往箱内装货时，只要总重量（集装箱的自重加货重）不超过集装箱所允许的载重量，就充分利用箱容，不要使箱内留有较多较大的空隙。

◆不同的货物混装在一个箱内，应根据货物的性质、体积、重量及包装的强度调配货物摆放的位置，通常应将包装牢固、分量重的货物放在箱内的下层，将包装不牢、分量轻的货物放在箱内的上层。

◆箱内的货物重量要分布均匀，以防箱内某一部分的负荷过大而使箱底弯曲或开脱，或起吊时发生倾斜。

◆在箱内堆码货物时，应视单位件包装的强度决定堆码的层数。为防止压坏下层货物，应在适当的层次间垫放缓冲器材。

◆为了防止货物相互碰擦、沾污、弄湿，应视情况在货物之间加隔板或遮盖物。

◆箱内如有空隙应加缓冲物料以防货物晃动，缓冲物料应选用清洁、干燥的材料。

◆对于挂装货（服装）应根据服装的尺寸长短，尽量设法利用箱容，并要注意保洁，切勿弄脏服装。

◆货物装完后，在关箱前应采取适当措施，以防开箱时箱口的货物倒塌造成货损甚至伤人。

◆对于拼箱货，在拼箱时应注意水分大的货物与干燥的货物、气味浓的货物与怕串味的货物、粉状货物、危险品货物与其他货物的拼装问题。

（五）集装箱班轮运输货物装箱和交接方式

1. 集装箱货物的交接地点

货物运输中的交接地点是指根据运输合同，承运人与货方交接货物、划分责任风险和费用的地点。在集装箱运输中，集装箱货物的交接地点一般有三类，即发货人、收货人的工厂和仓库、集装箱码头堆场和集装箱货运站。

（1）发货人或收货人的工厂或仓库交接（Door 交接）。发货人或收货人的工厂或仓库（门）交接是指集装箱运输经营人在发货人的工厂或仓库接受货物或在收货人的工厂或仓库交付货物。门交接的集装箱货物都是整箱交接。一般意味着发货人或收货人自行装（拆）箱。集装箱运输经营人负责自接受货物地点到交付货物地点的全程运输。

（2）集装箱码头堆场交接（Container Yard CY 交接）。集装箱运输中的集装箱货物码头堆场交接，一般意味着发货人应自行负责装箱及集装箱到发货港码头堆场的运输，承运人或其代理人在码头堆场接受货物，责任开始。货物运达卸货港后，承运人在码头堆场上向收货人交付货物，责任终止。由收货人自行负责集装箱货物到最终目的地的运输和掏箱。

在集装箱码头堆场交接的货物都是整箱交接。在有些资料中和有些情况下，“CY 交接”一词的含义要更广泛一些。除在码头堆场交接外，还包括在内陆地区的集装箱内陆货运站的堆场的交接（即内陆 CY 交接）。在内陆 CY 交接情况下与货主交接货物的集装箱运输经营人一般是联运经营人，他还要负责从接受货物的堆场到码头堆场间的运输。集装箱货物内陆 CY 交接也是整箱交接。

（3）集装箱货运站交接（Container Freight Station CFS 交接）。集装箱运输中的货运站（CFS）一般包括集装箱码头的货运站、集装箱内陆货运站或中转站。CFS 货物交接一般是拼箱交接。因此，CFS 交接一般意味着发货人自行负责将货物送到集装箱货运站，集装箱运输经营人或其代理人在 CFS 以原来形态接受货物并负责安排装箱，然后组织海上运输或陆海联运。货物运到目的地货运站后，集装箱运输经营人或其代理人负责拆箱并以货物原来形态向收货人交付。收货人自行负责提货后的事宜。

2. 集装箱的装箱方式

根据集装箱货物装箱数量和方式可分为整箱和拼箱两种（表 5－3）：

（1）整箱货（Full Container Load，FCL）。

系指发货人一次托运的货物数量较多，足以装满一个或多个集装箱的货载。一般由发货人自行装箱，负责填写装箱单、场站收据，并由海关加铅封。整箱货又习惯理解为一个发货人、一个收货人。

（2）拼箱货（Less than Container Load，LCL）。

系指发货人一次托运的货物数量较少，不足以装满一个集装箱，即需要多个发货人少量货物同装一个集装箱进行运输的货载。一般由集装箱货运站负责装箱，负责填写装箱单，并由海关加铅封。拼箱货又习惯理解为几个发货人、几个收货人。

表 5－3　整箱货与拼箱货的比较

项目	整箱货	拼箱货
1. 货主数量	一个货主	多个货主
2. 装箱人	货主	货运站、集拼经营人、NVOCC
3. 制装箱单加封	货主	货运站、集拼经营人、NVOCC
4. 货物交接责任	箱子外表状况良好、关封良好即可交接	需看货物的实际情况（如件数、外观、包装等）
5. 提单上的不同	加注不知条款，如 SLAC（货主装箱、计数）、SLACS（货主装箱、计数并加封）、SBS（具货主称）、STC（据称箱内包括）	SLAC、SLACS、SBS、STC 等不知条款无效
6. 流转程序	发货人—装货港码头—海上运输—收货人	发货人—发货地车站、码头货运站—装货港码头堆场—海上运输—卸货港码头堆场—收货地车站、码头货运站—收货人

【案例分析】

承运人是否要赔偿收货人的损失

某货主委托承运人的货运站装载 1000 箱小五金，货运站在收到 1000 箱货物后出具仓库收据给货主，在装箱时，装箱单上记载 980 箱，货运抵进口国货运站，拆箱单上记载 980 箱，由于提单上记载 1000 箱，同时提单上有加注“由货主装箱、计数”收货人便向承运人提出索赔，但承运人拒赔。分析回答下列问题：

（1）提单上类似“由货主装载，计数”的批注是否适用拼箱货，为什么？

（2）承运人是否要赔偿收货人的损失，为什么？

（3）承运人如果承担赔偿责任，应当赔偿多少箱？

3. 集装箱的交接方式

集装箱的交接方式根据是整箱货和拼箱货的不同分为以下四种：

（1）FCL/FCL 整箱交、整箱收。发货人在其仓库或装运港码头堆场将货物以整箱方式交给承运人，承运人在目的港码头堆场或收货人仓库将整箱货交给收货人。

（2）LCL/LCL 拼箱交、拆箱收。承运人或其代理人在装运港货运站负责将不同发货人的货物负责拼箱，到目的港后在货运站进行拆箱，各收货人凭提单接收货物。

（3）FCL/LCL 整箱交、拆箱收。发货人在其仓库或装运港码头堆场将同一目的港不同收货人的货物装箱以整箱形式交付给托运人，托运人在目的港货运站拆箱，各收货人凭提单接收货物。

（4）LCL/FCL 拼箱交、整箱收。承运人或其代理人在装运港货运站负责将不同发货人的货物负责拼箱，在目的港后码头堆场或收货人仓库将同一收货人的货物以整箱形式交付。

【案例分析】

集装箱内空无货物的责任归属

上海一家公司（以下称发货人）为履行 FOB 价成交 30 万美元的皮鞋出口合同，委托集装箱货运站装箱出运，发货人在合同规定的装运期内将皮鞋送货运站，并由货运站在卸车记录上签收后出具仓库收据和装箱单。该批货出口提单记载 CY－CY 运输条款、SLAC（由货主装载并计数）、FOB 价、由国外收货人买保险。国外收货人在提箱时箱子外表状况良好，关封完整，但打开箱门后一双皮鞋也没有。

收货人向谁提出赔偿要求呢？发货人？承运人？保险公司？货运站？

【分析借鉴】

1. 收货人向发货人提出赔偿要求

由于出口提单记载“由货主装载并计数”，收货人根据提单记载向发货人索赔，但发货人拒赔，其理由为：“尽管提单记载由货主装载并计数，但事实上皮鞋并非由货主自行装载，在皮鞋送货运站后，货运站不仅在卸车记录上签收，而且又出具了仓库收据。仓库收据的出具表明货运站已收到皮鞋，对皮鞋的责任已开始，同时也表明货主责任即告终止。因此，提单记载是没有任何意义的，不具有任何法律效力。此外，提单记载 CY－CY 运输条款并不能说明整箱交接，因为该批皮鞋由货运站装箱。而且，装载皮鞋的集装箱装船后，船公司已出具提单，主要的是集装箱货物交接下买卖双方风险以货交第一承运人前后划分，由于集装箱运输下承运人的责任是从“接受货开始”，因而随着货交承运人，其贸易风险也转移给了买方。发货人以 FOB 条款下，随着货交承运人，其贸易风险也转移给买方。

本案货物并未装入集装箱，因货物并未越过船的客观事实，所以不存在风险转移。收货人根据接收货物 的实际情况向发货人索赔，符合国际贸易惯例，而且有法律依据。

2. 收货人向承运人提出赔偿要求

当收货人向承运人提出赔偿时，承运人认为：“提单记载的运输条款是 CY－CY”，即整箱交接，提单的反面条款也规定：“整箱货交接下，承运人在箱子外表状况良好下，关封完整下接货、交货”。既然收货人在提箱时没有提出异议，则表明承运人已完整交货。承运人进一步说：“至于提单上记载由货主装载并计数，因为对承运人来说是货运站接受的已装载皮鞋的整箱货，事实上并非知道箱内是否装载皮鞋”。提单正面条款内容对提单签发人、提单持有人具有法律效力。

3. 收货人向保险人提出赔偿要求

当收货人向保险人提赔时，保险人也拒赔，并提出：“此种赔偿归属于集装箱整箱货运输下的‘隐藏损害’，即无法确定皮鞋灭失区段和责任方”。如收货人向保险人提赔，收货人应向保险人举证说明皮鞋灭失区段、责任方，这样才可保证在保险人赔付后可行驶追赔权，即进行“背对背”赔偿。

保险人进一步说明：“整箱货隐藏损害同时具备三个条件（1）货物的灭失或损害发生在保险人责任范围期限内；（2）货物的灭失或损害属于承保人承保范围的内容；（3）箱内货名称、数量、标志等装载必须与保单内容记载一致。

本案货运站的法律地位是装箱人还是仓储合同保管人？货运站以“即使由货运站装箱，但也是货主的委托行为，货运站是货主的雇佣人员”而拒绝的理由充分吗？货运站即是发货人委托的装箱人，又是与发货人订有仓储合同的一方，承担仓储合同责任，同时又因是装箱人而承担装箱过失责任。货运站的拒付理由不充分，装箱单和仓库收据的出具说明货运站已收到皮鞋并已装箱，同时也意味着开始承担责任。因此，货运站应承担赔偿责任。

4. 集装箱货物的交接方式

在集装箱运输中，根据实际交接地点以及在交接时货物的形态不同，集装箱货物的交接有多种方式，在不同的交接方式中，集装箱运输经营人与货方承担的责任、义务不同，集装箱运输经营人的运输组织的内容、范围也不同。

（1）门到门（Door to Door）交接方式。门到门交接方式是指集装箱运输经营人由发货人的工厂或仓库接受货物，负责将货物运至收货人的工厂或仓库交付。在这种交付方式下，货物的交接形态都是整箱交接。

（2）门到场（Door to CY）交接方式。该方式是指集装箱运输经营人在发货人的工厂或仓库接受货物，并负责将货物运至卸货港码头堆场或其内陆堆场，在 CY 处向收货人交付。在这种交接方式下，货物也都是整箱交接。

（3）门到站（Door to CFS）交接方式。该方式是指集装箱运输经营人在发货人的工厂或仓库接受货物，并负责将货物运至卸货港码头的集装箱货运站或其在内陆地区的货运站，经拆箱后向各收货人交付。在这种交接方式下，运输经营人一般是以整箱形态接受货物，经拆箱后向收货人交付。

（4）场到门（CY to Door）交接方式。该交接方式是指集装箱运输经营人在码头堆场或其内陆堆场接受发货人的货物（整箱货），并负责把货物运至收货人的工厂或仓库向收货人交付。

（5）场到场（CY to CY）交接方式。该交接方式是指集装箱运输经营人在装货港的码头堆场或其内陆堆场接受货物（整箱货），并负责运至卸货港码头堆场或其内陆堆场，在堆场向收货人交付（整箱货）。

（6）场到站（CY to CFS）交接方式。该交接方式是指集装箱运输经营人在装货港的码头堆场或其内陆堆场接受货物（整箱）并负责运至卸货港码头集装箱货运站或其在内陆地区的集装箱货运站，一般经拆箱后向收货人交付。

(7) 站到门（CFS to Door）交接方式。该交接方式是指集装箱运输经营人在装货港码头的集装箱货运站及其内陆的集装箱货运站接受货物（经拼箱后），负责运至收货人的工厂或仓库交付。在这种交接方式下，运输经营人一般是以拼箱形态接受货物，以整箱形态交付货物。

(8) 站到场（CFS to CY）交接方式。该交接方式是指集装箱运输经营人在装货港码头或其内陆的集装箱货运站接受货物（经拼箱后）负责运至卸货港码头或内陆地区的堆场交付。在这种方式下货物的交接方式同站到门交接方式基本相同。

(9) 站到站（CFS to CFS）交接方式。该交接方式是指集装箱运输经营人在装货港码头或内陆地区的集装箱货运站接受货物（经拼箱后）负责运至卸货港码头或其内陆地区的集装箱货运站，(经拆箱后）向收货人交付。采用这种方式的货物的交接形态一般都是拼箱交接。

以上九种交接方式是集装箱运输中集装箱货物基本的交接方式。除装货海港码头堆场（或货运站）到卸货海港码头堆场（或货运站）交接方式适用于海运单一方式运输（包括海上转运和海海联运）外，其他交接方式都是集装箱货物多式联运下的交接方式。

（六）集装箱班轮运输货物运费的计收

国际集装箱海运运费的计算方法与普通班轮运费的计算方法一样，也是根据费率本规定的费率和计费办法计算运费，并同样也有基本运费和附加费之分。不过，由于集装箱货物既可以交集装箱货运站（CFS）装箱，也可以由货主自行装箱整箱托运，因而在运费计算方式上也有所不同。主要表现在当集装箱货物是整箱托运，并且使用的是承运人的集装箱时，集装箱海运运费计收有“最低计费吨”和“最高计费吨”的规定，此外，对于特种货物运费的计算以及附加费的计算也有其规定。

1. 拼箱货海运运费的计算

目前，各船公司对集装箱运输的拼箱货运费的计算，基本上是依据件杂货运费的计算标准，按所托运货物的实际运费吨计费，即尺码大的按尺码吨计费，重量大的按重量吨计费；另外，在拼箱货海运运费中还要加收与集装箱有关的费用，如拼箱服务费等。由于拼箱货涉及不同的收货人，因而拼箱货不能接受货主提出的有关选港或变更目的港的要求，所以，在拼箱货海运运费中没有选港附加费和变更目的港附加费。

2. 整箱货海运运费的计算

对于整箱托运的集装箱货物运费的计收：一种方法是同拼箱货一样，按实际运费吨计费。另一种方法，也是目前采用较为普遍的方法是，根据集装箱的类型按箱计收运费。

在整箱托运集装箱货物且所使用的集装箱为船公司所有的情况下，承运人则有按

“集装箱最低利用率”(Container Minimum Utilization)和“集装箱最高利用率”(Container Ma－ximum Utilization)支付海运运费的规定。

(1) 按集装箱最低利用率计费。一般说来，班轮公会在收取集装箱海运运费时通常只计算箱内所装货物的吨数，而不对集装箱自身的重量或体积进行收费，但是对集装箱的装载利用率有一个最低要求，即“最低利用率”。不过，对有些承运人或班轮公会来说，只是当采用专用集装箱船运输集装箱时，才不收取集装箱自身的运费，而当采用常规船运输集装箱时则按集装箱的总重（含箱内货物重量）或总体积收取海运运费。

规定集装箱最低利用率的主要目的是，如果所装货物的吨数（重量或体积）没有达到规定的要求，则仍按该最低利用率时相应的计费吨计算运费，以确保承运人的利益。在确定集装箱的最低利用率时，通常要包括货板的重量或体积。最低利用率的大小主要取决于集装箱的类型、尺寸和集装箱班轮公司所遵循的经营策略。当然，在有些班轮公会的费率表中，集装箱的最低利用率通常仅与箱子的尺寸有关，而不考虑集装箱的类型。目前，按集装箱最低利用率计收运费的形式主要有三种：最低装载吨、最低运费额以及上述两种形式的混合形式。

最低装载吨可以是重量吨或体积吨，也可以是占集装箱装载能力（载重或容积）的一个百分比。以重量吨或体积吨表示的最低装载吨数通常是依集装箱的类型和尺寸的不同而不同，但在有些情况下也可以是相同的。而当以集装箱装载能力的一定比例确定最低装载吨时，该比例对于集装箱的载重能力和容积能力通常都是一样的。

最低运费额则是按每吨或每个集装箱规定一个最低运费数额，其中后者又被称为“最低包箱运费”。

至于上述两种形式的混合形式则是根据下列方法确定集装箱最低利用率：

①集装箱载重能力或容积能力的一定百分比加上按集装箱单位容积或每个集装箱规定的最低运费额；

②最低重量吨或体积吨加上集装箱容积能力的一定百分比。

(2) 亏箱运费（Short Fall Freight）的计算。当集装箱内所装载的货物总重或体积没能达到规定的最低重量吨或体积吨，而导致集装箱装载能力未被充分利用时，货主将支付亏箱运费。亏箱运费实际上就是对不足计费吨所计收的运费，即是所规定的最低计费吨与实际装载货物数量之间的差额。在计算亏箱运费时，通常是以箱内所载货物中费率最高者为计算标准。此外，当集装箱最低利用率是以“最低包箱运费”形式表示时，如果根据箱内所载货物吨数与基本费率相乘所得运费数额，再加上有关附加费之后仍低于最低包箱运费，则按后者计收运费。

(3) 按集装箱最高利用率计收运费装箱最高利用率的含义是，当集装箱内所载货物的体积吨超过集装箱规定的容积装载能力（集装箱内容积）时，运费按规定的集装箱内容积计收，也就是说超出部分免收运费。至于计收的费率标准，如果箱内货物的费率等级只有一种，则按该费率计收；如果箱内装有不同等级的货物，计收运费时通常采用下列两种做法：一是箱内所有货物均按箱内最高费率等级货物所适用的费率计算运费；二是按费率高低，从高费率起往低费率计算，直至货物的总体积吨与规定的集装箱内容积相等为止。

需要指出的是，如果货主没有按照承运人的要求，详细申报箱内所装货物的情况，运费则按集装箱内容积计收，而且费率按箱内装货物所适用的最高费率计。如果箱内货物只有部分没有申报数量，那么，未申报部分运费按箱子内容积与已申报货物运费吨之差计收。

规定集装箱最高利用率的目的主要是鼓励货主使用集装箱装运货物，并能最大限度地利用集装箱的内容积。为此，在集装箱海运运费的计算中，船公司通常都为各种规格和类型的集装箱规定了一个按集装箱内容积计算的最高利用率，例如，20 英尺集装箱的最高利用率为 31 立方米，而 40 英尺集装箱的最高利用率为 67 立方米。最高利用率之所以用体积吨而不用重量吨为计算单位，是因为每一集装箱都有其最大载重量，在运输中超重是不允许的。因此，在正常情况下，不应出现超重的集装箱，更谈不上鼓励超重的做法。

【例题】 COSCO 的运价本规定 40 尺货柜最高运费吨为 67，20 尺货柜最高运费吨为 31。现有一只 40 尺 HQ 柜中装 A、B、C 三种货物（属同一货主 FCL 货），分别属于 COSCO 运价本中的第 5、第 8、第 15 级货。查此柜所走航线的运价分别为：5 级货 USD85/F. T.，8 级货为 USD100/F. T.，15 级货为 130/F. T.。已知 A、B、C 货的体积分别为 15、20、40CBM，求此柜运费是多少？（已知 A、B、C 货的重量与尺码分别为：A 15CBM，10MT；B 20CBM，9MT；C 40CBM，8MT）

【解答】 C 货物运费：$40 \times 130 = \text{USD}5200$

B 货物运费：$20 \times 100 = \text{USD}2000$

A 货物运费：$[67 - (40 + 20)] \times 85 = \text{USD}595$

【说明】 由于最高运费吨的规定，使 A 货物免掉了 8 立方米的运费（共计 $8 \times 85 = \text{USD}680$）。

三、集装箱班轮运输出口代理业务

集装箱班轮运输完整的出口业务流程始于货主的委托，由货主即委托单位将托运委托书连同报关单据，包括退税单、外汇核销单、商业发票以及不同商品海关需要缴验的各类单证交货运代理人（在实际业务中，由于托运时间紧迫，一般先提交委托书，随后补交报关单据），由货运代理人核阅委托书及有关报关单据后制作托运订舱单送船公司或其船代订舱。船公司或船代审核运价、舱位及品名等信息后订舱并将场站收据等单据交货运代理人，货运代理公司向海关办理电脑报关预录，并提交全套报关单据向出境海关申报出口；海关核准后在装货单上盖章放行，将装货单、场站收据等联退还货代，由货代将盖章放行的装货单、场站收据交码头配载室。船公司或船舶代理人根据订舱配载留底缮制装货清单、预配清单、预配船图、货物舱单等送达码头供收货和装船之用。货代向船公司或船代领取集装箱设备交接单到指定堆场领取空箱，并到货主储货地点装箱（或由货主送货到货代仓库装箱）后，将集装箱货物连同集装箱装箱单、设备交接单送到码头，码头将船公司或船代提供的装货清单及集装箱装箱单送海关供海关监管装船。码头收货后根据预配船图和预配清单配定载位，缮制装船顺序单后交船舶，大副凭装货单接载，装货后签发场站收据。装货后场站收据由码头交发货人或货代，同时码头根据装船实际情况绘制实装船图交船公司或船代。船公司或船代将实装船图、舱单、运费舱单、提单副本、集装箱装箱单副本等交船舶代交卸港。船公司或船代凭场站收据签发装船提单给货代后，货代将装船提单送交货主。船公司或船代将船舶舱单发送海关，海关根据装船舱单核发退税单等凭证给货代，货代取得退税单、外汇核销单等之后送交货主进行核销退税。

（一）订舱托运

订舱托运是发货人或其货运代理人根据贸易合同或信用证条款的规定，在货物托运前的一定时间内，填写集装箱货物托运单或订舱单（Booking Note），向船公司或其代理公司或其他运输经营人申请订舱的过程。

（二）接受托运申请

船公司或其代理公司在接到托运申请后，应审核托运单并与订舱单核对，确认无误后，在装货单上签章，然后将装货单退还给货主或货运代理人。货主或货运代理人即可持装货单，向海关办理货物出口报关手续。而船公司或船公司的代理人则在承运货物后，根据订舱单或托运单缮制订舱清单，分送集装箱装卸作业区的集装箱码头、堆场和货运站，以准备空箱的发放和重箱的交接等事宜。

（三）发空箱

除货主使用自备箱外，通常整箱货使用的空箱由发货人凭船方签署的提箱单到指定的码头堆场（或内陆场站）领取空箱，并办理设备交接单手续。拼箱货使用的空箱由双方议定交接货物的集装箱货运站领取。

（四）拼箱货装箱

拼箱货装箱指发货人将不足一整箱货且以原来形态托运的货物交至集装箱货运站，由货运站根据订舱单、场站收据和船方的其他指示负责装箱、加封并制作装箱单，然后将重箱运至码头堆场的过程。

（五）整箱货交接

整箱货交接指的是由发货人或发货人委托的货运代理公司负责装箱并将已加海关封志的整箱货运至码头堆场（或内陆场站），堆场作业员根据订舱清单、场站收据及集装箱装箱单接收货物。

不论是整箱货还是拼箱货，最终都须送交集装箱装卸作业区的集装箱堆场等待装船。首先，集装箱装卸作业区的门卫会同内陆运输的卡车司机对进场的重箱检验后，双方签署设备交接单，并将设备交接单中的用箱人联退还运箱人；其次，集装箱堆场码头则在核对有关单证后在场站收据上签字，并退交发货人或货运代理人以换取提单。

（六）换取提单

发货人或货运代理人凭集装箱堆场签署的场站收据向船公司或其代理公司换取提单，并据此向银行结汇。

（七）装船出运

码头收货后根据预配船图和预配清单配定载位，缮制装船顺序单交船舶，大副凭装货单接载出运。

（八）单证资料传送

船公司或其代理人应于船舶开航前24小时向船方提供提单副本、舱单、装箱单、积载图、特种集装箱的清单、危险货物集装箱清单、危险货物说明书、冷藏集装箱清单等全部随船资料，并应于起航后（近洋开船后24小时，远洋起航后48小时内）采用传真、电子邮件、电传、邮寄的方式向卸货港或中转港发出卸船的必要资料。上述单证已经基本通过电子化的方式（EDI）在船公司内部交换。

以上集装箱货运出口程序中有时可以交替进行，每个国家和不同港口间的操作习惯也不尽相同，但是基本都遵循以上的出口程序，我们可以用图5-1来表示集装箱货运出口代理业务的一般程序：

（1）货主与货代建立货运代理关系。

（2）货主填写托运单证，及时订舱。

（3）订舱后，货代将有关订舱信息通过货主或将“配舱回单”转交货主。

（4）货代向班轮公司或船代申请用箱，取得设备交接单（EIR）后就可以凭设备交接单到空箱堆场提取所需的集装箱。

注：随后的工作是提取空箱、集装箱装箱单（CLP）、交装有货物的重箱，该项工作有以下3种方式（分别用单线、双线、虚线表示），在实践中只选其中一种操作方式。其中每种方式均有三步，分别用（5a）、（5b）、（5c）、（6a）、（6b）、（6c）、（7a）、（7b）、（7c）来表示。

（5）货主“自拉自送”方式：先从货代处取得EIR，然后提空箱，装箱后制作CLP，并按要求及时将重箱送码头堆场，即集中到港区等待装船。

（6）货代上门装箱方式：货代提空箱至货主指定地点装箱，制作CLP，然后将重箱“集港”。

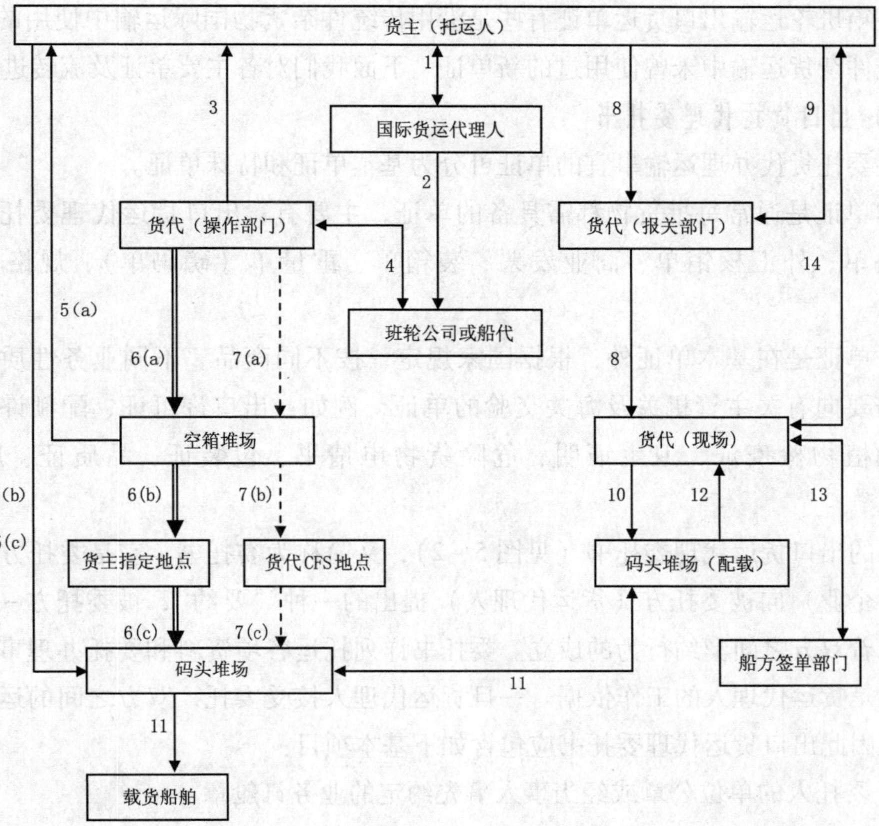

图 5－1　集装箱货运出口代理业务流程图

（7）货主送货上门，货代装箱方式：货主将货物送到货代 CFS，货代提空箱，并在 CFS 装箱，制作 CLP，然后“集港”。

（8）货主委托货代代理报关、报检，办妥有关手续后将单证交货代现场。

（9）货主也可自行报关，并将单证交货代现场。

（10）货代现场将办妥手续后的单证交码头堆场配载。

（11）配载部门制订装船计划，经船公司确认后实施装船作业。

（12）实践中，在货物装船后可以取得场站收据（D/R）正本。

（13）货代可凭 D/R 正本到船方签单部门换取 B/L 或其他单据。

（14）货代将 B/L 等单据交货主。

四、集装箱班轮运输出口货运单证及流转

集装箱班轮运输出口货运单证是在集装箱出口运输过程中，船方、港方、货方、监管部门等有关各方责任、权利、义务转移的凭证和证明。随着集装箱业务的发展，目前已经形成了一套完整的、行之有效的适用于国际运输使用的集装箱运输单证系统。

集装箱班轮运输出口货运单证有些是沿用传统件杂货物国际运输中使用的单证，有的是传统件杂货运输中未曾使用过的新单证。下面我们对各主要单证及流转进行说明。

(一) 出口货运代理委托书

货主委托货代办理运输事宜的单证可分为基本单证和特殊单证。

基本单证是通常每批货物都需具备的单证，主要有：出口货运代理委托书、出口货物报关单、外汇核销单、商业发票、装箱单、重量单（磅码单）、规格单等包装单证。

特殊单证是在基本单证外，根据国家规定，按不同商品、不同业务性质、不同出口地区需要向有关主管机关及海关交验的单证，例如：出口许可证、配额许可证、商检证、动植物检疫证、卫生证明、危险货物申请书、包装证、品质证、原产地证书等。

其中的出口货运代理委托书（见图5-2），又简称为委托书，它是委托方（被代理人或出口企业）向被委托方（货运代理人）提出的一种“要约”，被委托方一经书面确认就意味着双方之间契约行为的成立。委托书详列托运各项资料和委托办理事项及工作要求，它是货运代理人的工作依据。一旦货运代理人接受委托，双方之间的运输契约即告成立。因此出口货运代理委托书应包含如下基本项目：

(1) 委托人的单位公章或经当事人事先约定的业务订舱章。

(2) 委托单位的名称、编号。

(3) 场站收据联单的资料：发货人、收货人、通知人、装运港、卸货港、目的港、运费预付或到付。

(4) 托运货物的资料：标记、件数、包装、商品名称、毛重、体积。

(5) 装运事项：集装箱交接方式、可否转船、可否分批装运、装运期限、信用证有效期限及配船要求。

(6) 提单签单要求：签正本提单或海运单或电报放货，提单正副份数，信用证规定的在提单上必要显示记载的事项等。

(7) 集装箱陆路、水路运输要求：集装箱类别、数量、提箱要求、装箱要求、装箱地点、联系电话、联系人等。

(8) 涉及运费的事项：与船公司的运价协议号、运费结算方式等内容。

(9) 其他特殊委办事项：危险品、冷藏箱、框架箱、开顶箱等特殊装箱要求等。

由于在实际操作中，常常有货代替货主进行货运业务活动。在货主与货代定有长期货运代理合同的情况下，也可以用双方事先约定的货物出运明细表、货物入仓交接单等单证代替委托书。

出口货运代理委托书

申请目的港14天免用箱						日期：2015/07/15 DATE:	
SHIPPER 发货人	****** CO.,LTD. YAQIAN,XIAOSHAN,HANGZHOU, ZHEJIANG,CHINA				合同号	15HY1952-1	
					发票号	HY1952-1-15	
CONSIGNEE 收货人	TO THE ORDER OF******LTD., BANGLADESH, VAT REG NO: 19121004478"				贸易国别	BANGLADESH	
NOTIFYING PARTY 通知人	HA-MEEM DENIM LTD. MAWNA, SREEPUR, GAZIPUR				装运港	NINGBO,CHINA	
					目的港	CHITTAGONG	
运费	FREIGHT PREPAID	运输方式	BY SEA	可否转运	ALLOWED	可否分批	ALLOWED
SHIPPING MARK	货名规格及货号		件数及包装样式	数量或尺码	毛重(KG)	净重(KG)	体积(CBM)
N/M	POLYESTER YARN		670CARTON	68	25,795.00	24120.00	
	POLYESTER YARN		670CARTON	68	25,795.00	24120.00	
请订下周2/4 7.23 的船:2*40HQ			联系电话	83891096			
门到门			传真	0571-82768565			
(************公司)			联系人	***			

图 5-2 出口货运代理委托书样本

(二) 场站收据

我国在 1990 年开始进行集装箱多式联运工业性试验，简称“集装箱工试”。该项工业性试验虽已结束，但其中的三大单证的原理一直使用至今。三大单证是：出口时使用的“场站收据”联单、进口时使用的“交货记录”联单和进出口时都要使用的“设备交接单”联单。现代海上班轮运输以集装箱运输为主，为简化手续就以场站收据作为集装箱货物的托运单。

场站收据是国际集装箱专用出口货运单证，如图 5-3。它是由承运人签发的证明已收到托运货物并对货物开始负有责任的凭证，场站收据一旦经承运人或其代理人签收，就表明承运人已收到货物，责任也随之产生。场站收据一般是在托运人口头或书面订舱，与船公司或船代达成货物运输的协议，船代确认订舱后由船代交托运人或货代填制，在承运人委托的码头堆场、货运站或内陆货站收到整箱货或拼箱货后签发生效，托运人或其代理人可凭场站收据向船代换取已装船或待装船提单。在实际业务过程中，集装箱货物出口中使用的场站收据多数由发货人或其代理人填制，并根据业务所需送交相关部门，以取得货物舱位、出口放行、准予装船等。

1. 场站收据的作用

与传统件杂货运输使用的托运单证比较，场站收据是一份综合性单证，它把货物托运单（订舱单）、装货单（关单）、大副收据、理货单、配舱回单、运费通知等单证汇成一份，这对于提高集装箱货物托运效率和加快流转速度有很大意义。一般认为场站收据的功能和作用有：

（1）船公司或船代确认订舱并在场站收据上加盖有报关资格的单证章后，将场站收据交给托运人或其代理人，意味着运输合同开始执行。

（2）是出口货物报关的凭证之一。

（3）是承运人已收到托运货物并对货物开始负有责任的证明。

（4）是换取海运提单或联运提单的凭证。

（5）是船公司、港口组织装卸、理货、配载的资料。

（6）是运费结算的依据。

（7）如信用证中有规定，可作为向银行结汇的单证。

2. 场站收据的组成

场站收据是集装箱运输重要出口单证，其组成格式在许多资料上说法不一，不同港、站使用的也有所不同，其联数有 7 联、10 联、12 联不等。

在实际业务中，比较常见的是 10 联的场站收据，表 5－3 以 10 联为例进行说明：

表 5－3　　场站收据各联的名称及用途

顺序	名称	颜色	主要用途
1	集装箱货物托运单—货主留底	白色	订舱单，托运合同，托运人留存
2	集装箱货物托运单—船代留底	白色	托运合同，据此编制装船清单
3	运费通知（1）	白色	计算运费
4	运费通知（2）	白色	运费收取通知
5	装货单—场站收据副本（1）	白色	关单、下货纸，报关单证之一，放行证明
5	附页—缴纳港杂费申请书	白色	港方计算港杂费
6	大副联—场站收据副本（2）	粉红	报关单证之一，并证明货已装船
7	场站收据正本，俗称黄联	淡黄	报关单证之一，船代凭此签发提单
8	货代留底	白色	缮制货物流向单
9	配舱回单（1）	白色	货代缮制提单等
10	配舱回单（2）	白色	据回单批注修改提单

标准格式为 12 联的场站收据第 11、12 联供仓库收货及点数使用。标准格式为 7 联的场站收据无第 1、3、4、10 联，但增加集装箱理货留底联（第 5 联）。

3. 场站收据的流转程序

在集装箱货物出口托运过程中，场站收据要在多个机构和部门之间流转。在流转过程中涉及的有托运人、货代、船代、海关、堆场、理货公司、船长或大副等。现以10联单格式为例说明场站收据的流转过程及程序（图5－3）：

场　站　收　据

Shipper（发货人）	D/R No.（编号） 场站收据
Consignee（收货人）	Received by the Carrier the Total number of containers or other packages or units stated below to be transported subject to the terms and conditions of the carrier's regular form of Bill of Loading（for Combilled Transport or port to Port Shipment）which shall be deemed to be incorporated herein. Date（日期）：
Notify Party（通知人）	
Pre carriage by（前程运输） Place of Receipt（收货地点）	
Ocean vessel（船名） Voy. No.（航次） Port of Loading（装货港）	场站章

—Particulars Furnished by Merchants—

Port of Discharge（卸货港）		Place of delivery（交货地点）		Final Destination for Merchant's References（目的地）	
Container No.（集装箱号）	Seal No.（封志号） Mark & Nos.（标记与号码）	No. of Containers or P'kgs.（箱数或件数）	Kind op Packages；Description of Goods（包装种类与货名）	Gross Weight 毛重（公斤）	Measurement 呎码（立方米）
TOTAL NUMBER OF CONTAINERS OR PACKAGES（IN WORDS）集装箱数或件数合计（大写）					

Container No.（箱号） Seal No.（封志号） Pkgs.（件数） Container No.（箱号） Seal No.（封志号） Pkgs.（件数）

Received（实收） By Terminal clerk（场站员签字）

FREIGHT & CHARGES	Prepaid at(预付地点)	Payable at(到付地点)	Place of Issue(签发地点)
	Total Prepaid(预付总额)	No. of Original B(s)/L（正本提单份数）	BOOKING(订舱确认) APPROVED BY

Service Type on Receiving	Service Type on delivery	Reefer Temperature Required.（冷藏温度）	℉	℃
□－CY,□－CFS,□－DOOR	□－CY,□－CFS,□－DOOR			
TYPE OF GOODS（种类）	□Ordinary,□Reefer,□Dangerous,□Auto.（普通）（冷藏）（危险品）（裸装车辆） □Liquid,□Live Animal,□Bulk,□____（液体）（活动物）（散货）	危险品	Glass： Property： IMDG Code Page： UN No.	

图5－3　场站收据样本

（1）发货人或代理填制场站收据一式10联，留下第1联（发货人留底联），将其余9联送船代订舱。

（2）船代接受场站收据第2～10联，经编号后自留第2联（船代留底联）、第3联（运费计收联）、第4联〔运费计收联（2）〕，并在第5联（关单联）上盖章确认订舱，然后退回发货人或代理第5～10联。

船代订舱签单时，应将场站收据编号，在第5联上盖章签单时应仔细核对托运人所填项目是否完整，如有问题应及时联系托运人或其货运代理。在实际业务过程中，应注意的栏目主要有：

①是否指定船公司、船名。

②是否规定货物运抵日期和期限。

③有无特殊运输要求。

④对发货人提出的运输要求能否做到。

⑤是否应收订舱押金。

（3）发货人或货代将第5～10联送海关报关，海关核对无误后在第5联（关单联）上盖章放行。

出口货物一般要求在装箱前24小时向海关申报，海关在场站收据上加盖放行章后方可装箱。如在海关盖章放行前装箱或先进入堆场的集装箱，必须经海关同意并在装船前24小时将海关盖章的场站收据送交收货的场站业务员。

发货人和收货人必须特别注意，未经海关放行的货物不能装箱出运，一旦发现则以走私论处。

（4）海关在第5联盖章放行后，自留第9联，将其余联（第5～8联，第10联）退回发货人或其代理。

（5）发货人或其代理负责将箱号、封志号、件数等填入第5～7联，并将货物连同第5～8联、第10联在规定时间一并送堆场或货运站。场站收据中出口重箱的箱号允许装箱后由货代或装箱单位正确填写，海关验放时允许无箱号，但进场完毕时必须填写所有箱号、封志号和箱数。

（6）堆场或货运站在接受货物时进行单、货核对。如果无误，则在第7联（场站收据正本）上填入实收箱数、进场完毕日期并加盖场站公章签收，然后退回发货人。堆场或货运站自留第5联（关单联）。

各承运人委托场站签发场站收据必须有书面协议，各场站与承运人签订委托协议后签发的场站收据可以向船代换取提单，已签出场站收据的集装箱货物在装船前的风险和责任由船公司承担。如采用CY交接条款，则货主对箱内货物的准确性负责；如采用CFS交接条款，则装箱单位对货物负责。堆场或货运站签发场站收据第7联时应注意：

①第5联（关单联）上是否有海关放行章。没有海关放行，不得签发“场站收据”，

并不安排集装箱装船。

②进堆场或货运站的货物是否与单证记载内容相符。

③进堆场的箱号、关封号是否与单证记载内容相符。

④一起送交的单证其内容是否单单相符。

⑤货箱未进堆场或货运站不能签收。

⑥船公司是否已给舱位。

⑦堆场内一旦发生倒箱，新箱号是否报海关。

⑧一批货物分批进堆场，最后一箱进场完毕后签发场站收据。

⑨拼箱货物以箱为单位一票一单签发场站收据。

（7）发货人凭签收的第 7 联去船代处换取待装船提单，或在装船后换取已装船提单。船代签发集装箱提单时应注意：

①货物是否已实际装上船舶。

②货物是否在装运期内装船。

③如货物是预付运费，该运费是否已支付。

④B/L 记载内容与装箱单、商检证、发票、信用证是否一致。

⑤D/R 上运输条款与 B/L 记载内容是否一致。

⑥场站收据上对货物有无批注。

⑦货运代理人是否已签发 HOUSE B/L。

⑧签发几份正本提单。

船代在集装箱装船后，应核对单据与集装箱装船的情况是否一致。如不一致，应迅速与港方和理货联系，避免出现差错。凭场站收据正本船代应立即签发待装船提单。在船舶开航后 24 小时内，船代应核对并签发已装船提单。

（8）货物装船时，堆场将第 6、8、10 联送外理，外理于货物实际装船后在第 8 联（外理联）上签收并自留。

（9）等集装箱全部装上船舶，外理将第 6 联（大副联）和第 10 联（空白联）交船方留存。第 10 联也可供有关方使用。

堆场业务员必须在装船前 24 小时内将场站收据第 6 联（大副联）分批送外轮理货人员，最后一批不得迟于开装前 4 小时内。外轮理货在港区的理货员收齐港区场站业务员送来的场站收据大副联后，在装船时将装船集装箱与单据核对无误后交大副。

外轮理货人员应根据交接条款在承运人指定的堆场和船边理箱，并在有关单证上加批注，提供理货报告单和理箱单。如有变更应及时更正场站收据，并在船舶开航后 24 小时内通知船代。船舶开航后 24 小时内，外轮理货人员将装船集装箱理箱单交船代。

港区场站业务员在船舶开航后立即将已签场站收据而未装上船的出口集装箱信息通知船代，并在 24 小时内开出工作联系单。港区场站受船公司委托签发场站收据，应对其工作中的过失而造成的后果负责。

4. 场站收据联单的填制规范

场站收据联的填写，要求以英文打字机或针式电子打印机缮制，英文字母必须大写（委托人信息可以用中文机器缮制）。以第7联（场站收据）和第8联（货代留底）为例。具体填制规范如下：

（1）发货人（Shipper）：托运人或货主或信用证上的卖方，或无船承运人等。

（2）收货人（Consignee）：货主或信用证上的买方或无船承运人，或某某指示人。

（3）通知人（Notify Party）：详列通知方的名称、地址、电话、传真等。当没有通知人时，以SAME AS CONSINGEE。

（4）场站收据号（D/R No.）：或称为关单号，为船代接受定舱时提供的号码，或作为提单号码。

（5）委托方（Forwarder）：货运代理人的业务编号、托运人的名称、托运人的编号等。

（6）前程运输（Pre－carnage by）：联程运输时，相对收货地之前一段的货物运输承运方式或承运人填列在此栏中。一般海运托运单中，此栏不填。

（7）收货地（Place of Receipt）：货物实际收货地点（一般以港口所在的城市）。

（8）船名/航次（Ocean Vessel/Voy. No.）：船代在接收订舱时，按照配船要求确定。

（9）装货港（Port of Loading）：货物实际装运海港名称。

（10）卸货港（Port of Discharge）：将货物卸下的港口（一般是船舶班轮航线上的港口，但未必是货物的交货地）。

（11）交货地（Place of Delivery）：承运人将货物实际交付的地点（可以是船舶班轮航线上的港口，也可以是通过其他船舶转运过去的交货港口，或通过铁路、公路运输方式转运过去的内路交货地点）。

（12）目的地（Final Destination for Merchant's Reference）：客户或以贸易文件要求需要在提单上显示的货物交付的最终目的地。因为承运人是以交货地作为联运的交货点，所以承运人一般在出具的提单上并不显示此项内容。

（13）集装箱号（Container No.）：此栏对应正本提单的相应栏，提箱上显示的集装箱号显示在此栏的靠下空白部分。在场站收据联单中，若有集装箱号的显示需要，则填制在下列第21栏中。

（14）标记与号码（Seal No./Marks &Nos.）：贸易合同上、发票上、装箱单上标明的、信用证等文件规定的标记与号码。

（15）箱数或件数（No. of Containers or packages）：贸易合同上、发票上、装箱单上标明的、信用证等文件规定的货物件数。

（16）包装种类与货名（Kind of Packages：Description of Goods）：贸易合同上、发票上、装箱单上标明的、信用证等文件规定的货物的包装种类、商品名称、商品规格等。

(17) 毛重 (Gross Weight): 每一类货物的包装毛重，单位是公斤（千克）；两类以上，要有合计数。

(18) 尺码 (Measurement): 每一类货物的包装尺码（体积），单位是 CBM（立方米）；两类以上要有合计数。

(19) 交接方式、箱量、箱型、运费条款：货物的交接方式（如 CY/CY）、箱量（如 1 * 20'）、箱型（PGP）、运费条款（如 FREIGHT PREPAID）等。

(20) 集装箱或件数大写：若是多票托运单自拼整箱，则相应托单上根据货物的件数，包装用英文大写字母予以表示托单上的件数（如 3 票托单拼 1 * 20'GP，其中 1 票的货物包装是 10CTNS，则大写为 SAY TEN CARTONS ONLY）若是 1 票托单中多个集装箱，则用英文大写字母予以表示集装箱数量和包装数。

(21) 集装箱号 (Container No.) /运费与附加费 (Freight & Charges): 此位置在第 7 联中，是"集装箱号"栏，由理货公司人员在此栏中填写集装箱号码和封志号等；此位置在第 8 联中，是"运费与附加费"栏，一般在此栏填写与集装箱海关有关的海运运费和海运附加费的结算金额，或由货代填写，或由船代确认后填写货主与船公司约定的运价协议号（船公司以运价协议号的形式，确定与货主的运费结算标准，如 S/C、SHA0451)。

其他各个联单的"集装箱数或件数大写"栏目不尽相同，由相关人员按实际需要填写。

(三) 装箱单

1. 集装箱装箱单的作用

集装箱装箱单是详细记载集装箱内货物的名称、数量及箱内货物积载情况等内容的单据。每个载货集装箱都要制作这样的单据，它是根据已装进集装箱内的货物制作的，是集装箱运输的辅助货物舱单。不论是由发货人自己装箱的（FCL），还是由集装箱货运站负责装箱的（LCL），负责装箱的一方都要制作装箱单。集装箱装箱单是详细记载每一个集装箱内所装货物详细情况的唯一单据，所以在以集装箱为单位进行运输时，是一张极其重要的单据。集装箱装箱单的主要作用有：

(1) 作为发货人、集装箱货运站与集装箱码头堆场之间货物的交接单证。

(2) 作为向船方通知集装箱内装货的明细表。

(3) 单据上所记载的货物与集装箱的总重量是计算船舶吃水和稳定性的基本数据。

(4) 在卸货地点是办理集装箱保税运输的单据之一。

(5) 当发生货损时，是处理索赔事故的原始单据之一。

(6) 是卸货港集装箱货运站安排拆箱、理货的单据之一。

集装箱装箱单的主要内容包括：船名、航次、装卸港口、发货地、交货地、集装箱箱号、集装箱规格、铅封号、场站收据或提单号、发货人、收货人、通知人及货物名称、件数、包装、标志、重量、尺码等（见图5－4）。对特殊货物还需说明闪点（对危险品）、箱内温度要求（对保温或冷藏货）、是否检疫（对需检疫货物及器材）等内容。集装箱装箱单以箱为单位制作，由装箱人填制并经装箱人签署后生效。装箱单一般一式数份，分别由货主、货运站、装箱人留存和交船代、海关、港方、理货公司使用，另外，还需准备足够份数交船方随船带往卸货港以便交接货物、报关、拆箱等用。

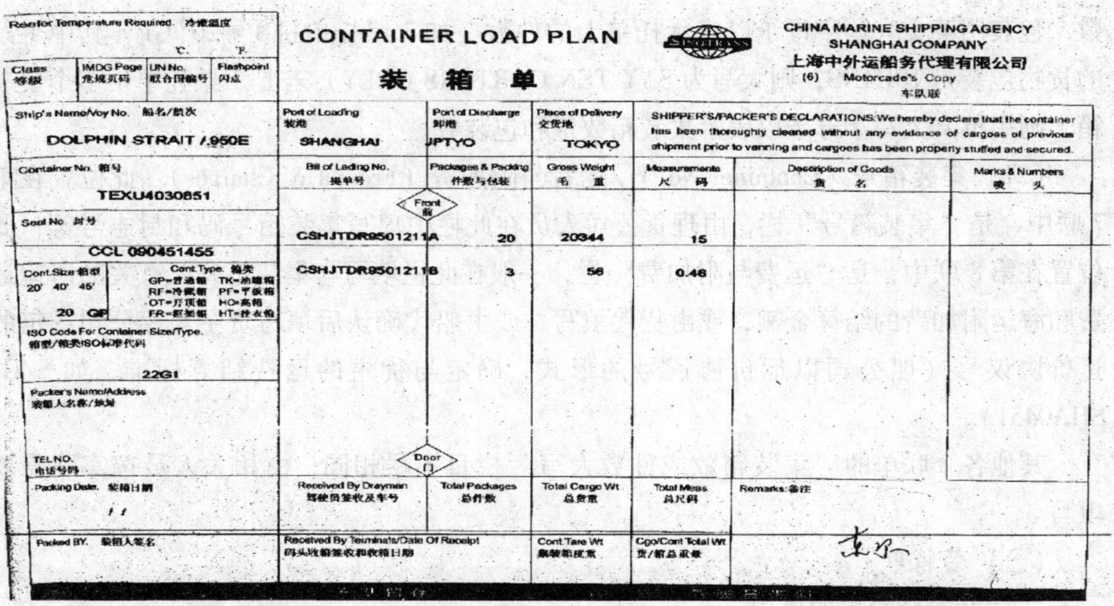

CONTAINER LOAD PLAN
装 箱 单
CHINA MARINE SHIPPING AGENCY
SHANGHAI COMPANY
上海中外运船务代理有限公司
(6) Motorcade's Copy
车队联

Reefer Temperature Required. 冷藏温度 ℃. ℉.
Class 等级 | IMDG Page 危规页码 | UN No. 联合国编号 | Flashpoint 闪点
Ship's Name/Voy No. 船名/航次: DOLPHIN STRAIT /.950E
Port of Loading 装港: SHANGHAI
Port of Discharge 卸港: JPTYO
Place of Delivery 交货地: TOKYO
SHIPPER'S/PACKER'S DECLARATIONS: We hereby declare that the container has been thoroughly cleaned without any evidance of cargoes of previous shipment prior to vanning and cargoes has been properly stuffed and secured.
Container No. 箱号: TEXU4030851
Seal No. 封号: CCL 090451455
Cont. Size 箱型: 20' 40' 45' — 20
Cont. Type. 箱类: GP=普通箱 TK=油罐箱 RF=冷藏箱 PF=平板箱 OT=开顶箱 HO=高箱 FR=框架箱 HT=挂衣箱 — GP
ISO Code For Container Size/Type. 箱型/箱类ISO标准代码: 22G1
Packer's Name/Address 装箱人名称/地址
TEL NO. 电话号码
Packing Date. 装箱日期: / /
Packed BY. 装箱人签名

Bill of Lading No. 提单号	Packages & Packing 件数与包装	Gross Weight 毛重	Measurements 尺码	Description of Goods 货名	Marks & Numbers 唛头
CSHJTDR9501211A	20	20344	15		
CSHJTDR9501211B	3	56	0.46		

Front 前
Door 门
Received By Drayman 驾驶员签收及车号
Total Packages 总件数
Total Cargo Wt 总货重
Total Meas 总尺码
Remarks: 备注
Received By Terminals/Date Of Receipt 码头收箱签收和收箱日期
Cont. Tare Wt 集装箱皮重
Cgo/Cont Total Wt 货/箱总重量

图5－4 集装箱装箱单样本

制作装箱单时，装箱人员负有装箱单内容与箱内货物一致的责任。如需理货公司对整箱货物理货时，装箱人员应会同理货人员共同制作装箱单。

2. 集装箱装箱单流转程序

目前各港口使用的装箱单有的一式4联，也有一式5联甚至一式10联，但是内容上基本大同小异。上海港使用的集装箱装箱单一式5联，由码头联、船代联、承运人各一联、发货人/装箱人共两联组成。装箱单的流转程序如下：

（1）装箱人将货物装箱，缮制实际装箱单一式5联，并在装箱单上签字。

（2）将装箱单随同货物一起交付给拖车司机，指示司机将集装箱送至集装箱堆场，在司机接箱时应要求司机在装箱单上签字并注明拖车号。

（3）集装箱送至堆场后，司机应要求堆场收箱人员签字并写明收箱日期，以作为集装箱已进港的凭证。

（4）堆场收箱人在5联单上签章后，留下码头联、船代联和承运人联（码头联用以编制装船计划，船代联和承运人联分送给船代和承运人用以缮制积载计划和处理货运事故)，并将发货人/装箱人联退还给发货人或货运站。发货人或货运站除留一份发货人/装箱人联备查外，将另一份送交发货人，以便发货人通知收货人或卸箱港的集装箱货运站，供拆箱时使用。

整个流程可以用图 5-5 表示。

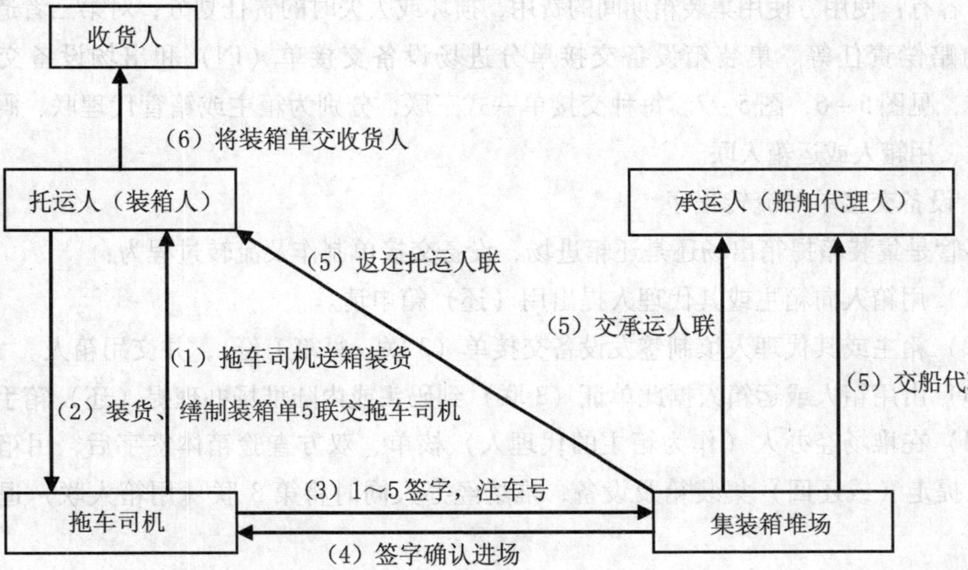

图 5-5　集装箱装箱单流程图

(四) 设备交接单

集装箱设备交接单简称设备交接单（Equipment Interchange Receipt，EIR），是集装箱所有人或其代理人签发的、用以进行集装箱及其他设备的发放、收受等移交手续，并证明移交时箱体状况的书面凭据。在集装箱出口过程中，用箱人、运箱人先到集装箱所有人指示的堆场提取空箱，装箱后又将装有货物的重箱交到装货港码头堆场；在集装箱进口过程中，用箱人、运箱人先到卸货港码头堆场提取装有货物的重箱，卸箱、拆箱后又将空箱交换到指定的堆场。该单证兼有发放集装箱的凭证功能，所以它既是一种交接凭证，又是一种发放凭证。在集装箱运输各环节交接时均应制作并签收设备交接单，以划分、明确双方各自对集装箱或相关机械设备应承担的责任。

1. 设备交接单的作用

设备交接单是集装箱运输的三大基本单证之一，它既是管箱人发放、回收集装箱或用箱人提取、还回集装箱的凭证，也是双方交接时集装箱状态的凭证及划分双方责任、义务和权利的依据，又有集装箱所有者掌握集装箱分布动态，加强箱务管理的功能。此单证通常由箱主或其代理人签发给用箱人，用箱人据此向场站领取或送还集装箱及设备。

2. 设备交接单的组成

各类管箱人（集装箱船公司、租赁公司等）一般都印刷自己的设备交接单，其内容大同小异。设备交接单的正面填写内容有：用箱人/运箱人、提箱地点、发往地点、返回/收箱地点、船名/航次、集装箱号、铅封号、提单号、进出场状态、进出场检查记录等。设备交接单的背面印有划分管箱人和用箱人之间责任的使用或租用集装箱合同条款。条款的主要内容有：使用方使用集装箱期间的费用，损坏或丢失时的责任划分，对第三者造成损害时的赔偿责任等。集装箱设备交接单分进场设备交接单（IN）和出场设备交接单（OUT），见图5－6，图5－7。每种交接单一式三联，分别为箱主或箱管代理联、码头或堆场联、用箱人或运箱人联。

3. 设备交接单的流转程序

不管是集装箱提箱出场还是还箱进场，设备交接单制作及流转过程为：

（1）用箱人向箱主或其代理人提出用（还）箱申请。

（2）箱主或其代理人填制签发设备交接单（3联，每箱1份），并交用箱人。

（3）由用箱人或运箱人据此单证（3联）到码头或内陆堆场办理提（还）箱手续。

（4）在堆场经办人（作为箱主的代理人）核单、双方查验箱体签字后，用箱人或运箱人提走（或还回）集装箱及设备，堆场经办人同时将第3联（用箱人联）退还运箱人。

（5）堆场经办人自留第2联（码头堆场联），并将第1联（箱主联）退还箱主单位。集装箱提走（或还回）码头堆场时，双方按单上条款及时查验损坏情况，分清责任。

由于设备交接单是划分箱体责任的唯一单证，因此，交接双方一旦发现以下几种情况，则应在设备交接单上加批注，已明确箱子损害发生区段和责任方：

（1）集装箱箱号、关封号和单证记载内容不符，或有关封异常、脱落、无法辨认等情况。

（2）集装箱有漏水、漏光、擦伤、破洞。

（3）集装箱箱门无法关闭。

（4）集装箱4柱、6面、8角部位不完整。

（5）凹损超内端3公分、凸损超角件外端面。

（6）集装箱箱内有污秽、有异味。

（7）装载有毒物未经清洗、消毒。

（8）集装箱四周仍有前航次留存的起运品。

（9）集装箱附属部件损坏或灭失或异常。

（10）集装箱安全铭牌丢失等。

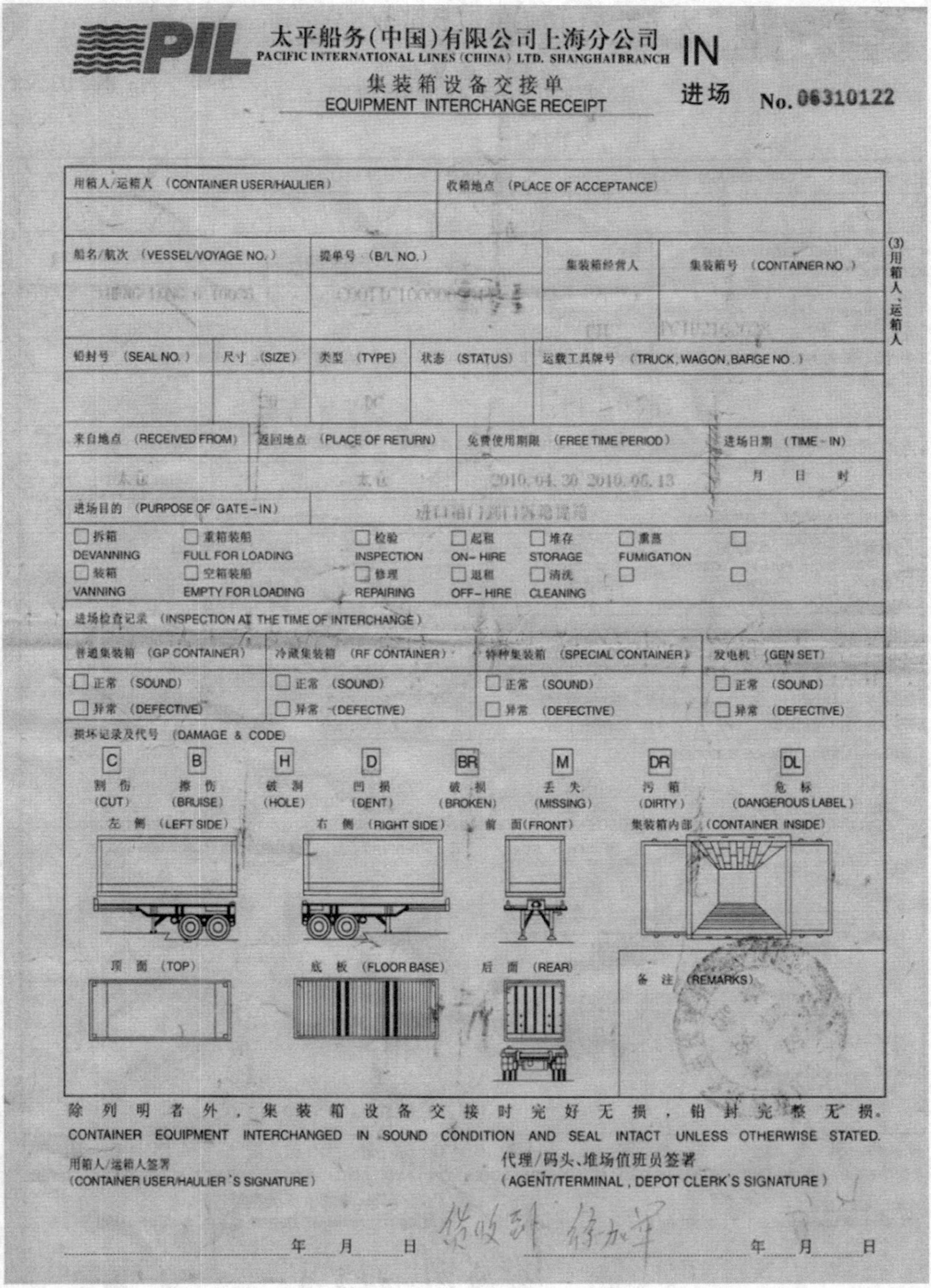

PIL 太平船务(中国)有限公司上海分公司
PACIFIC INTERNATIONAL LINES (CHINA) LTD. SHANGHAI BRANCH

IN 进场

集装箱设备交接单
EQUIPMENT INTERCHANGE RECEIPT

No. 06310122

用箱人/运箱人 (CONTAINER USER/HAULIER)　收箱地点 (PLACE OF ACCEPTANCE)

船名/航次 (VESSEL/VOYAGE NO.)　提单号 (B/L NO.)　集装箱经营人　集装箱号 (CONTAINER NO.)

铅封号 (SEAL NO.)　尺寸 (SIZE)　类型 (TYPE)　状态 (STATUS)　运载工具牌号 (TRUCK, WAGON, BARGE NO.)

来自地点 (RECEIVED FROM)　返回地点 (PLACE OF RETURN)　免费使用期限 (FREE TIME PERIOD)　进场日期 (TIME - IN)　月　日　时

进场目的 (PURPOSE OF GATE - IN)

□ 拆箱 DEVANNING　□ 重箱装船 FULL FOR LOADING　□ 检验 INSPECTION　□ 起租 ON-HIRE　□ 堆存 STORAGE　□ 熏蒸 FUMIGATION　□
□ 装箱 VANNING　□ 空箱装船 EMPTY FOR LOADING　□ 修理 REPAIRING　□ 退租 OFF-HIRE　□ 清洗 CLEANING　□　□

进场检查记录 (INSPECTION AT THE TIME OF INTERCHANGE)

普通集装箱 (GP CONTAINER)　□ 正常 (SOUND)　□ 异常 (DEFECTIVE)
冷藏集装箱 (RF CONTAINER)　□ 正常 (SOUND)　□ 异常 (DEFECTIVE)
特种集装箱 (SPECIAL CONTAINER)　□ 正常 (SOUND)　□ 异常 (DEFECTIVE)
发电机 (GEN SET)　□ 正常 (SOUND)　□ 异常 (DEFECTIVE)

损坏记录及代号 (DAMAGE & CODE)

C 割伤 (CUT)　B 擦伤 (BRUISE)　H 破洞 (HOLE)　D 凹损 (DENT)　BR 破损 (BROKEN)　M 丢失 (MISSING)　DR 污箱 (DIRTY)　DL 危标 (DANGEROUS LABEL)

备注 (REMARKS)

除列明者外，集装箱设备交接时完好无损，铅封完整无损。
CONTAINER EQUIPMENT INTERCHANGED IN SOUND CONDITION AND SEAL INTACT UNLESS OTHERWISE STATED.

用箱人/运箱人签署 (CONTAINER USER/HAULIER'S SIGNATURE)　年　月　日

代理/码头、堆场值班员签署 (AGENT/TERMINAL, DEPOT CLERK'S SIGNATURE)　年　月　日

(3)用箱人、运箱人

图5-6　集装箱设备交接单（进场联）

PIL 太平船务(中国)有限公司上海分公司
PACIFIC INTERNATIONAL LINES (CHINA) LTD. SHANGHAIBRANCH

集装箱设备交接单
EQUIPMENT INTERCHANGE RECEIPT

OUT 出场 No.06310122

用箱人/运箱人 (CONTAINER USER/HAULIER)	提箱地点 (PLACE OF DELIVERY)
	太仓

船名/航次 (VESSEL/VOYAGE NO.)	提单号 (B/L NO.)	集装箱经营人	集装箱号 (CONTAINER NO.)
HENG LONG 6 1003S	COOTIC100000001X	PIL	PCIU2162628

铅封号 (SEAL NO.)	尺寸 (SIZE)	类型 (TYPE)	状态 (STATUS)	运载工具牌号 (TRUCK, WAGON, BARGE NO.)
	20	DC		沪BA1586

发往地点 (DELIVERED TO)	返回地点 (PLACE OF RETURN)	免费使用期限 (FREE TIME PERIOD)	出场日期 (TIME-OUT)
太仓	太仓	2010.04.30 2010.05.13	月 日 时

出场目的 (PURPOSE OF GATE-OUT) 进口箱门到门拆箱提箱

☐ 拆箱 DEVANNING ☐ 重箱装船 FULL FOR LOADING ☐ 检验 INSPECTION ☐ 起租 ON-HIRE ☐ 堆存 STORAGE ☐ 熏蒸 FUMIGATION ☐

☐ 装箱 VANNING ☐ 空箱装船 EMPTY FOR LOADING ☐ 修理 REPAIRING ☐ 退租 OFF-HIRE ☐ 清洗 CLEANING ☐ ☐

出场检查记录 (INSPECTION AT THE TIME OF INTERCHANGE)

普通集装箱 (GP CONTAINER)	冷藏集装箱 (RF CONTAINER)	特种集装箱 (SPECIAL CONTAINER)	发电机 (GEN SET)
☐ 正常 (SOUND)	☐ 正常 (SOUND)	☐ 正常 (SOUND)	☐ 正常 (SOUND)
☐ 异常 (DEFECTIVE)	☐ 异常 (DEFECTIVE)	☐ 异常 (DEFECTIVE)	☐ 异常 (DEFECTIVE)

损坏记录及代号 (DAMAGE & CODE)

C	B	H	D	BR	M	DR	DL
割伤 (CUT)	擦伤 (BRUISE)	破洞 (HOLE)	凹损 (DENT)	破损 (BROKEN)	丢失 (MISSING)	污箱 (DIRTY)	危标 (DANGEROUS LABEL)

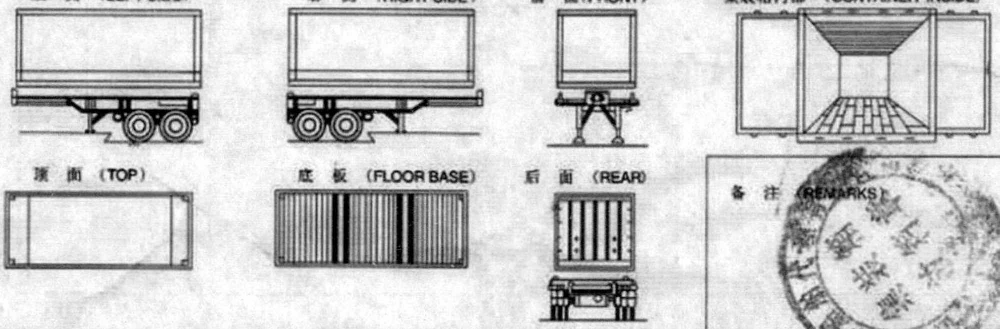

备注 (REMARKS)

除列明者外,集装箱设备交接时完好无损,铅封完整无损。
CONTAINER EQUIPMENT INTERCHANGED IN SOUND CONDITION AND SEAL INTACT UNLESS OTHERWISE STATED.

用箱人/运箱人签署 (CONTAINER USER/HAULIER'S SIGNATURE) 13862627610

代理/码头、堆场值班员签署 (AGENT/TERMINAL, DEPOT CLERK'S SIGNATURE)

______年____月____日 货收到 徐加星 ______年____月____日

图 5-7 集装箱设备交接单(出场联)

在实际业务中，对设备交接单的主要当事人有三方：一是箱管代理（对集装箱进行管理），二是堆场（对集装箱进行交接），三是用箱人（对集装箱进行使用）。三方不仅业务不同，代表利益方也不同，因而对设备交接单审核内容也有区别。对箱管代理来说，其审核的主要内容有：用箱人、箱子来自地点、返回或收回地点、船名和航次、箱型和箱类、集装箱经营人、提单号、费用和期限、进出场集装箱状态。对堆场来说，其审核的主要内容有：集装箱进出场时间、进出场集装箱外表状况、拖箱人是谁、拖车号是否与单证记载一致、提箱单是否有效等。对用箱人（运箱人）来说，其审核的主要内容有：拖车牌号、运箱人拖箱地点和时间、拖箱时箱子外表状况、所拖箱子种类和规格是否与单证记载一致。特别应注意，设备交接单一经正式签收，任何一方不得随意涂改，如需更改，则应办理更正手续，即由箱管代理在设备交接单上加盖更改章。

设备交接单的整个流转过程如图 5－8 所示。

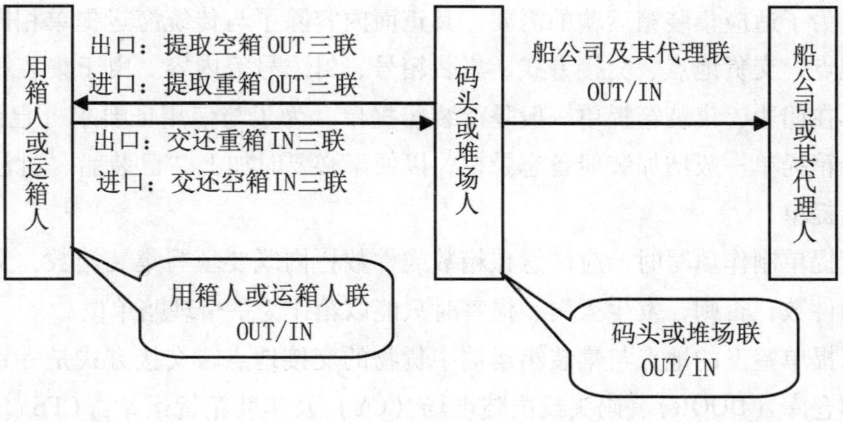

图 5－8　设备交接单流程图

图 5－8 的具体说明如下：

（1）船公司填制 EIR 交用箱人或运箱人。

（2）在集装箱出口业务中，用箱人或运箱人到码头堆场提取空箱时出示 EIR（OUT 联），由经办人员对照 EIR，检查集装箱外表状况后双方签字，码头或堆场留下码头或堆场联、船公司或其代理联，将用箱人与运箱人联退还给用箱人或运箱人，码头或堆场将留下的船公司或其代理联交还给船公司。

当用箱人装箱后交还重箱给码头或堆场时出示 EIR（IN 联），由经办人员对照 EIR、检查箱体后，双方签字，码头或堆场留下码头或堆场联、船公司或其代理联，将用箱人与运箱人联退还给用箱人或运箱人，码头或堆场将留下的船公司或其代理联交还给船公司。

（3）在集装箱进口业务中，用箱人或运箱人到码头堆场提取重箱时出示 EIR（OUT 联），由经办人员对照 EIR，检查集装箱外表状况后，双方签字，码头或堆场留下码头或堆场联、船公司或其代理联，将用箱人与运箱人联退还给用箱人或运箱人，码头或堆场将留下的船公司或其代理联交还给船公司。

当用箱人拆箱后交还空箱给码头或堆场时出示 EIR（IN 联），由经办人员对照 EIR、检查箱体后，双方签字，码头或堆场留下码头或堆场联、船公司或其代理联，将用箱人与运箱人联退还给用箱人或运箱人，码头或堆场将留下的船公司或其代理联交还给船公司。

（五）集装箱提单

集装箱提单是集装箱货物运输下主要的货运单证，是负责集装箱运输的经营人或其代理人在收到集装箱货物后签发给托运人，证明货物已经收到，并保证在目的地凭以交付货物的书面凭证。适用于集装箱运输的提单有两类：一类是港—港的海运提单，另一类是内陆—内陆的多式联运提单。不论是哪一类提单，其法律效力和作用与传统提单都是相同的。为了适应集装箱运输的需要，其正面内容除了与传统海运提单相同外，还增加了收货地点、交货地点、交接方式、集装箱号、封志号等内容。由于集装箱货物的交接一般都不在船边，集装箱提单一般是待装船提单。为了与信用证要求（已装船提单）一致，集装箱提单一般增加装船备忘录栏，以便于必要时加上“已装船”批注而使之转化为已装船提单。

集装箱提单制作填写时，应注意在箱数或件数栏内既要填写集装箱数，又要填写箱内所装货物件数，否则，发生灭失、损害时只能以箱作为一个理赔单位。

集装箱提单签发的地点与集装箱运输中货物的交接地点、交接方式是一致的，即发货人工厂和仓库（DOOR）、码头或内陆堆场（CY）及集装箱货运站（CFS）。一般是托运人在上述地点与集装箱运输承运人或其委托的堆场、货运站的业务人员交接货物后，用场站收据向承运人换取提单。承运人在货方出示场站收据后应立即签发待装船提单，集装箱装上船并在开航后 24 小时内签发装船提单。

各种类型的集装箱运输承运人都有自己的集装箱提单，其种类内容与格式允许有区别，但大同小异，也有几个国家、几家船公司共用一种提单或同一条船使用不同格式提单的情况（图 5－9 集装箱提单样单，表 5－4）。

5－11 无船承运人提单操作流程

NINGBO XINYUAN TEXTILES IMP&EXP. CO.LTD.
ROOM 1802,BUILDING NO.1 NO.35,SHISHAN RD./STR.GAOXIN DISTRICT,NINGBO,CHINA
TEL: 0574-87901890

USC0989A923

中远集装箱运输有限公司
COSCO CONTAINER LINES

TLX: 33057 COSCO CN
FAX: +86(021) 6545 8984

ORIGINAL

2. Consignee Insert Name, Address and Phone

TO ORDER

3. Notify Party Insert Name, Address and Phone

(It is agreed that no responsibility shall attsch to the Carrier or his agents for failure to notify)

PROSPERITY TRADING CO. LTD.
ADD:RUA 21 DE JANEIRO N.21,LUANDA ANGOLA
TEL:054-5270011

Port-to-Port or Combined Transport

BILL OF LADING

RECEIVED in external apparent good order and condition except as other-Wise noted. The total number of packages or unites stuffed in the container, The description of the goods and the weights shown in this Bill of Lading are Furnished by the Merchants, and which the carrier has no reasonable means Of checking and is not a part of this Bill of Lading contract. The carrier has Issued the number of Bills of Lading stated below, all of this tenor and date, One of the original Bills of Lading must be surrendered and endorsed or sig-Ned against the delivery of the shipment and whereupon any other original Bills of Lading shall be void. The Merchants agree to be bound by the terms And conditions of this Bill of Lading as if each had personally signed this Bill of Lading.

SEE clause 4 on the back of this Bill of Lading (Terms continued on the back Hereof, please read carefully).

*Applicable Only When Document Used as a Combined Transport Bill of Lading.

4. Combined Transport* Pre-carriage by	5. Combined Transport* Place of Receipt
6. Ocean Vessel Voy. No. DONGFANG V.009J	7. Port of Loading NINGBO
8. Port of Discharge LUANDA	9. Combined Transport* Place of Delivery

Marks & Nos. Container / Seal No.	No. of Containers or Packages	Description of Goods (If Dangerous Goods, See Clause 20)	Gross Weight (Kgs)	Measurement
PROSPERITY LW20150006 LUANDA ANGOLA C/NO.1-200 1×20′ CY-CY CN:COSU2233987 s/5087002	1 CONTAINERS SHIPPER′S LOAD&COUNT SAID TO CONTAIN: 200 CARTONS	T-SHIRT L/C NO. DBLC20154501 DATE:JUNE 14, 2015 ISSUING BANK:HSBC BANK ANGOLA BRANCH	 2000	22.275

Description of Contents for Shipper's Use Only (Not part of This B/L Contract)

10. Total Number of containers and/or packages (in words)   SAY ONE CONTAINER (200 CARTONS) ONLY.

Subject to Clause 7 Limitation

11. Freight & Charges	Revenue Tons	Rate	Per	Prepaid	Collect
Declared Value Charge					

Ex. Rate:	Prepaid at	Payable at	Place and date of issue
	NINGBO		NINGBO JULY 14, 2015
	Total Prepaid	No. of Original B(s)/L	Signed for the Carrier,
		THREE(3)	COSCO CONTAINER LINES AS CARRIER

LOADING ON BOARD THE VESSEL
DATE 14 JULY,2015 BY LINDA LI
DATE　　BY

图 5－9　集装箱提单样单

5－12 提单当事人的识别与填制

5－13 解读信用证的提单条款

资料卡

表5-4 提单的主要种类

区别点	种类	中文名	适用情况或特点
是否有背面条款	Long Form B/L	全式提单	有背面条款，银行可接受
	Blank Back B/L	简式提单	无背面条款，常用于租船提单，须附租船合同，否则银行不接受
是否已装船	On Board B/L	已装船提单	装船后签发，银行可接受
	Received for Shipment B/L	收妥备运提单	已收货，未装船，银行不接受
是否有不良批注	Clean B/L	清洁提单	无不良批注，银行可接受
	Unclean B/L	不清洁提单	有不良批注，银行不接受
收货人(提单抬头)不同	Straight B/L	记名式提单	确定收货人，不可背书转让
	Open B/L	来人式提单	收货人留空或制成"to bearer"无需背书即可转让
	Order B/L	指示提单	收货人制成"to order"或"to order of ××"，背书后可转让
运营方式不同	Liner B/L	班轮提单	班轮方式下采用，是全式提单
	Charter Party B/L	租船合同提单	租船方式下采用，受租船合同约束
运输方式不同	Direct B/L	直达提单	直运时采用
	Transshipment B/L	转船提单	转船时采用
	Combined Transport B/L	多式联运提单	海运和其他运输方式结合时采用
—	Advanced B/L	预借提单	货未装船，为符合装运日要求，提前签发的已装船清洁提单
—	Anti-dated B/L	倒签提单	货已装船，超过规定装运日，提单上的签发日期提前到规定日期前
—	Stale B/L	过期提单	(1) 超过规定装运日，交单日 (2) 提单晚于货物到达目的港
—	On Deck B/L	舱面提单	货物直接置于舱面(集装箱直接置于舱面的提单不视作舱面提单)
—	Surrendered B/L	电放提单	托运人申请"电放"，出具保函、缴费后，承运人收回原提单，重新签发提单，注明"电放"

【案例分析】

5－14 电放提单

货运代理公司向船公司谎报货物名称致损案

我国 A 贸易公司委托同一城市的 B 货物代理公司办理一批从我国 C 港运至韩国 D 港的危险货物。A 贸易公司向 B 货运代理公司提供了正确的货物名称和危险货物的性质，B 货运代理公司为此签发其公司的 HOUSE B/L 给 A 贸易公司。随后，B 货运代理公司以托运人的身份向船公司办理该批货物的订舱和出运手续。为了节省运费，同时因为 B 货运代理公司已投保责任险，因此 B 货运代理公司向船公司谎报货物的名称，亦未告知船公司该批货物为危险货物。船公司按通常货物处理并装载于船舱内，结果在海上运输中，因为货物的危险性质导致火灾，造成船舶受损，该批货物全部灭失并给其他货主造成巨大损失。请根据我国有关法律规定回答下列问题：

（1）A 贸易公司、B 货运代理公司、船公司在这次事故中的责任如何？

（2）承运人是否应对其他货主的损失承担赔偿责任？为什么？

（3）责任保险人是否承担责任？为什么？

与一般海运单一样，集装箱提单背面和正面都印有提单条款，而且有相当多的内容和格式与一般海运提单相同，只是为了适应集装箱运输的实际需要，对某些条款的内容作了修改，增加了一些新的条款，这里仅对这些差别之处简要说明。集装箱提单的正面条款与一般条款的主要区别在于确认条款，即表明承运人在箱子外表情况良好、铅封号完整的情况下交接货物并说明该提单是收货待运提单。集装箱提单与海运提单的背面条款主要区别有以下五点：

1. 承运人的责任期限

在集装箱运输下，承运人接货、交货可以在货主仓库、内陆场站和码头堆场，这与传统运输货物交接在船边或港口有很大区别。普通提单对承运人规定的责任期限如“钩到钩”、“舷到舷”或“港到港”已不再适用。因此，集装箱提单将承运人的责任期限规定为：从接收货物开始到交付货物为止，或采用前后条款形式表述为承运人对收货前、交货后的货物不负责任。

2. 舱面（甲板）货选择条款

根据现行海上运输法规定，只有根据航海习惯可装在甲板上运输或事先征得货主同意并在提单上加注“装在甲板运输”字样两种情况下，承运人可将货物装在甲板上运输，否则，将构成违反合同行为。各种法规、合同中给予承运人的一切抗辩理由、责任限制、免责事项等均无效，承运人必须承担由此造成的一切损失的赔偿责任。在集装箱运输中，各类集装箱船舶在实际运输集装箱时，由于船舶构造的特殊性及经济性的要求，一般有相当一部分集装箱要装载在甲板上（舱面）运输（一般来说，全集装箱船满载时约有30%集装箱装在甲板上），而各集装箱在船舶上装载的具体位置，一般是根据船舶配积载的需要和装卸船的先后顺序等确定的。承运人在签发提单时无法确定哪些箱子会装在舱内或甲板上，因此，集装箱提单中规定了舱面（甲板）货选择权条款。尽管各公司提单中表述方式不同，但该条款包括的内容有：承运人有权将集装箱货物装在甲板下（舱内）或甲板上（舱面）运输，而无须征得货方同意和通知货方。货物不论装在甲板上或甲板下，对包括共同海损在内的所有情况，都视为甲板下（或舱内）装载。

3. 承运人的赔偿责任限制

承运人的赔偿责任限制一般是指承运人对每一件或每一货损单位负责赔偿的最高限额。在不同运输方式下，由于承运人运输中对货物承担的风险在程度上有所区别，不同方式的国际与国内运输法规对最高赔偿限额的规定有较大区别。与普通提单一样，各公司的集装箱提单赔偿责任限制条款都明确规定了海上运输的最高赔偿限额。当运输过程中涉及陆上运输（联运提单）时，一般以包括海运（水运）及不包括海运（水运）两种情况规定限额。由于各公司的限额是根据不同的国际法规或国内法规定的，其限额可能有区别。

针对集装箱运输整箱交接货物时承运人只能从单证上得知箱内货物的种类、数量的特点，集装箱提单相应的条款一般根据《维斯比规则》对集装箱、托盘或类似的装运工具或包装作了如下规定：如在提单中已载明这种工具内的货物件数或单位数，则按载明的件数或单位数赔偿，如这种工具为货主所有，赔偿时也作为一件。

4. 制约承运人责任的条款

（1）发货人装箱、计数条款（或不知条款）。在整箱货交接时，承运人接收的是外表状况良好、铅封完整的集装箱，对箱内所装货物数量、标志等只能根据装箱单得知，即使对其有适当理由怀疑也无适当方法进行检验。根据《海牙规则》规定，在这种情况下，承运人可以拒绝在提单上载明箱内货物的详细情况，这种做法势必会影响提单的流通性。但如果默认了货主提供的箱内货物件数、发生货损时有可能对承运人赔偿方面带来不利影响。为了便于提单的流通和最大限度地达到免责目的，集装箱提单中在如实记载箱内货物详情的同时，背面条款中又保留了发货人装箱、计数条款或不知条款。其内容一般为：本公司承运的集装箱是由发货人或其代理人装箱并加封的，则本提单正面所列有关货物的重量、尺码、件数、标志、数量等内容，本公司均不知悉。

（2）铅封完整条款。集装箱提单中这一规定是指承运人在集装箱外表情况良好、铅封完整的情况下收货和交货，就可认为承运人已完成货物运输并解除其所有责任。该条款与发货人装箱、计数或不知条款是紧密联系的，也是限于整箱交接。

（3）货物检查权条款。该条款是指承运人有权但没有义务在掌管货物期间的任何时候，将集装箱开箱检验、核对，如发现货物全部或部分不适用于运输，承运人有权对该货物放弃运输或由托运人支付附加费用后继续完成运输，或放在岸上或水上遮蔽或露天场所，而且这种存放可被视为按提单交货，承运人责任终止。该条款使承运人对箱内货物有所怀疑或发现积载不正常时有启封检查权利而不必征得托运人同意。但在实际操作中，对货主自装的集装箱启封检查时，一般需征求货主同意并由货主支付费用。

（4）海关启封检查条款。根据《国际集装箱海关公约》规定，海关有权对集装箱货物开箱检查，因此，集装箱提单中一般都规定：如海关当局因检查箱内货物对集装箱启封检查并重新加封，由此造成或引起的任何货物灭失、损害或其他后果，承运人概不负责。但在实际操作中，承运人对于海关查验的箱子应作详细记录，并保留证据以免除责任。

（5）发货人对货物内容正确性负责条款。集装箱提单中记载的货物内容，一般由发货人填写或发货人代理根据发货人提供的托运文件（装箱单等）填写。提单一般规定承运人接收货物即可视为发货人已向承运人保证其在集装箱提单中提供的货物种类、标志、件数、重量、数量等内容准确无误。如属于危险货物，还应说明其危险性。如发货人提供内容不准确或不当造成货损或其他损害，发货人应对承运人负责，即使已发生提单转让也不例外。

（六）集装箱预配清单

集装箱预配清单是船公司为集装箱管理需要而设计的一种单据，该清单格式及内容，各船公司大致相同，一般有提单号、船名、航次、货名、件数、毛重、尺码、目的港、集装箱类型、尺寸和数量、装箱地点等。其主要作用：一是有关管箱人将据此单发放设备交接单，从而由发货人或货运代理凭此设备交接单（一箱一单）到有关管箱人指定的场站提取出口用箱；二是船公司或其代理公司据此单作集装箱计划预配船图，然后送达有关集装箱码头堆场供编制集装箱预配船图使用。货运代理人在订舱时或一批一单，或数批分行列载于一单，按订舱单内容缮制后随同订舱单据送船公司或其代理人，船公司配载后将该清单发给空箱堆存点，据以核发设备交接单及空箱之用。如果集装箱货物托运单上货物列明危险品，那么在集装箱预配清单相应备注栏也应示明危险品，以使危险品集装箱能配载在船舶恰当的位置上，保证船舶装载和航行安全。该单据并非各个港口都使用。

（七）集装箱预配船图

集装箱预配船图是由集装箱码头堆场依据船公司或其代理公司制作的集装箱计划预配船图填制的，经集装箱码头堆场船舶计划员在空白的船图上按有关配载原则填上集装箱箱号、总重量、卸货港名称即可。如有危险品集装箱，则必须在恰当的船箱位上用醒目的标志标出。这是集装箱码头堆场出口装船的主要依据之一，因为凭借此图可以使集装箱装船准确、快捷、方便。

（八）集装箱船舶积载图

集装箱船舶积载图，又称集装箱实装船图，是由外轮理货公司理货人员在集装箱装船完毕后，按船箱位上所实际装载集装箱的情况缮制的，其缮制的形式与集装箱预配船图一样。所不同的是由于退关、堆场机械故障等因素，船图箱位上部分箱子的原定位置会发生变更。至于危险品集装箱，根据预配船图，在征得船方确认后，亦必须在实装的船箱位上用醒目的标志标出。

（九）理货报告单

理货报告单是由外轮理货公司理货人员在出口装船完毕时编制而成的。它主要包括理箱单和集装箱残损单，另外还有集装箱清单和集装箱货物清单。其主要作用是供船公司或代理公司审核和编制有关出口单证时使用。

（十）集装箱载货清单

集装箱载货清单又称集装箱舱单，是一份按卸货港顺序逐票列明全船实际载运集装箱及其货物的汇总清单。它是在集装箱及其货物装船完毕后，由船公司或其代理公司根据场站收据，核对理货报告单而编制的，编妥后还须送交船长签字认可。其内容除应逐票标明货物的明细情况，如提单号、标志、货名、件数、重量、收发货人以及集装箱箱号、铅封号等外，还应填写船名、航次、国籍、装货港、卸货港、开航日期等内容。首先，集装箱载货清单是航行国际航线船舶使用的一份十分重要的单证，它的主要作用是船舶据此向出境地海关和进境地海关办理报关手续，是海关对出口船舶所载货物出国境进行监督管理的单证。如果集装箱船舶货舱内所装载集装箱及其货物在载货清单上没有列明，那么，海关可按走私论处，有权依据海关法进行处理。其次，集装箱载货清单也是船舶载运所列集装箱及其货物的证明，是随船单证之一。因此，当船舶到达卸货港时，在卸货港船舶代理人因故尚未收到有关货运资料的情况下，载货清单（复印件）即可分送港口有关部门作为安排卸货应急之用。

（十一）集装箱载货运费清单

集装箱载货运费清单又称集装箱运费舱单，它和载货清单一样，也是在集装箱及其货物装船完毕后，由船公司或其代理公司编制的。所不同的是，内容除载货清单记载的事项外，增加了计费吨、运费率、预付或到付栏。它的作用除了供卸货港船公司的代理人收取到付运费外，还可作为查对集装箱船舶航次装载货物情况之用。另外，由于载货运费清单的内容包括了载货清单的内容，因此，它也可以代替载货清单作为船舶出（进）口报关及安排卸货应急之用，故有的船公司或其代理公司，只编制和使用集装箱载货运费清单，省略了集装箱载货清单。

（十二）集装箱危险品清单

危险品集装箱清单是在危险品集装箱装船完毕后，由船公司或其代理公司专门列出的船舶所载运危险品集装箱及其货物的汇总单。其所记载的内容除载货清单所应记载的外，还增加了货物的性能、类别、联合国编号、页号和装船位置。它的作用主要是为了确保船舶、货物、港口及装卸、运输的安全，让有关部门及人员在装卸作业和运输保管中引起特别注意。危险货物的托运人在托运危险货物时，必须根据有关危险货物运输和保管的法规事先向船公司或其代理人提交危险品清单。托运人在将危险品货物运至 CY 或 CFS 时，必须提交危险品清单，由堆场管理人员汇总交船方。此外，所有危险品货物都必须粘贴规定的危险品标志，内装危险货物的集装箱也必须按规定粘贴特制的危险品标志。

（十三）冷藏集装箱清单

冷藏集装箱清单也是在冷藏集装箱装船完毕后，由船公司或其代理公司专门列出的船舶所载运冷藏集装箱及其货物的汇总单。其除载货清单所应记载的内容外，增加了所需温度和装船位置。它的作用主要是为了使冷藏货物在装卸运输中质量不受影响，并方便有关各方进行操作管理。托运人在托运冷冻或冷藏货物时，都应要求承运人在运输和保管过程中，将冷藏集装箱的箱内温度控制在一定的范围内，并且要求承运人在运输和保管货物方面承担多于普通货物的责任。托运人向承运人和集装箱堆场提供的冷藏集装箱清单上，必须逐箱填明货物的名称和指定的温度范围等各项内容，交集装箱堆场由堆场业务人员汇总交船方。

五、集装箱班轮运输进口代理业务

集装箱进口业务包括进口船期查询及签订进口服务合同、订舱、货物跟踪、付费换单、报关报检、提取货物、空箱回运等多个环节。在实际操作中，作为收货人、代理人等所处的身份不同以及各国、各港口的操作习惯不同，进口的业务流程也各有差别，但是基本都遵循以下七个工作环节：

（一）进口船期查询及签订服务合同

进口船期查询及签订服务合同指的是收货人或收货人委托的货运代理人根据收货人的进口需求对提供进口服务的实际承运人（这里指实际承运的船公司）的船期进行查询，确定满足收货人服务需求的船公司，并最终签订运输服务合同的过程。

在实际操作过程中，进口船期查询可以通过咨询船公司营销部门或营销代理、查阅有关航务周刊信息或船公司提供的电子商务平台等获得。目前，使用比较多的是通过咨询船公司进口营销部门获得船期表或通过电子商务平台获得船公司航线服务信息。

在详细了解有关各条航线的服务路径、挂靠港口及运价信息后，收货人或收货人指定的货运代理人就可与船公司签订服务合同，安排货物出运。

（二）订舱

订舱托运与出口业务流程基本一致，是指在货物托运前的一定时间内，填制集装箱货物托运单或订舱单（Booking Note），向船公司或其代理公司或其运输经营人申请订舱的过程。订舱单一般包含的内容有发货人、收货人、通知人、货物接收地点、装港、卸港、货物交货地点、箱型及箱量、货物品名、运价合同号码、订舱号码等。

（三）货物跟踪

货物跟踪是在货物装船出运后，对货物的流转状态和交货过程进行持续跟踪和确认的过程。由于全球定位技术和电子商务技术的广泛适用，目前对于货物的跟踪可以轻松通过船公司提供的货物跟踪系统或跟踪平台获得。

（四）付费换单

货物到港前，卸货港船代将“到货通知书”寄收货人，通知其做好提货准备，收货人接到到货通知书后，在信用证贸易下应及时向银行付清所有款项，然后取得正本提单等有关单证；并凭借提单和到货通知书向船代换取提货单，以安排提货。

在实际操作中，一般由收货人委托的货运代理公司安排进口付费换单。必须特别注意的是货运代理公司在接到客户的全套单据后（全套单据一般包括：带背书的正本提单或电放副本、装箱单、发票、合同），要查清该进口货物属于哪家船公司承运、哪家作为船舶代理、在哪儿可以换到供通关用的提货单，注意提前与船公司或船舶代理部门联系，确定船的到港时间、地点，如需转船，应确认第二程船的船名；提前与船公司或船舶代理部门确认换单费、押箱费、换单的时间；提前联系好场站确认好提箱费、掏箱费、装车费、回空费。

准备好进口换单手续后，货运代理公司便可凭带背书的正本提单（如是电报放货，可带电报放货的传真件与保函）去船公司或船舶代理部门换取提货单和设备交接单。

（五）报关报检

换单结束后，用提货单（1、3）联并附上报关单据前去报关。进口报关单据主要包括：提货单（1、3 联，海关放行后，在白联上加盖放行章，发还给进口方作为提货的凭证）；正本箱单；正本发票；合同；进口报关单；正本报关委托协议书；海关监管条件所涉及的各类证件等。

在实际进口报关过程中，必须特别注意的事项有：

（1）接到客户全套单据后，应确认货物的商品编码，然后查阅海关税则，确认进口税率、确认货物需要什么监管条件，如需做各种检验，则应在报关前向有关机构报验。报验所需单据包括报验申请单、正本箱单发票、合同、进口报关单。

（2）换单时应催促船舶代理部门及时向海关传舱单，如有问题应与海关舱单室取得联系，确认舱单是否已转到海关。

（3）当海关要求开箱查验货物时，应提前与场站取得联系，将所查箱子调至海关指定的场站，并事先与场站确定好调箱费、掏箱费。

如果该进口货物属于法定检验商品，则在报关前应提前办理验货手续。在报关前，凭进口商检申请单（带公章）和两份报关单办理登记手续，并在报关单上盖商检登记在案章以便通关。验货手续应在最终目的地办理。

如需动植物检验、检疫，则在货物报关前凭箱单、发票、合同、报关单向代报检机构申请报验，在报关单上盖章放行以便通关，验货手续可在通关后堆场进行。

海关通关放行后，货运代理公司应去三检大厅办理三检。向大厅内的代理报验机构提供箱单、发票、合同报关单，由他们代理报验。报验后，可在大厅内统一窗口交费，并在白色提货单上盖三检放行章。三检手续办理后，便可向港池大厅交港杂费，待港杂费用结清后，港方将提货联退给提货人供提货用。

（六）提取货物

整箱货物交付在集装箱堆场进行，拼箱货物交付在集装箱货运站进行。堆场和货运站凭海关放行的提货单，与收货人或其委托的货运代理公司结清有关费用（一般包括保管费、再次搬运费、滞期费、拆箱费等）后交付货物并由双方签署交货记录。由于整箱货是连同集装箱一起提取的，故整箱货提货时应办理设备交接单手续。

在实际业务过程中，进口提箱应注意的事项有以下几点：

(1) 首先应与港池调度室取得联系，安排计划。

(2) 根据提箱的多少与堆场联系足够的车辆尽可能按港方要求时间内提清，以免产生转栈堆存费用。

(3) 提箱过程中应与堆场有关人员共同检查箱体是否有重大残破，如有，要求港方在设备交接单上签残。

重箱由堆场提到场地后，应在免费期内及时掏箱，以免因滞箱产生额外费用。

（七）空箱回运

由于在提箱时船公司一般规定货运代理公司必须凭借小提单和拖车公司的“提箱申请书”到箱管部门办理进口集装箱超期使用费、卸箱费、进口单证费等费用的押款手续。若押款人不是提单上所注明的收货人，押款人必须出具同意为收货人押款，并支付相应费用的保证函，押款完毕经船代箱管部门授权后办理提箱手续，领取设备交接单并核对其内容是否准确。收货人拆空进口货物后，将空箱返回指定的还箱地点，要及时凭押款凭证，到箱管部门办理集装箱费用结算手续，箱体无残损后，去船公司或船舶代理部门取回押箱费。

六、集装箱班轮运输进口货运单证及流转

集装箱班轮运输进口货运单证主要有提货通知书、卸箱清单、理货单证、拆箱单、设备交接单、交货记录联单、待提箱报告或待提货报告。

（一）提货通知书

提货通知书是船公司在卸货港的代理人向收货人或通知人（往往是收货人的货运代

理人）发出的船舶预计到港时间的通知。它是船公司在卸货港的代理人根据掌握的船舶动态和装箱港的代理人寄来的提单副本或其他货运单证、资料编制的，以便于集装箱货物抵港后能尽快疏运出港。

值得注意的是，提货通知书只是船公司或其代理人为使货运程序能顺利进行而发出的单证，对于这个通知发出的是否及时，以及收货人或其代理人是否能收到，作为承运人的船公司并不承担责任。

（二）卸箱清单

卸箱清单由码头理货人员编制，其作用是记录船舶卸下的集装箱的数量和有关情况。其主要内容包括：承运船公司、船名、航次、卸箱港、卸箱日期、集装箱经营人、箱号、集装箱情况、装卸港及集装箱外表批注等。

（三）理货单证

理货单证主要有理货计数单和溢短残损单两种，都是由码头理货人员编制的。理货计数单是在货运站拆箱时，理货人员核对装箱单及货物舱单点验件数，分别编制理货计数单，同时还应将可能出现的异常、件数不符等情况，列入理货计数单。

溢短残损单是根据卸货时所编制的卸箱清单所列批注，并参照出口港的批注清单编制。

（四）拆箱单

拆箱单由货运站有关人员根据理货计数单编制。其主要内容包括：船公司、船名、航次、箱号、拆箱曰期及起讫时间和提单号等。

（五）设备交接单

在进口货运流程中，设备交接单与出口流程基本一致，这里不再重复。

（六）“交货记录”联单

在集装箱班轮运输中普遍采用“交货记录”联单代替杂货班轮运输中的“提货单”。“交货记录”联单的性质实际上与“提货单”一样，仅仅是在其组成和流转过程方面有所不同。“交货记录”标准格式一套共五联：第一联“到货通知联”；第二联“提货单联”；第三联“费用账单联”（蓝色）；第四联“费用账单联”（红色）；第五联“交货记录联”。

1. 到货通知联

到货通知书是在卸货港的船舶代理人在集装箱卸人集装箱堆场，或移至集装箱货运站，并办好交接准备后，向收货人发出的要求收货人及时提取货物的书面通知。所以，到货通知书是在集装箱卸船并做好准备后，将五联单中的第一联（到货通知联）寄交收货人或通知人。收货人持正本提单和到货通知书至船公司或船代付清运费换取其余四联。

2. 提货单联

提货单是船公司或其代理人指示负责保管货物的集装箱货运站或集装箱堆场的经营人，向提单持有人交付货物的非流通性单据。

在集装箱运输中，是凭到货通知和正本提单换取费用账单两联、盖章后的提货单一联和交货记录一联，共四联。随同进口货物报关单到海关办理货物进口通关，海关核准放行后，在提货单上盖海关放行章，再持单到集装箱堆场或货运站，场站留下提货单和二联费用账单，在交货记录上盖章，收货人凭交货记录提货。

3. 费用账单第3、4联

费用账单是场站凭此向收货人结算费用的单据。其主要内容包括：收货人名称、地址、开户银行与账号、船名、航次、起运港、目的港、提单号、交付条款、到付海运费、卸货地点、到达日期、进库场日期、第一程运输、标记与集装箱号、货名、集装箱数、件数、重量、体积、费用名称、港务费、港建费、堆存费、装卸费等栏目。

4. 交货记录联

船公司或其代理人向收货人或其代理人交货时，双方共同签署的，证明双方间已进行货物交接和载明其交接状态的单据叫交货记录。

在集装箱运输中，船公司的责任是从接受货物开始到交付货物为止。因此，场站收据是证明船公司责任开始的单据，而交货记录是证明责任终了的单据。

整个“交货记录”联单的流转过程如下：

(1) 船舶代理人在收到进口货物单证资料后，通常会向收货人或其代理人发出第1联到货通知联。

(2) 收货人或其代理人在收到“到货通知”后，凭正本提单（背书）向船舶代理人换取第2联提货单联及场站、港区的第3、4联费用账单联、第5联交货记录联等四联。第2联提货单联经船代盖章方始有效。

(3) 收货人或其代理人持第2联提货单联在海关规定的期限内备妥报关资料，向海关申报。海关验放后在第2联提货单联的规定栏目内盖放行章。收货人或其代理人还要办理其他有关手续的，也应办妥手续，取得有关单位盖章放行。

(4) 收货人及其代理人凭已盖章放行的第2联提货单联及第3、4联费用账单联和第5联交货记录联向场站或港区的营业所办理申请提货作业计划，港区或场站营业所核对“提货单”是否有效及有关放行章后，将第2联提货单联、第3、4联费用账单联留下，做放货、结算费用及收费收据。在第五联“交货记录”联上盖章，以示确认手续完备，受理作业申请，安排提货作业计划，并同意放货。

(5) 收货人及其代理人凭港区或场站已盖章的第5联交货记录联到港区仓库或场站仓库、堆场提取货物，提货完毕后，提货人应在规定的栏目内签名，以示确认提取货物无误。第5联交货记录联上所列货物数量全部提完后，场站或港区应收回第5联交货记录联。

(6) 场站或港区凭收回的第5联交货记录联核算有关费用。填制第3、4联费用账单一式两联，结算费用。第三联（蓝色）“费用账单”联留存场站、港区制单部门，第四联（红色）“费用账单”联作向收货人收取费用的凭证。

(7) 港区或场站将第二联“提货单”联及第四联“费用账单”联、第五联“交货记录”联留存归档备查。

(七) 待提箱报告或待提货报告

待提箱报告或待提货报告是集装箱堆场或货运站编制并送交船公司的，表明经过一段时间尚未疏运的、仍滞留在堆场或货运站的重箱或货物的书面报告。据此，船公司可向收货人发出催提货的通知，以利于疏港和加速集装箱的周转。

七、租船运输代理业务

(一) 租船货运业务基本含义

1. 租船运输的含义

租船运输（Carriage of Goods by Chartering）是相对于班轮运输的另一种海上运输经营方式，既没有固定的船舶班期，也没有固定的航线和挂靠港，而是按照货源的要求和货主/承租人对货物运输的要求，以事先签订的租船合同来安排船舶航行计划，组织货物运输。因此，租船运输又称为不定期船运输（Tramp Shipping）。由于租船运输的特点，决定了其适合运输大宗、低值货物，如粮食、煤炭、矿砂、化肥、木材和水泥等。相对于班轮运输业务而言，各国政府对租船运输业务几乎不采取任何管制，在不影响各国公共利益的情况下，几乎完全按照“合同自由”的原则，交由承租双方进行自由地协商。所订立的租船合同的内容，在很大程度上体现出双方当事人的业务水平和经济实力。

由于租船运输涉及的航线往往都是不固定的，因此，在租船运输过程中，货物所有人是在一个世界性的大市场中寻找适当的船舶，而船舶所有人同样也是在全球范围内承揽货物，这样洽谈租船业务的双方有可能相隔千里，而他们能够签订一个租船合同，可能首先是货物所有人通过某一中介人将运输需求公开，船舶所有人通过其他中介人将其欲出租的船舶信息公布。然后双方在这些中介人的帮助下，彼此选择适当的交易对象，就租船业务涉及的运输条件及相应的条款进行商定。在许多情况下，这种业务谈判是参考某一个通用的范本进行的，当双方就相关的问题共同认可时，船舶所有人与货物所有人之间通常要签订包括租期、挂靠港、租金或者是运费以及双方的责任与义务在内的租船合同。一旦船舶所有人与货物所有人签订了租船合同，那么双方就要受到该合同的约束，而这份租船合同不仅是双方履行义务和享有权利的来源，同时也是双方处理合同执行过程中出现问题的依据。

2. 租船运输的特点

租船运输中，船舶的营运是根据船舶出租人与承租人双方签订的租船合同来进行的，一般进行的是特定货物的运输，船舶所有人提供的是货物运输服务，而承租人则是按约定的租金率或运价支付运费。因此，区别于班轮运输，租船运输具有以下特点：

（1）按照船舶出租人与承租人双方签订的租船合同安排船舶航线，组织运输；没有相对于定期班轮运输的船期表和航线。

（2）适合于大宗散货运输，货物的特点是批量大，附加值低，包装相对简单。因此，承租运输的运价（或租金率）相对班轮运输而言较低。

（3）舱位的租赁一般以提供整船或部分舱位为主，主要是根据租约来定，另外，承租人一般可以将舱位或整船再租与第三人。

（4）船舶运输中的风险以及有关费用的负担责任根据租船合同的规定。

（5）租船运输中提单的性质不完全与班轮运输中的提单的性质相同，它一般不是一个独立的文件，对于承租人和船舶出租人而言，仅相当于货物收据。这种提单要受租船契约约束，银行不愿意接受这种提单，除非信用证另有规定。当承租人将提单转让与第三人时，提单起着权利凭证作用。而在第三人与船舶出租人之间，提单这时则是货物运输合同的证明。

（6）承租人与船舶出租人之间的权利与义务是通过租船合同来确定的。

（7）租船运输中，船舶港口使用费、装卸费及船期延误，按租船合同规定由船舶出租人和承租人分担、划分及计算，而班轮运输中船舶的一切正常运营支出均由船方负担。

3. 租船市场

租船市场是需求船舶的承租人和提供船舶运力的出租人协商洽谈租船业务、订立租船合同的主要场所。这只是狭义租船市场或者是有形租船市场的定义，而广义的租船市场是指需求船舶的承租人和提供船舶运力的出租人的交易关系，交易的对象是作为租赁对象的船舶的运力。它通常设立在世界上货主和船东汇集，外贸和运输繁荣发达的地方。世界上各种租船场所有专门在城市内设集中场所当面洽谈的，也有不设专门集中场所、由分散在城市内各个经纪人凭借互联网、电传、传真等一系列通讯设施进行洽谈的。

目前，世界上主要的租船市场为：英国伦敦租船市场、美国纽约租船市场、北欧租船市场、亚洲租船市场。

（二）租船货运经营方式

在租船实务中，由于承租人所要运输的货物可能是一次性的、单向的，也可能是长期的、往返的，此外，承租人有时并不是要运输自己的货物，而是租进一条船舶，进行揽货运输，这样就带来了在租船市场上租船运输的方式的多样性。目前，航运业主要的租船运输经营方式有航次租船（Voyage Charter，Trip Charter）、定期租船（Time Charter，Period Charter）、光船租船（Bare－boat Charter，Demise Charter）等基本形式，还有包运租船（Contract of Affreightment，COA）和航次期租（Time Charter on Trip Basis，TCT）等形式。其中最基本的租船运输的经营方式是具有运输承揽性质的航次租船。

1. 航次租船

航次租船又称“航程租船”或“程租船”、“程租”，是指由船舶出租人向承租人提供船舶或船舶的部分舱位，在指定的港口之间进行单向或往返的一个航次或几个航次用以运输指定货物的租船运输方式。船舶出租人主要负责船舶的航行，承租人只负责货物的部分管理工作。

航次租船是租船时常上最活跃、最为普遍的一种租船方式，对运价水平的波动最为敏感。在国际现货市场上成交的大多数（主要有液体散货和干货两大类）通常都是通过航次租船方式运输的。在航次租船的情况下，船长由船舶出租人（船东）任命，船舶由作为船舶出租人的代理人的船长管理，船舶的营运调度仍由船舶出租人负责，船舶仍归船舶出租人占有和支配。在这种意义上，航次租船合同与班轮运输合同一样，都是以承揽货物运输为目的的运输合同。

航次租船运输首先要进行航次租船合同的签订。航次租船合同中的条款反映船舶所有人和承租人的意愿，规定了各自的义务，并且在开展航次租船运输时必须履行。因此，航次租船的特点主要表现在：

（1）特定船舶、特定货物、特定港口和特定航线。航次租船合同下，对于履行货物运输的船舶和要装运的货物，装货港和卸货港以及航线都作出专门的规定。通常情况下，都由指定的船舶在指定的装货港来装运指定的物，按照约定的或者习惯的或者理上的航线运至指定的卸货港。

（2）航次租船合同是确定船舶出租人与承租人的权利、义务和责任的依据。航次租船合同的船舶出租人和承租人“完全”处于同等的谈判地位，根据租船市场行情和其他条件进行讨价还价，商谈合同条款。无论英美法系的国家，还是大陆法系的国家，都无制约航次租船合同的成文法，即使大陆法系国家制定的有关租船合同的条款，也都属于非强制性条款或弹性条款，也可以用双方协议的其他合同条款予以排除相应的适用条款。航次租船合同的船舶出租人不是公共承运人（Private Carrier），即承运与其签订合同的承租人的货物。

（3）承租人负责完成货物的组织，支付运费及支付相关的费用。

（4）船舶出租人占有和控制船舶，负责船舶的营运调度，配备和管理船员。

（5）船舶出租人负责船舶营运所支付的费用。这些费用包括：船舶资本费用（船舶成本、船舶资本借贷偿还、资本金利息）、固定营运费用（船员工资和伙食、船舶物料、船舶保养费用、船舶保险费用、润滑油费用，企业事务费用等）和可变营运费用（燃料费、港口使用费、引水费、合同规定的装卸费、其他费用)。

(6) 船舶出租人出租整船或部分舱位，按实际装船的货物数量或整船舱位包干计收运费。

(7) 承租人向船舶出租人支付的运输费用通常称为运费 (Freight)，而不称为租金 (Hire)。

(8) 航次租船合同中都规定可用于在港装卸货物的时间、装卸时间的计算方法、滞期和速遣以及滞留损失等规定。这是因为在航次租船合同中航次总的时间风险在船舶出租人一边，船舶出租人对于完成一个航次所需要的时间是最为关心的，他希望缩短船舶在港停留的时间，但是在港进行装卸货物的时间却往往是由承租人掌握的，船舶出租人难以控制，而这些天数可以影响船舶出租人的经效益，这样若装卸时间超过规定的天数，承租人要向船舶出租人支付一笔约定的损害赔偿金，即滞期费；反之，装卸货物在规定的天数内提前结束，船舶出租人要向承租人支付一笔奖励，即速谴费。但双方有时也会约定按照港口当地习惯尽快装卸 (Customary Quick Dispatch，CQD)，即不规定装卸时间，由船舶出租人承担时间的风险。此外，对于由承租人引起的非装卸时间方面的时间损失，诸如港口合同中船舶抵港后，承租人不能及时安排泊位，以致延误船期，承租人须按照船舶实际损失额向船舶出租人支付赔偿，即滞期损失。

航次租船的租期。航次租船租期的长短取决于完成一个航次或几个航次所花费的时间，但航次租船并不规定完成一个航次或几个航次所需要的时间。在这段时间内，船舶出租人与承租人之间按航次的不同阶段分别承担着不同的风险，一般将其分为四个阶段：(1) 预备航次阶段；(2) 装货阶段；(3) 航行阶段；(4) 卸货阶段。

2. 定期租船

定期租船又称“期租船”或“期租”，是指由船舶出租人向承租人提供约定的由出租人配备船员的船舶，由承租人在约定的时间内按照约定的用途使用，并支付租金的一种租船方式。这种租船方式以约定的使用期限为船舶租期，而不以完成航次次数多少来计算。在租期内，承租人利用租用的船舶既可以进行不定期船货物运输，也可以投入班轮运输，还可以在租期内将船舶转租，以取得运费收入或谋取租金差额。在定期租船中，租期的长短完全由船舶出租人和承租人根据实际需要约定。少则几个月，多则几年，或更长的时间。

与航次租船相比，在定期租船中，虽然船长船员也是由船舶所有人任命，船舶也是作为船舶所有人的代理人的船长进行管理，船舶所有人仍可以通过船长对船舶行使占有权，但是，由于定期租船在租期内船舶是由承租人使用的，由承租人负责营运调度，揽货订舱不再是船舶所有人的事情，因而定期租船不再完全是一种承揽运输的营运方式。一方面船舶所有人将船舶交由租船人使用，包含了一定成分的财产租赁性质；另一方面船舶所有人对船舶拥有占有权，对驾驶和管理船舶负有责任，而且当承运人本身就是货主时，船舶所有人就是承运人，这时，定期租船具有运输承揽的性质。

定期租船的承租人既有一些大型企业或实力较强的贸易机构，利用租用船舶进行自有的货物运输；也有一些航运公司，利用租用船舶从事货物运输，以便弥补自身船队的运力不足。大型企业或实力较强的贸易机构往往拥有稳定的货源，有着长期的运输需求，对租船市场的租金水平着一的影响。

定期租船的特点主要有：

（1）船舶出租人负责配备船员，并负担其工资和伙食。

（2）承租人在船舶营运方面拥有对船长、船员的指挥权，有权要求船舶出租人予以撤换。

（3）承租人负责船舶的营运调度，并负担船舶营运中的可变费用。包括燃料费、港口使用费、引水费、货物装卸费、运河通信费、租船合同规定其他费用等。

（4）船舶出租人负担船舶营运的固定费用。包括船舶资本的有关费用、船用物料费用、润滑油费、船舶保险费、船舶维修保养费等。

5－15 定程租船与定期租船的区别

（5）船舶租用以整船出租，租金按船舶的载重吨、租期以及商定的租金率计收。

（6）租约中往往订有有关交船和还船以及停租的规定。

此外，在期租情况下，租金率在租期内一般比较稳定，货载的运输不受或较少受运输市场价格波动的影响。船舶出租人为避免租期内因部分费用上涨而使其赢利减少或发生亏损，而在较长期的定期租船合同中加入了“自动递增条款（Escalation Clause）”，使得在规定的费用上涨时，按合同约定的相应比例提高租金。

在定期租船方式下，被租船完全处于承租人的使用和控制下。所以，除因船舶不能处于适航状态，其他情况所造成的营运风险一般均由承租人承担。

3. 光船租船

光船租船又称船壳租船，是指船舶出租人向承租人提供不配备船员的船舶，在约定的时间内由承租人占有、使用和营运，并向出租人支付租金的一种租船方式。这种租船方式实质上是一种财产租赁方式，船舶出租人不具有承揽运输的责任，在租期内，船舶出租人只提供一艘空船给承租人使用，船舶的配备船员、营运管理、供应，以及一切固定或变动的营运费用都由承租人负担。船舶出租人在租期内除了收取租金外，对船舶和其经营不再承担任何责任和费用。

光船租船起源于战争时期政府对船舶的征用，以这种方式达成的租约并不是很多，但近几年来有所增加，其背景是由于船舶信贷的发展和方便，使其被广泛利用。光租租船的船舶所有人往往是运力过剩，或缺乏船舶管理经验的一些经营人。其经营效率较之直接经营船舶运输业务要低，同时，还存在着租金的支付风险，因此，出租船舶时，应掌握承租人的资信和商业信誉，并拥有较为可靠的租金回收手段，而另一方面，承租人也应了解船舶的债务状况，避免租赁期间因债务而引起的船舶债权人对船舶的扣押或抵押。

光船租船的特点主要有：

（1）船舶出租人提供一艘适航空船，不负责船舶的运输。

（2）承租人配备全部船员，并负有指挥责任。

（3）承租人以承运人身份负责船舶的经营及营运调度工作，并承担在租期内的时间损失，包括船期延误、修理等。

（4）承租人负担除船舶的资本费用外的全部固定及变动成本。

（5）以整船出租，租金按船舶的载重吨、租期及商定的租金率计算。

（6）船舶的占有权从船舶交与承租人使用时起，转移至承租人。

近几年来，航运实践中在办理光船租船时，最常见的是使用“购买选择权租赁条件”（Leasing with Option to Purchase）。在这种条件下，承租人在租赁合同规定的租期届满时，享有购买该船舶的选择权。附带有这种条件的光船租船合同中，通常对租期届满时的船舶价格事先确定，并规定这一船价在租期内平均分摊，与按期支付的租金一并缴纳。这是一种分期购买船舶的方法，它对于那些缺乏足够资金一次性购买船的承租人来说，是一种获得运力的机会，也是较容易获得银行贷款的有效手段。这种光船租船方式就被称作光船租购（Lease Purchase）。

4. 包运租船

包运租船是指船舶出租人向承租人提供一定吨位的运力，在确定的港口之间，按事先约定的时间、航次周期和每航次较为均等的运量，完成合同规定的全部运货量的租船方式。包运租船方式所签订的租船合同称为“包运租船合同”，或称“运量合同”（Quantity Contract \ Volume Contract）。

这种租船方式是在连续单航次程租船的运营方式的基础上发展而来的，与连续单航次程租船相比，一方面包运租船不要求一艘固定的船舶完成运输，船舶出租人在指定船舶上享有较大的自由，另一方面包运租船并不要求船舶一个接着一个航次完成运输，而是规定一个较长的时间，只要满足包运租船合同对于航次的要求，在这段时间内，船舶出租人可以灵活地安排运输，对于两个航次之间的时间，船舶出租人完全有权自由地安排一些额外的运输。

对船舶出租人而言，包运租船时货运量大，较长时间内有较充足的货源，基本保障了稳定的运费收益；而且包运租船中，船舶出租人可根据自有的船舶运力灵活地安排船舶，在保证按合同规定完成货物运输的前提下，船舶出租人通过对船舶的适当调度，可利用航次间的多余时间装运其他货物，提高运力利用率，从而获得更大的经营效益。

对承租人而言，包运租船可以保证在较长时间内满足货物的运输需求，而且可在较大程度上摆脱租船市场行情的变动所带来的影响，确保运力将货物运往最终市场，从而保障生产或销售活动的正常进行。

5. 航次租期（TCT）

目前，国际航运实践中还经常使用者一种介于航次租船和定期租船之间的租船方式，即“航次租期”，又称为日租船（Daily Charter）。航次租期是指由船舶出租人向承担人提供船舶，在指定的港口之间，以完成航次运输为目的，按实际租用天数和约定的日租金率计算租金的租船运输经营方式。航次租期的特点是没有明确的租期期限，而只确定了特定的航次。

航次租期结合了租期和航次租船的特点，从而形成其独具特色的租船方式。其基本概念可从以下两个方面理解：一方面，租船的计算以船舶所完成的本航次任务为基础，类似于航次租船，一般是从船舶抵达第一装港的引水锚地时起租，直至该船于最后一个卸港卸完货后，并由引航员引至引水锚地，引航员离船为止。当然具体交换船时间及地点，可由当事双方在租约中订明。另一方面，尽管租期的计算类似于航次租船，但是船东收到不是航次租船的运费，而是类似于租船方式中的租金，一般为 15 天预付一期租金。TCT 对于承租人来说，既可以避免租期过程中的风险，诸如缺少长期，固定的货源等，又可以保守商业机密，由于装、卸港代理均由租船人指派，故船东基本上无法了解该货物详细情况，而且在船舶装载能力许可的条件下，可以尽可能地多装货，以获取更大的利润。对于船东来说，采用 TCT 租船方式，最大的益处是减少风险，这主要是指船舶港口作业及停泊等时间风险，所有这些风险都由租船人承担。

由于航次租期是建立在定期租船和航次租船基础上的一种边缘型的租船方式，对于航次租期的处理方法，在法律上往往是依据该航次租期的长短，租期长的认定为具有较多的定期租船的性质，而按照定期租船的办法予以处理；租期较短往往被认为更多地具有航次租船的性质，尽管船舶出租人收取的不是运费，而是租金，也往往会考虑航次租船的一些要求。当然，总体而言，应该说，这种租船方式仍是以期租作为基础，融合了航次租船的性质，费用和风险则按期租方式处理。所以，即使是期租航次较短的期租，船舶所有人也无须承担我国《海商法》对于航次租船船舶出租人作出的两项强制性法规规定的义务。

上述五种租船方式的区别主要体现在船舶出租人和承租人对船舶的支配权、占有权的不同，从船舶出租人对船舶的支配、占有程度的强弱来看，五种租船方式的排序为：包运租船、航次租船、航次期租、定期租船、光船租船。

承租人在以上述五种租船方式的任何一种方式租用船舶后，除非租船合同明确规定不允许承租人转租船舶与第三者外，承租人有权将租用船舶再次出租，即所谓的转租。在存在转租的情况下，出租人和承租人都必须按照他们之间所签订的合同履行义务，而不论他们是否为真正的船舶所有人或者真正地拥有货物。根据合同的相对性原则，他们不得依据其他运输合同，来抗辩本合同项下其应该承担的义务和责任。

(三) 租船合同及其主要条款

1. 租船合同概述

租船的洽订通常情况下是通过租船经纪人进行的。一个完整的租船合同从洽谈到签订，通常要经过询价、报价、还价、接受订租、签订订租确认书、签订租船合同等几个环节。

订租确认书的签订即表示一项租船业务成交。订租确认书无统一格式，但其内容应详细列出船舶所有人和承租人在洽租过程中承诺的主要条款。订租确认书经当事人双方签署后，各保存一份备查。

资料卡

航次租船订租确认书（FIXTURE NOTE）范例

It is mutually agreed between Messrs（船舶所有人的名称及详细地址）as Owners and Messers（承租人的名称及详细地址）as charters that:

1. Cargo 20, 000MT wheat in bags 5% more or less at Owner's option（Owners to declare quantity to be shipped 2 days before vessel arriving at loading port).

2. Loading at one safe port Shanghai.

3. Discharging at one safe port Auckland.

4. Lay days and Canceling Date: 15 th to 30 th March 2007.

5. Freight rate USD18. 00 per Metric Ton F. I. O. S, CQD both ends.

6. 100% Freight prepaid by T/T to Owner's account in US Dollar at Shanghai after completion of loading before releasing Bill of Lading.

7. Any dues/taxes on vessel, on freight to be for Owner's account. Any dues/taxes on cargo to be for Charterers' account.

8. If charterers fail to ship as agreed quantity, they are liable to pay the deadfreight at the freight rate as agreed.

9. Otherwise details as per 1994 GENCON C/P.

For and on behalf of	For and on behalf of
(Owners)	(Charterers)

正式的租船合同实际是在合同关系已经成立后才开始编制的。双方签认的订租确认书实质就是一份供双方履行的简式的租船合同。签认订租确认书后，船东按照已达成协议的内容编制正式的租船合同，通过租船经纪人送交承租人审核。如果租船人对编制的合同没有什么异议，就可签字。

签合同是一项非常细致、严密的工作。为了简化手续，加快签约进程和节省费用，也为能通过在合同中列入一些对自己有利的条款，在国际航运市场上，一些航运垄断集团、大的船公司、货主垄断组织，先后编制了供承租双方选用，作为洽商合同条款基础的租船合同范本，其罗列了事先拟就的主要条款。洽谈时只须在函电中列明所选用范本代码、指明对第 × 款第 × 行的内容增、删、改的意见，就能较快拟就双方所同意的条款。

航次租船合同范本种类很多，最主要的是统一杂货租船合同，简称“金康”（GENCON），是国际上标准的航次租船合同代表范本。“土产格式”的定期租船合同，是目前最为常用的定期租船合同格式。

2. 航次租船主要合同条款

（1）合同当事人。

航次租船的当事人应该是承租人和船舶所有人。合同须详列明当事人名称、住址等详细信息。

（2）船舶概况。

一般合同中对于船舶概况的规定包括：船舶的各种参数指标，如船名，船籍，船级，船舶吨位等。

（3）装卸港口。

在航次租船合同中，有关装卸港口的规定也是合同的重要规定。这个条款的制定一般有两种：一是具体列明装货港和卸货港名称，二是不具体列明港口名称，只规定一个大致的范围，由租船人选择。在第二种情况下，租船人选定港口后，应及时通知船东。为避免争议，合同中一般均写明租船人应何时通知船东，如：“船过某某海峡（港口）之前租船人应告知船东选港口。”另外，选港一经确定，租船人就不能任意更改。

（4）船舶受载期及解约日。

受载期是指所租船舶到达约定装货港并做好装货准备，随时接受货物装船的期限。受载期可以具体定在某一天，但习惯上规定为一个期限，如 5 ~ 10 天，以适应海上船舶航行和货运活动实际情况和要求。解约日是指当指定船舶未能在受载期限到达指定的装货港或地点，按合同规定承租人行使解除与出租人合同关系的日期。

（5）货物种类及数量。

货物条款是航次租船合同的条件条款。其内容包括货物的品名、种类、数量以及包装形态等方面。运送不同种类和性质的货物，对船舶的结构、设备以及管理上有不同的要求，而且与船舶的经营管理和经济利益密切相关。因此，货物条款是航次租船合同中关乎船东及租船人双方切身利益的重要内容。

（6）运费及支付办法。

运费的计收方法通常有按运费率和整船包干运费两种。运费率，即按所载货物的每单位重量或单位容积所表明的金额，如每公吨 30 美元；整船包干运费是按提供的船，定一笔整船运费，多适用于轻泡货物。

在运费的支付时间上，可以预付运费，即可约定签发提单时或装完货物或装完货后若干天支付，也可以到付运费，即船在抵港时、卸完货物时或交付货物后支付。

(7) 装卸费用分担条款。

①班轮条款（Liner Terms），船舶出租人负责装船、整理、卸船；

②舱内收货条款（Free in，F. I，其变形是 FILO），船舶出租人负责卸船，不负责装船；

③舱内交货条款（Free out，F. O，其变形是 LIFO），船舶出租人负责装船，不负责卸船；

④舱内收交货条款（Free in and out，F. I. O），船舶出租人既不负责装船，也不负责卸船；

⑤舱内收交货并负责积载费用条款（Free in and out，Stowed and Trimmed，F. I. O. S. T），与班轮条款完全相反。

(8) 装卸时间条款。

装卸时间是指合同双方当事人协议的，船东应使船舶并保证船舶适于装卸，租船人在运费之外不支付任何费用的一段时间。承租人要保证在合同规定的装卸时间内，在装货港全部装完和/或在卸货港全部卸完。

①装卸时间的规定方法

a. 规定装卸日数或小时数，或者规定船舶装卸定额。具体的规定方法有：规定装货若干日（小时）和卸货若干日（小时）或规定装货和卸货共若干日（小时）或规定每日装货和卸货若干吨等；

b. 规定按港口习惯尽快装货和卸货（C. Q. D. ）。

资料卡

航运业务中“日”的几种算法

当装卸时间以“日”计算时，对“日”的含义在合同中应加以明确。在航运业务中，“日”的算法有下面几种：

1. 日历日（Day），其含义是从二十四点到二十四点，即 24 小时为一日；

2. 连续日（Running Day），即从开始装卸计时之时起，时钟走一小时算一小时，连续 24 小时算一日，不作任何扣除；

3. 工作日（Working Days），指按港口习惯工作时间计算装卸时间，非工作日进行的装卸不计入装卸时间；

4. 好天气工作日（Weather Working Days - W. W. D.），指除去星期日和法定假日不算装卸时间外，因天气原因不能进行装卸作业的时间也不能计入装卸时间。

在租船实务中，为了明确星期日和法定假日是否排除在好天气工作日之外，避免争执，通常又在好天气工作日之后加上不同的表述：

WWDSHEX（weather working days，Sunday，holidays excepted），即晴天工作日，星期天和节假日除外；

WWDSHEXUU（weather working days，Sunday，holidays excepted，unless used）晴天工作日，星期天和节假日除外，除非已使用，但仅按照实际使用时间计算；

WWDSHEXEIU（weather working days，Sunday，holidays excepted，even if used）晴天工作日，星期天和节假日除外，即使已使用也除外。

②装卸时间的起算、中断和终止

a. 装卸时间的起算，需要船舶满足以下三个条件：船舶必须到达合同所规定的港口或泊位；船舶在各方面均已作好装卸货物的准备；在第一装港或第一卸港，船长要递交“装卸准备就绪通知书”（Notice of Readiness，N/R）。当然，真正起算还可能要经过一个通知时间。

b. 装卸时间的中断。如坏天气，节假日、罢工、出租人过错、装卸设备故障等。

c. 装卸时间终止。装卸时间在结束装卸作业时终止，船舶在港内等待开航的时间从装卸时间当中予以扣减。

③装卸时间的计算方法

租船实务中，装卸时间的计算方法有分别计算和装卸时间统算等方法，作为滞期费或速遣费的核算基础。

a. 装卸时间分别计算。如装港速遣 2 天，卸港滞期 2 天，仍要付滞期费。

b. 装卸时间统筹计算。具体包括 3 种约定方法：

❖装卸时间共用。装卸时间统一合起来使用，只要总装卸时间未超合计时间，只会产生速遣，反之只会产生滞期。若装港用完，则按“一旦滞期，永远滞期”原则，到卸港立即连续计算滞期时间。

❖装卸时间可调剂使用。若装港速遣，其时间可计入卸港允许时间，反之则扣除。

❖装卸时间平均计算。以装港节省时间抵补卸港滞期时间或以卸港节省时间抵补装港滞期时间，从而减少滞期费支出。

(9) 滞期、速遣条款。

采用程租船运输时，滞期费与速遣费是买卖合同和租船合同中均要涉及的重要问题，也是滞期速遣条款的主要内容之一。根据该项条款的规定，如果在装卸期限内，租船人未能完成装卸任务，延误了船期，应向船方支付一定的罚金，即“滞期费”（Demurrage）；反之，如租船人按约定时间提前完成装卸任务，船方要按其在装卸港所节省的停泊时间向租船人支付一定的奖金即“速遣费”（Dispatch）。速遣费一般相当于滞期费的一半。

滞期费的计算方法有两种：①“滞期时间连续计算”，即“一旦滞期，永远滞期”；②“滞期时间非连续计算”。在实践中，除非合同中明确约定“滞期时间非连续计算”，否则“一旦滞期，永远滞期”会作为航运惯例直接适用。

速遣费的计算方法也有两种：①“按节省的全部时间”计算，所节省的时间不应扣除例外条款规定的时间或节假日；②“按节省的全部工作时间计算，所节省的时间应扣除例外条款中规定的时间或节假日。在实践中多采用后者计算。

资料卡

表5-5　金康合同英文版格式示例

<table>
<tr><td rowspan="2">1. Shipbroker</td><td>CODE NAME: “GENCON”</td></tr>
<tr><td>2. Place and date</td></tr>
<tr><td>3. Owners/Place of business (Cl. 1)</td><td>4. Charterers/Place of business (Cl. 1)</td></tr>
<tr><td>5. Vessel's name (Cl. 1)</td><td>6. GT/NT (Cl. 1)</td></tr>
<tr><td>7. DWT all told on summer load line in metric tons (abt) (Cl. 1)</td><td rowspan="2">8. Present position (Cl. 1)</td></tr>
<tr><td>9. Expected ready to load (abt.) (Cl. 1)</td></tr>
<tr><td>10. Loading port or place (Cl. 1)</td><td>11. Discharging port or place (Cl. 1)</td></tr>
<tr><td colspan="2">12. Cargo (also state quantity and margin in Owners' option, if agreed; if full and complete cargo not agreed state “part cargo”) (Cl. 1)</td></tr>
<tr><td>13. Freight rate (also state if payable on delivered or intaken quantity) (Cl. 4)</td><td>14. Freight payment (state currency and method of payment: also beneficiary and bank account) (Cl. 4)</td></tr>
<tr><td>15. Loading and discharging costs (Cl. 5)</td><td rowspan="4">16. Laytime (if Separate laytime for load. and disch., fill in a) and b), if Total laytime for load. and disch., fill in c) only) (Cl. 6)
a) laytime for loading
b) laytime for discharging
c) Total laytime for loading and discharging</td></tr>
<tr><td>17. Shippers (state name and address) (Cl. 6)</td></tr>
<tr><td>18. Agents (loading) (Cl. 6)</td></tr>
<tr><td>19. Agents (discharging) (Cl. 6)</td></tr>
</table>

续表

20. Demurrage rate and manner payable (loading and discharging) (Cl. 7)	21. Cancelling date (Cl. 9)
	22. General Average to be adjusted at (Cl. 12)
23. Ffeight Tax (state if for the Owner's account) (Cl. 13)	24. Brokerage commission and to whom payable (Cl. 16)
25. Law and Arbitration (state 19 (a), 19 (b) or19 (c) of Cl. 19), if 19 (c) agreed also state Place of Arbitration) (if not filled in) 19 (a) shall apply) (Cl. 19)	
(a) State maximum amount for small claims/shortened arbitration (Cl. 19)	26. Additional clauses covering special provisions, if agreed.

It is mutually agreed that this Contract shall be performed subject to the conditions contained in this Charter Party which shall include Part I as well as Part II. In the event of a conflict of conditions, the provisions of Part I shall prevail over those of part II to the extent of such conflict.

Signature (Owners)	Signature (Charterers)

小思考

某租船合同规定：装货和卸货时间分别为5个和5个良好天气工作日，且分别计算。星期日、节假日除外、罢工除外。滞期时间连续计算，速遣时间按节省全部时间计算。滞期费每天10000美元，速遣费为滞期费的一半。假设装货港和卸货港装卸作业记录如下：

装货港 5WWDSHEX	卸货港 4WWDSHEX
2/4 Mon. 全天装货	25/4 Wed. 全天卸货
3/4 Tue. 全天装货	26/4 Thu. 全天卸货
4/4 Wed. 全天装货	27/4 Fri. 罢工
5/4 Thu. 全天装货	28/4 Sat. 罢工
6/4 Fri. 全天装货	29/4 Sun. 因雨停工
7/4 Sat. 因雨停工	30/4 Mon. 卸货完毕（至24点）
8/4 Sun. 因雨停工	1/5 Tue. 节假日
9/4 Mon. 全天装货	2/5 Wed. 工作日
10/4 Tue. 装货完毕（至24点）	3/5 Thu. 工作日

试按装卸时间分别计算滞期费和速遣费。

（四）租船合同履行注意事项

承租双方签订租船合同后，要严格按照租船合同的规定履行各自的义务。在履行租船合同过程中应注意以下事项。

1. 及时与各有关方进行沟通

一项租船业务的履行，除了双方当事人按照合同履行各自的义务外，还涉及各有关方面的协助和配合，如收发货人、船长、代理人、港方、理货公司等。在租船合同履行阶段，可能会产生许多令人意想不到的事情，如果不妥协加以解决，会后患无穷。所以要随时跟踪船舶动态，了解装卸进度，收费收支情况，以及提单签发，货物交付等具体事宜。一旦产生争议，应和各有关方保持密切联系，紧急磋商，并积极设法予以解决，不可懈怠。

2. 作好各种记录

为了划分和明确双方当事人的责任，弄清争议的争相，在租船业务履行具体环节中作好记录是十分必要的。例如：货损货差记录，船舶在港事实记录，NOR 递交记录等。记录由相关人员如实、准确地记录合同履行及争议的情况，要求真实、全面地反应事实的本来面貌。

3. 及时结清各种费用

租船业务涉及许多费用，例如船舶代理费、运费、佣金、装卸费、港口使费、滞期费和速遣费、亏舱费、税收等。及时支付和结清各种费用，对于顺利履行合同起着至关重要的作用。双方当事人应当按照合同的有关规定，履行支付费用的义务。

【复习题】

一、单选题

1. 在国际集装箱海运实践下，国际货运代理人作为 CONSOLIDATOR 时与收发货人所采用的集装箱货物交接方式主要是（　　）。

A. CY/CY　　B. CY/CFS

C. CFS/CFS　　D. CFS/CY

2. 门到门（DOORTODOOR）的集装箱运输最适合于（　　）交接方式。

A. 整箱交，整箱接　　B. 整箱交，拆箱接

C. 拼箱交，拆箱接　　D. 拼箱交，整箱接

3. 集装箱长、宽、高的外部尺寸分别是 20 英尺、8 英尺、8 英尺，这种集装箱是（　　）。

A. 1A　　B. 1AAA

C. 1C　　D. 1B

4. 设备交接单的当事人是（　　）。

A. 发货人与承运人　　B. 收货人与承运人

C. 用箱人与箱主　　D. 租箱人与租箱公司

5. 货运代理委托书的主要功能是（　　）。

A. 货主了解货运市场行情的依据

B. 货主权利和义务的依据

C. 货运代理人的工作依据

D. 货主向货运代理进行广告宣传

6. 证明海上货物运输合同和货物已经由承运人接收或装船，及承运人保证据以交付货物的单证是（　　）。

A. 提单　　B. 大副收据

C. 场站收据　　D. 海运单

7. 一票货物于2020年9月10日开始装船，并于同月12日全部装上船，同日船舶开航。问：如果在同月11日应托运人要求，承运人签发的已装船提单通常称之为（　　）。

A. 倒签提单　　B. 顺签提单

C. 预借提单　　D. 待运提单

8. 在集装箱班轮运输条件下，托运人向承运人换取集装箱提单的凭证是（　　）。

A. Mate's Receipt　　B. Dock Receipt

C. Cargo Receipt　　D. Mate Receipt

9. 下列哪张单证是海运集装箱进口货运中特有的单证？（　　）。

A. 交货记录　　B. 场站收据

C. 设备交接单　　D. 装箱单

10. Voyage/Trip Charter 是（　　）。

A. 定期租船　　B. 航次租船

C. 光船租船　　D. 航次期租

11. 海运中以完成航次运输为目的，按航次所需的实际天数和约定的日租金率计收租金的运输经营方式是（　　）。

A. 期租　　B. 程租

C. 光租　　D. 航次期租

12. 在航次租船合同中，表示船舶出租人不负责装货费用，但负责卸货费用的条款是（　）。

A. LIFO　　B. FILO

C. FIOST　　D. LINER TERM

二、多选题

1. 班轮运输最基本的特点有（　　）。

A. 固定航线　　B. 固定港口

C. 固定使用提单　　D. 相对固定的运价

E. 固定船期

2. 哪些是班轮船期表的内容（　　）。

A. 航线和船名　　B. 船舶总吨和净吨

C. 船舶载箱能力　　D. 基本运费率

3. 目前，世界上规模最大的主要集装箱航线包括（　　）。

A. 远东－北美航线　　B. 远东－欧洲/地中海航线

C. 北美－欧洲/地中海航线　　D. 澳大利亚－欧洲航线

4. 货主或委托货代到码头堆场提空箱时，通常与堆场业务人员一起对集装箱进行检查。检查的主要内容包括（　　）。

A. 集装箱外部是否有损伤、变形、破口等异样

B. 集装箱箱门能否做270度开启

C. 箱内是否清洁

D. 附件是否齐全

5. FCL－FCL交接，货主与承运人间交接方式有（　　）。

A. CY－CY　　B. CY－DOOR

C. DOOR－CY　　D. CFS－CY

E. CFS－DOOR

6. 场站收据十联单包括（　　）。

A. 订舱单　　B. 设备交接单

C. 装货单　　D. 大幅收据

E. 结汇凭证　　F. 始发港、中途港、终点港

G. 预计抵港和离港时间

7. 下列属于在航次租船合同中对装卸费用的规定的是（　　）。

A. FILO　　B. FOLI　　C. FIOST　　D. FIO

三、判断题

1. 班轮运输中，通常不规定滞期/速遣条款。（　　）

2. 在计算港口集装箱吞吐量时，一个40英尺长的集装箱计为2个TEU。因此，托运人使用一个40英尺长的集装箱可以装载的货物重量相当于2个20英尺长集装箱能够

装载的货物重量。(　　)

3. 在班轮公司运价表中，规定计算运费的单位为运费吨。这表明按货物的重量计收运费，而不按货物的体积计收运费。(　　)

4. 在集装箱班轮运输中，用箱人没有在规定的时间内及时将空箱交还班轮公司，则要向班轮公司支付滞箱费。(　　)

5. 提单记载 CY—CY 运输条款，提单交货地一栏内未记载具体地点，应由收货人自行承担内陆拖箱费。(　　)

6. 包运租船方式在很大程度上具有连续航次租船形式的基本特征。(　　)

7. 从船舶所有人对船舶的支配、占有程度的强弱来看，五种常见租船方式的排序为：包运租船、航次期租、航次租船、定期租船、光船租船。(　　)

8. 解约日通常定在受载期限的最后一天。(　　)

四、计算题

1. 某轮从广州港装载杂货——人造纤维，体积为 20 立方米、毛重为 17.8 公吨，运往欧洲某港口，托运人要求选择卸货港 Rotterdam 或 Hamburg，Rotterdam 和 Hamburg 都是基本港口，基本运费率为 USD80.0/FT，选港附加费率为每运费吨加收 USD3.0，“W/M”。请问：

(1) 该托运人应支付多少运费（以美元计)?

(2) 如果改用集装箱运输，海运费的基本费率为 USD1100.0/TEU，货币附加费 10%，燃油附加费 10%。改用集装箱运输时，该托运人应支付多少运费（以美元计)?

(3) 若不计杂货运输和集装箱运输两种方式的其它费用，托运人从节省海运费考虑，是否应选择改用集装箱运输?

2. 用集装箱装运一批木箱包装的货物从青岛运往国外某港口。木箱尺寸为：1m×1m×1m，共有 $40m^3$；总重为 26T；整箱运输。可以选用的箱型为 ISO 标箱中的 1AA 或者 1CC。查运价本得：USD1 000/TEU，USD1 800/FEU。问：

(1) 国际货运代理人为节省成本，应该如何选用集装箱?

(2) 支付多少运费?

3. 我国 A 货主委托国际货运代理人 B 办理一票海运集装箱货物出口事宜，该票货物的积载因数是 1.6 立方米/吨，总重为 60 吨。A 货主向国际货运代理人 B 咨询，如将该票货物装于国际标准箱 1C 箱中，共需要几个 1C 箱。(已知 1C 集装箱自重为 2.5 吨，最大总重量为 24 吨，计算亏箱后最大总容积为 28 立方米。请计算：

(1) 1 个 1C 箱中最多可装多少吨货物?

(2) 1 个 1C 箱中最多可装多少吨该票货物?

(3) 总共需要几个 1C 箱子装运该票货物?

4. 有一批出运货物为纸箱包装的服装，共300箱，体积为120CUM，重量为20T，当集装箱箱容利用率为80%时，在不允许与其他货混拼情况下，需要多少个20′GP？

【案例分析】

1. 甲货运代理公司接受乙外贸公司委托，全权负责一批时令货物的运输。乙外贸公司问询甲货运代理公司货物能否在规定时间内运抵目的港，甲货运代理公司查询丙班轮公司船期表后，认为没有问题，于是向乙外贸公司承诺货物可以按时运抵。货物装船后，因为船员驾驶船舶疏忽发生触礁搁浅，船舶比原船期表时间晚到目的港5天。请问：

（1）甲货运代理公司是否应当承担货物延迟交付的责任？为什么？

（2）丙班轮公司是否应当承担货物延迟交付的责任？为什么？

2. 国内A贸易公司出口货物，并通过B货代公司向某国外班轮公司C公司订舱出运货物，货装船后，C公司向A公司签发一式三份记名提单。货到目的港口，记名提单上的收货人未取得提单的情况下，从C公司手中提走货物。A公司以承运人无单放货为由，在国内起诉C公司。（提单上注明适用美国法律。在美国，承运人向记名提单的记名收货人交付货物时，不负有要求记名收货人出示或提交记名提单的义务。请根据题意分析并回答：

（1）本案适用何国法律，为什么？

（2）承运人是否承担无单放货责任。（请根据中国海商法和美国法分别阐述为什么？）

3. 某发货人以CFS/CFS条款托运1000台电视机，船公司受理承运后，发货人将1000台电视机交付国际货运代理企业指定的货运站，为此，货运站向该发货人签发场站收据，注明收到1000台电视机。然后，平均将其装入自己所拥有的10个20英尺集装箱中，即10×20’。这批集装箱装船后，发货人凭场站收据取得了国际货运代理企业签发的提单。试回答：

（1）假设因国际货运代理企业的过失货物全部落入海中，在提单记载箱内具体的件数和未注明具体件数的两种情况下，国际货运代理企业计算赔偿责任限额的件数时有何不同？

（2）假设该批货物在目的港货运站拆箱时发现其中一箱仅为99件，为此，收货人依提单向货代索赔，如果货代能证明托运人在装运港确实交了99件，则货代是否有权依此拒绝向收货人承担责任？为什么？

（3）假设国际货运代理企业向收货人进行了赔偿，则他是否有权向装港货运站或发货人追偿？其法律依据是什么？

4. 我国货主A公司委托B货运代理公司办理一批服装货物海运出口，从青岛港到日本神户港。B公司接受委托后，出具自己的House B/L给货主。A公司凭此到银行结汇，提单转让给日本D贸易公司。B公司又以自己的名义向C海运公司订舱。货物装船后，C公司签发海运提单给B公司，B/L上注明运费预付，收发货人均为B公司。实际上C公司并没有收到运费。货物在运输途中由于船员积载不当，造成服装沾污受损。C公司向B公司索取运费，遭拒绝，理由是运费应当由A公司支付，B仅是A公司的代理人，且A公司并没有支付运费给B公司。A公司向B公司索赔货物损失，遭拒绝，理由是其没有诉权。D公司向B公司索赔货物损失，同样遭到拒绝，理由是货物的损失是由C公司过失造成的，理应由C公司承担责任。试问：

（1）本案中B公司相对于A公司而言是何种身份？

（2）B公司是否应负支付C公司运费的义务，理由何在？

（3）A公司是否有权向B公司索赔货物损失，理由何在？

（4）D公司是否有权向B公司索赔货物损失，理由何在？

（5）D公司是否有权向C公司索赔货物损失，理由何在？

【技能训练】

根据国际海运出口代理业务和进口代理业务的流程，分角色演示各当事人的工作任务及单据流转。

模块6　国际航空货物运输代理业务

【模块任务】

航空货运业务中，航空运输有哪些经营方式？如何计算运费和运价？如何填制航空货运单？国际航空货物运输代理业务流程是怎么样的？

一、国际航空货物运输代理业务概述

由于国际航空运输的独特性，采用航空运输的货物需要办理货物的托运和通关等手续。航空运输公司一般不负责上述业务的办理，因此，航空货物运输代理行业在航空运输事业发展的基础上应运而生。航空货物运输代理公司（简称航空货运代理公司）作为货主与航空公司的桥梁和纽带，具有为货主提供服务的职能，即代替货主向航空公司办理货物的托运、提取货物、代为办理货物通关等手续；具有航空公司的揽货职能，即部分货运代理公司替航空公司在市场上揽取货源，出具航空公司的总运单和自己的分运单。

资料卡

航空货运代理的含义及服务内容

航空公司只是负责将货物从一个机场运至另一个机场。对于揽货、接货、报关、订舱，以及在目的地提货和将货物交付收货人等方面的业务，全由航空货运代理办理。通常空代既是货主的代理又是航空公司的代理。它可代表航空公司接受货主的货物并出具航空分运单，当货物在航空公司责任范围内丢失、损坏，它可以代表货主向航空公司索赔。通常从事空代需要有丰富的商品知识，要了解相关的法律制度和制作相关单证，要熟悉货物拼装的尺码、比重、超限的数据和不同飞机型号的舱容，要精通货运管理费用、保险和进出口许可证等方面的规章制度。

航空货代的服务内容包括以下几点：

1. 提供运输设备，将货物从发货人处按时运往机场，或将若干托运去同一到站的货物集中成一整批运往机场并向航空公司办理订舱。检查出口单证是否齐全完善并填航空运单，正确计算运单上列明的名项费用。

2. 向航空公司交货前要制作交接清单，以便接货人员按交接单逐票点收，然后由双方签字，各执一份。

3. 为货主办理保险、报关、报检、交付运费等有关事宜。根据“国际航空。运输协会”的规定，空代可从航空公司收取5%订舱佣金并向货主收取代付的运费及有关的服务费用。

（资料来源：顾晓峰，《国际货运代理实务》，北京大学出版社，2015 年版。）

（一）航空运输的特点

1. 运送速度快

从航空业诞生之日起，航空运输就以快速而著称。到目前为止，飞机仍然是最快捷的交通工具，常见的喷气式飞机的经济巡航速度大多在每小时 850 ~ 900 公里左右，大大缩短了货物的在途时间。对于那些易腐烂、变质的鲜活商品，时效性、季节性强的报刊，节令性商品，抢险、救急品的运输，这一特点显得尤为突出。运送速度快，在途时间短，也使货物在途风险降低，因此许多贵重物品、精密仪器也往往采用航空运输的形式。

2. 地理条件限制小

航空运输利用天空这一自然通道，不受地理条件的限制。非常合适地面条件恶劣、交通不便的内陆地区运输，有利于当地资源的出口、促进当地经济的发展。航空运输，对外辐射面广，而且航空运输相比较公路运输与铁路运输占用土地少，对寸土寸金、地域狭小的地区发展对外交通十分适合。

3. 安全性较高

一般航空运输的货物价值比较高，与其他运输方式相比，航空货运的地面操作流程比较严格；加上航空集装箱的使用，货物破损率大大降低，确保货物安全运送。同时，飞机航行有一定的班期，其准点率也比其他运输方式高，这对时间要求高的客户来讲，保证了运输的准点率。

4. 运输成本高

由于航空运输技术要求高、运输成本大，其费用比其他运输方式大大增加。例如，海运的运费是以公吨或1TEU来计算，而航空运费则是以千克来计算的。对于那些体积比较大、重量比较重和对时间要求不高的货物运输，航空运输就不是合适的运输方式。

5. 对货物限制多

由于航空飞行器舱位有限，且有载重、体积限制，如一架波音747民用客货机最大载重体积不超过96立方米，载重量不到100吨，相对于火车运输的几千吨和船只运输的几万吨，有着巨大的差别。因此，航空运输适宜于运输相对体积小、重量轻且价值比较高的货物。

(二) 航线、主要航空公司、国际航空运输组织及航空货运代码

1. 航空运输航线

空运航线按其飞行的路线可分为国内航线和国际航线。如果飞机飞行的线路起讫点和经停点均在本国境内的则称为国内航线；如果飞机飞行的路线跨越本国国境，通达其他国家或经停其他国家，则称为国际航线。利用航线由始发站起飞，经过经停站至终点站作运输飞行，称为航班。按照飞机航线的不同，航班包括国内航班和国际航班。

目前，世界航空货运已形成一个全球性的运输网和若干运输枢纽。

(1) 世界各大洲重要的航空站。

①亚洲：北京、上海、东京、香港、马尼拉、曼谷、新加坡、雅加达、仰光、加尔各答、孟买、新德里、卡拉奇、德黑兰、贝鲁特、吉达。

②欧洲：伦敦、巴黎、法兰克福、苏黎世、罗马、维也纳、柏林、哥本哈根、华沙、莫斯科、布加勒斯特、雅典、里斯本。

③北美洲：纽约、华盛顿、芝加哥、蒙特利尔、亚特兰大、洛杉机、旧金山、西雅图、温哥华及位于太平洋上的火奴鲁鲁（檀香山）。

④非洲：开罗、喀土穆、内罗毕、约翰内斯堡、布拉柴维尔、拉各斯、阿尔及尔、达喀尔。

⑤拉丁美洲：墨西哥城、加拉加斯、里约热内卢、布宜诺斯艾利斯、圣地亚哥、利马。

⑥大洋洲：悉尼、奥克兰、帕皮提。

（2）世界上最繁忙的国际航空线。

①西欧—北美间的北大西洋航空线。它是连接欧洲与北美之间的最重要的国际航线。它集中分布于中纬地区的北大西洋上空，来往于欧洲的伦敦、巴黎、法兰克福、马德里、里斯本和北美的纽约、费城、波士顿、蒙特利尔等主要国际机场之间，它是目前世界上最繁忙的国际航线。

②西欧—中东—远东航空线。它是横穿欧亚大陆连接大陆东西两岸的重要航线，它对东亚、南亚、中东和欧洲各国之间的政治、经济联系起到重要作用。

③远东—北美洲间的北太平洋航线。它是连接北美和亚洲之间的重要航线，它穿越浩瀚的太平洋以及北美大陆，是世界上最长的航空线。它东起北美大陆东岸的蒙特利尔、纽约等地，横穿北美大陆后从西海岸的温哥华、西雅图、旧金山、洛杉矶等地飞越太平洋，途中有位于太平洋当中的火奴鲁鲁等中继站，西到亚洲东部的东京、北京、上海、香港、曼谷、马尼拉等城市。

此外，还有北美—南美、西欧—南美、西欧—非洲、西欧—东南亚—澳新、远东—澳新、北美—澳新等重要国际航空线。由我国始发的国际航线主要有欧洲航线、亚洲航线、澳洲航线、美国航线、加拿大航线、新西兰航线和港澳航线等。

2. 主要航空公司

目前，在我国空域获得航权的航空运输业有60多家，经营国际航空运输的主要企业有国内航空公司，如中国国际航空公司、南方航空公司、上海航空公司；国外航空公司，如美国联合航空公司、德国汉莎航空公司、英国航空公司、荷兰皇家航空公司等（表6－1）。

表6－1　　主要国际航空公司一览表

中文名称	英文名称	代码	所在国家
中国国际航空公司	Air China International Corp.	CA	中国
中国东方航空公司	China Eastern Airlines	MU	中国
中国南方航空公司	China Southern Airlines	CZ	中国

续表

中文名称	英文名称	代码	所在国家
港龙航空公司	Dragon Airline Ltd.	KA	中国香港
国泰航空公司	Cathay Pacific Airlines	CX	中国香港
新加坡航空公司	Singapore Airlines	SQ	新加坡
韩亚航空公司	Asiana Airlines Inc.	OZ	韩国
大韩航空公司	Korean Air Lines Co., Ltd.	KE	韩国
日本航空公司	Japan Air Lines Company Ltd.	JL	日本
全日本航空公司	All Nippon Airways Co., Ltd.	NH	日本
印度尼西亚航空公司	Garuda Indonesia Airlines	GA	印度尼西亚
印度航空公司	Air-India Ltd.	AI	印度
泰国航空公司	Thai Airway Int'l Public Ltd.	TG	泰国
马来西亚航空公司	Malaysian Airlines	MH	马来西亚
科威特航空公司	Kuwait Airways Corp	KU	科威特
美国西北航空公司	Northwest Airlines, Inc.	NW	美国
美国联合航空公司	United Airlines, Inc	UA	美国
联邦快递(快件)	Federal Express	FX	美国
UPS 国际快递	United Parcel Service	5X	美国
加拿大航空公司	Air Canada	AC	加拿大
澳洲航空公司	Qantas Airways Limited	QF	澳大利亚
新西兰航空公司	Air New Zealand Ltd.	NZ	新西兰
英国航空公司	British Airline	BA	英国
英国维珍公司	Virgin Atlantic Airways Ltd.	VS	英国
意大利航空公司	Alitalia	AZ	意大利
法国航空公司	Air France	AF	法国
荷兰皇家航空公司	KLM Royal Dutch Airlines	KL	荷兰
北欧航空公司	Scandinavian Airlines System	SK	瑞典
芬兰航空公司	Fennair	AY	芬兰
瑞士航空公司	Swiss Air Transport Co., Ltd.	SR	瑞士
汉莎航空公司	Lufthansa Germany Airlines	LH	德国
奥地利航空公司	Austrian Airlines	OS	奥地利
俄罗斯航空公司	Aeroflot Russian Airlines	SU	俄罗斯
海湾航空公司	Gulf Air	GF	海湾国家
以色列航空公司	EL AL Israel Airlines Ltd.	LY	以色列

3. 国际航空运输组织

为协调各当事人关系，促进空运发展，一些组织相继成立。

（1）国际民用航空组织（International Civil Aviation Organization，ICAO）。

ICAO 是各国政府之间组成的专门负责国际航空运输技术、航行及法规方面的国际航空运输机构，总部加拿大蒙特利尔，现有 150 多个成员国，我国是理事国之一。其宗旨：促进航空运输规划和发展。

为了发展国际民航事业，国际民用航空组织做了大量工作：①建立各国和平交换空中通过权；②简化飞机进出的海关、移民局和检疫所的手续；③规定各机场的导航、通讯、气象、情报等设备以及空中交通管制系统；④编印 15 种国际民航语言；⑤鼓励各国改进飞机的性能；⑥在联运、票价、表格和单据统一等方面，也做了一些工作。

（2）国际航空运输协会（International Air Transport Association，IATA）。

总部在蒙特利尔，是全世界最有影响力的航空运输组织，是企业间的联合组织，有 280 家会员航空公司，遍及全世界 180 多个国家。在我国有 11 家会员航空公司（国际、东方等），会员必须是 ICAO 的成员国颁发的定期航班运输许可证的航空公司。该协会的具体任务是：①设定实施分级联运，使用一张票据可通行全世界；②协议议定客货运段，防止彼此间的恶性竞争；③协议制定各文书的标准格式，节省人力物力；④协议规定运送人承运时在法律上应负的责任和义务；⑤协议建立各种业务一定的作业程序。

国际航运日常工作中所使用的《航空货物运价手册》（the air cargo tariff）和《ABC 航空货运指南》（ABC air cargo guide，主要公布航班时刻表）都是 IATA 制定的。

资料卡

航空物流价格暴涨 航空物流行业前景预测

新冠疫情使全球航空市场受到重创，但从 2020 年开始，航空物流市场却空前火爆，甚至出现“一舱难求”的现象。尤其是随着印度新冠疫情加速蔓延，从我国广深地区出发到印度的航线基本要提前一周订舱。目前，由客机运货转为全货机运货，已经成为常态。国内几家大型航空公司的热门跨境货运航线也基本都处于满载状态。据相关数据，航空物流价格在去年 5 月达到了历史相对非常高的水平，去年下半年有所回落，但是近期价格又有所增长，与疫情前相比，上涨了近一倍左右。

航空货运 2021 年半年创 2017 年以来最强增长。国际航空运输协会（IATA，以下简称“国际航协”）发布全球航空货运定期报告显示，2021 年 6 月份全球航空货运市场比新冠肺炎疫情前（2019 年 6 月份）增长 9.9%。2021 年上半年航空货运增长率飙升至 8%，创下 2017 年（行业全年货运需求同比增长 10.2%）以来最强劲的上半年业绩。

国际航协理事长威利·沃尔什表示：“随着全球经济持续从新冠肺炎危机中复苏，航空货运业务正蓬勃发展。2021 年上半年的需求量比危机前水平高出 8%，航空货运成为许多航空公司的收入生命线，而边境关闭导致国际航空客运业务受到重创。值得一提的是，上半年货运强劲的表现将会持续。”

世界物流巨头布局国际航空。国际航空运输协会数据显示，目前国际货运量的 45% ~50% 由客机腹舱来完成。由于疫情的影响，全球的客运航班量锐减，使得腹舱运力明显不足。近日，全球最大的集装箱航运公司马士基，正通过旗下的航空货运公司 Star Air 扩张其航空货运，并计划购买更多货机。同时，我国航空货运领域也动作不断。

（资料来源：中研网 https：//www. chinairn. com/hyzx/20210802/11341291. shtml）

4. 航空货运代码

航空货运代码具有识别容易、简洁明了的优点，方便单证制作和业务操作，对整个航空货运的顺畅运作起着举足轻重的作用。

（1）国家代码。国家代码用两字代码表示（见表 6－2）。

表 6－2　常见国家代码一览表

中文全称	英文全称	代码
中国	CHINA	CN
英国	UNITED KINGDOM	GB
美国	UNITED STATE	US
日本	JAPAN	JP
法国	FRANCE	FR
德国	GERMANY	DE
韩国	KOREA	KR
加拿大	CANADA	CA
澳大利亚	AUSTRALIA	AU
新加坡	SINGAPORE	SG

(2) 城市代码。城市代码用三字代码表示(见表6-3)。

表6-3 常见城市代码一览表

中文全称	英文全称	代码
北京	BEIJING	BJS
上海	SHANGHAI	SHA
广州	GUANGZHOU	CAN
伦敦	LONDON	LON
纽约	NEW YORK	NYC
芝加哥	CHICAGO	CHI
东京	TOKYO	TYO
大阪	OSAKA	OSA
巴黎	PARIS	PAR
汉堡	HAMBURG	HAM
首尔	SEOUL	SEL

(3) 机场代码。机场代码用三字代码表示(见表6-4)。

表6-4 常见机场代码一览表

中文全称	英文全称	代码	所在国家
首都国际机场	BEIJING CAPITAL	PEK	中国
浦东国际机场	SHANGHAI	PVG	中国
西斯罗机场	LONGDON HEAHROW	LHR	英国
约翰肯尼亚机场	NEW YORK NY/NEWARK KENNEDY	JFK	英国
奥黑尔国际机场	CHICAGO O' HARE	ORD	美国
东京成日国际机场	TOKYO NARITA	NRT	日本
大阪关西国际机场	KANSAI INTL	KIC	日本
戴高乐机场	PARIS DE GAULLE	CDG	法国
首尔国际机场	SEOUL KIMPO INTL	SEL	韩国

(4) 航空公司代码。航空公司代码也用三字代码表示(见表6-5)。

表6-5 **常见航空公司代码**

中文全称	英文全称	代码
中国国际航空公司	Air China International Corp.	999
中国东方航空公司	China Eastern Airlines	781
英国航空公司	British Airline	125
法国航空公司	Air France	057
加拿大航空公司	Air Canada	014
日本航空公司	Japan Air Lines Company Ltd.	131
全日本航空公司	All Nippon Airways Co., Ltd.	205
大韩航空公司	Korean Air Lines Co., Ltd.	180
美国西北航空公司	Northwest Airlines, Inc.	012
德国汉莎航空公司	Lufthansa Germany Airlines	020
马来西亚航空公司	Malaysian Airlines	232
澳大利亚快达航空公司	Qantas Airways Limited	081

5. 航空运输区划和时差计算

(1) 航空运输的航空区划。随着经济全球化进程的深入,国际航空运输也愈加繁忙,为了保证国际航行的安全,各国运输企业在技术规范、航行程序、操作规则上必须统一。国际航空运输协会(IATA)将世界划分为三个航空运输业务区,称为"国际航协交通会议区"(IATA traffic conference areas),以方便各国及地区航空运输企业之间的运输业务划分与合作。一区(TC1)主要包括:北南美洲大陆及附近岛屿,如格陵兰、百慕大群岛、西印度群岛、加勒比岛屿以及夏威夷群岛等。二区(TC2)由整个欧洲大陆(包括俄罗斯的欧洲部分)及毗邻岛屿,冰岛、亚速尔群岛,非洲大陆和毗邻岛屿,中东地区(亚洲的伊朗及伊朗以西地区)组成。三区(TC3)由整个亚洲大陆及毗邻岛屿(已包括在二区的部分除外),大洋州(包括澳大利亚、新西兰及毗邻岛屿),太平洋岛屿(已包括在一区的部分除外)组成。

由于航协区的划分主要从航空运输业务的角度考虑,依据的是不同地区、不同经济、社会及商业条件,因此和我们熟悉的世界行政区划有所不同。

(2) 时差计算。地球的自转造成了经度不同的地区时刻不同。飞机跨越经度时,就产生了时刻的不统一,从而产生时差。因此,作为空运代理必须熟悉时差计算,以便正确确定飞行时间。

①理论时区和区时。时区是地球上的区域使用同一个时间定义。为了照顾到各地区的使用方便,又使其他地方的人容易将本地的时间换算到别的地方时间上去。有关国际会议决定将地球表面按经线

6-1 国际航空运输业务区的划分

划分成24个时区，并且规定相邻区域的时间相差1小时。当人们跨过一个区域，就将自己的时钟校正1小时（向西减1小时，向东加1小时），跨过几个区域就加或减几小时。

②法定时区和法定时。法定时区是各国根据本国具体情况自行规定的适用于本国的标准时区。法定时区的界限，一般不是依据经线，而是依据实际的政治疆界和社会经济发展状况来确定的。根据法定时区确定的标准时，成为法定时。法定时是目前世界各国实际使用的标准时。

③飞行时间的计算。

第一步，从 international time calculator 中找出始发站和目的站的标准时间。

第二步，将起飞和到达的当地时间换算成世界标准时（GMT）。

第三步，用到达时间减去起飞时间，即是飞行时间。

例：某旅客乘飞机从北京去华盛顿。1月28日乘国航班机从北京启程，北京时间是9：44。到达华盛顿时，当地时间为1月28日15：30。计算该旅客的飞行时间。

6－2 如何换算国际航空货运飞行时间

第一步：从 international time calculator 中找出始发站和目的站的标准时间。

PEK = GMT + 0800(standard time)

WAS = GMT − 0500(standard time)

第二步：将起飞和到达的当地时间换算成世界标准时（GMT）。

因为北京提前GMT 8个小时，把北京当地时间减去8换算成GMT。

PEK 9:44 − 0800(GMT) = GMT 1:44

因为华盛顿落后GMT 5个小时，把华盛顿当地时间加上5换算成GMT。

WAS 15:30 + 0500(GMT) = GMT 20:30

第三步：用到达时间减去起飞时间，即是飞行时间。

20：30 − 1：44 = 18：46（18小时46分钟）

（三）航空货物运输的主要经营方式

航空运输企业为了满足不同客户的需要，合理地利用有限的航空运输资源，追求良好的经济效益，采用了不同的经营方式。目前，在国际航空货物运输中，航空公司的方式主要是班机运输、包机运输方式两大类。

1. 班机运输业务

班机运输（Scheduled Flights Transport）又称定期航班运输，是指飞机按事先指定的航班时刻表，在特定航线的各个既定空港之间，经常性地为非特定的众多客户提供规则的、反复的运输服务，并按运价表或协议运价的规定计收运费的一种营运方式。班机运输有固定的航线、停靠机场、航班和到港时间，不仅速度快，而且交货时间准确，受到货物收、发人的欢迎。

班机运输的主要形式是客货混装，航空公司是在满足运送旅客需要的同时搭乘小批量的货物，主要运送一些国际市场上急需的货物，如时令商品、样品、鲜活品、贵重物、电子产品等。大多数班机由于货舱有限，不能满足大批量货物的及时运输，只能分批运送，这使班机运输有很大的局限性。随着航空货运市场的发展和航空技术的进步，一些有固定客户且货物运输量大的大型航空公司在一些货源充足的航线上使用全货机，开辟定期的货运航班。

班机运输的经营方式主要有以下三种：

（1）包舱、包板（集装箱）。包舱、包板（集装箱）是指托运人根据所运输的货物，在一定时间内需要单独租用航空公司飞机的部分或全部机舱、集装箱、集装板，而由承运人给予事先承诺并保证舱位的一种运输经营方式。包舱、包板（集装箱）的实质就是包租固定的舱位。目前，在航空货物运输经营中，由于包舱运输使承运人的日常营运有了保证，减少了自身的风险；对于托运企业，因为它能为航空公司带来稳定的货源，使其在承运人那里获得较低的运价成为可能，可以取得更多的利润。包舱业务对于代理人来讲，还可以在同行的竞争中获得优势，只要有一定数量且固定的货源，就可以获得较大的利益。

航空公司通常采用的包舱形式主要是固定包舱和非固定包舱两种形式。固定包舱是指托运人在承运人的航线上包租固定的机舱、集装箱、集装板，无论托运人是否向承运人交付运输货物，都必须支付协议规定的费用。非固定包舱是指托运人在承运人的航线上以包舱的方式运输货物时，托运人如果在飞机起飞前 72 小时没有确定舱位，承运人可以自由销售舱位，但承运人对托运人在一定的时间内有托运货物的总量规定。

（2）集中托运。集中托运是航空货物运输中常见的一种经营方式，是将若干各发货人的小批量货物集中起来，组成规模运输的航空运输经营方式。

（3）航空快递。航空快递（Air Courier）是指具有独立法人资格的企业将进出境货物或物品从发件人手里接收，通过其自身的运输网络系统运达收件人手里的一种快速运输方式。航空快递企业负责整个过程中除航空运输以外的所有事物，包括到发货人所在地接货、货物托运事宜、办理进出境通关手续和将货物送达收货人等。

2. 包机运输业务

包机运输（Transport by Chartering）主要是不定期运输，是相对班机运输而言的另一种运输形式。由于这种运输方式是针对某一批货物或某一些有特殊需要的客户，没有固定航线、时间和起落站，也没有固定的费率，一切都取决于货主与托运人和航空公司洽谈的条件和订立的包机合同而定。包机运输分为整架包机和部分包机两种形式。

整架包机即托运人包租整架飞机，是指航空公司或包机代理公司按照与租机人事先约定的条件和费率，将整架飞机的某个航次包租给包机人，从一个航空站或几个航空站将货物运往指定的目的地。整架包机的特点是运输量比较大，时间比较灵活，运费相对比较低。

部分包机主要有两种形式：一种是由几家航空货运代理公司或多个发货人联合包租整架飞机；另一种是由包机公司把整架飞机包租后，将舱位分租给若干个航空货运代理公司。部分包机适合于不足整架包机的货物运输。

(四) 常用的航空集装器

航空集装器是随着航空运输的发展而产生的一种货物集装设备。航空运输企业为了加快货物的运输，设计出适合飞机各部位的集装设备，为大件货物和零碎杂件货物的快速装机提供了条件。由于飞机运输对装载的要求很高，装载的设备必须与飞机具有相当的匹配性，因此往往把飞机的集装器看成是飞机的一部分或者飞机的移动部件。

1. 飞机对货物装载的限制

(1) 重量限制。由于飞机结构的限制，飞机制造商规定了每一货舱可装载货物的最大重量限量。在任何情况下，所装载的货物重量都不可以超过此限额。否则，飞机的结构很可能遭到破坏，飞机的安全将受到威胁。

资料卡

几种飞机的最大重量限量

1. 空客 300 全客机的最大载重：前下货舱 18500 千克，后下货舱 12180 千克，散货舱 4520 千克。

2. 空客 380－800 全货机的最大载重：上货舱 46200 千克，主货舱 78900 千克，前下货舱 13824 千克，后下货舱 10824 千克，散货舱 2640 千克。

3. 波音 747－300 全客机最大载重：前下货舱 22907 千克，后下货舱 20966 千克，散货舱 6749 千克。

4. 波音 747－300 全货机最大载重：主货舱 51661 千克，前下货舱 26489 千克，后下货舱 26081 千克，散货舱 6746 千克。

(2) 容积限制。货舱可利用的空间有限，例如，空客 300 全客机的货舱最大容积为 105.00 立方米；波音 747－300 全客机能装载 32 只 LD3 集装箱和 15.9 立方米散货舱。在装载货物时，如果全是轻泡货，那货物已占满了货舱内的空间，而未达到重量限制额；如果全是高密度货物，那货物的重量已达到限制额，但货舱内的空间还有多余。将轻泡货和高密度货物混装是比较经济的办法。承运人有时要求货主提供托运货物的密度作为装载的依据。

(3) 舱门限制。由于货物只能通过舱门装入货舱内，货物的尺寸必然会受到舱门的限制。为了便于确定一件货物是否可以装入货舱，飞机制造商为每架飞机提供了货舱舱门的尺寸表。舱门尺寸表为客户提供了最大装载货物的尺寸。

(4) 地板承受力限制。飞机货舱内每平方米的地板可承受的重量是一定的，如果超过它的承受能力，地板和飞机的结构很可能遭到破坏。因此，装载货物时应注意不能超过地板的承受能力，如图 6－1 所示。

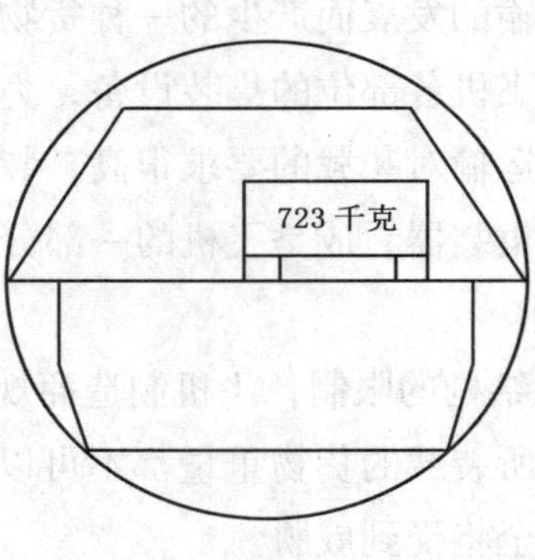

图 6－1 飞机地板承受力示意图

资料卡

几种飞机的地板承受力

1. 波音系列飞机地板承受力：下货舱散舱 732 千克/平方米，下货舱集货舱 976 千克/平方米，主舱集货舱 1952 千克/平方米、488 千克/平方米（T）区。

2. 空客系列飞机地板承受力：下货舱散舱 732 千克/平方米，下货舱集货舱 1050 千克/平方米。

飞机货舱承受力和垫板面积的计算公式如下：

地板承受力 = 货物的重量/底面接触面积

垫板面积 = 货物的重量/地板承受力限额

2. 集装器的分类。集装器可按注册和非注册分类，也可以按种类分类

(1) 按是否注册分类。

①注册集装器。注册（Certified）集装器是国家政府有关部门授权集装器生产厂家生产的，适用于飞机安全载运的，在其使用过程中不会对飞机的内部结构造成损坏的集装器。它与飞机相匹配，可

6－3 航空集装器类型和编号

以看做是飞机的一部分。

②非注册集装器。非注册（Non－certified）集装器是指未经有关部门授权生产的，未取得适航证书的集装器。它与飞机不匹配，不能看做是飞机的一部分，一般不允许装入飞机的主货舱，但适合于地面操作环境，仅适合特定机型的特定货舱。

（2）按种类分类。

①集装板和网套。集装板（Pallet）有固定的标准尺寸，根据不同的机型和飞机的不同部位配有不同型号的集装板。板的四周带有卡锁轨和网带卡锁眼，货物按照技术规范的要求进行码放。网套用来固定板上的货物，并用专门的卡锁装置来固定。

②集装棚。集装棚（Igloo）分结构式和非结构式两种，目的是保护飞机的内壁。非结构式集装棚就是在板和网套之间增加一个非结构的棚罩，这个棚罩一般用玻璃纤维或轻质的金属材料制成。结构式集装棚是指带有固定在地板上的外壳设备，它实际形成了一个完整的集装箱。

③集装箱。集装箱（Container）类似于结构式集装棚，一般是用轻质的金属材料制成，并根据飞机的不同部位有不同的形状。它主要有三种类型：空陆联运集装箱，尺寸相对固定，长有20ft、40ft两种，宽和高都是8ft，只能装于全货机或客机的主货舱内；下货舱集装箱，只能用于宽体飞机的下货舱内。此外，还有一些特殊的集装箱，如保温集装箱、运载活动物的专用集装器和汽车运输设备等。

3. 集装器代码的组成

在集装器面板和集装器四周，常会看到如PAP2233CA、MGN2574CA等代码，这些代码代表着集装器的类型、尺寸、外形及注册人等信息。集装器代码各位的含义见表6－6。

表6－6　　集装器代码各位的含义表

位置	字母或数字	含义
1	字母	集装器类型
2	字母	底板尺寸
3	字母	外形或适配器
4，5，6，7	数字	序号
8，9	字母	所有人、注册人

每个集装器都有一个IATA（国际航空运输协会）编号，编号由九位字母与数字组成。例如：AKE1202CA，每位含义如下：

第一位：集装器的种类码。“A”代表经适航审定的集装箱。

第二位：底板尺寸码。“K”代表底面尺寸为1534mm×1562mm的集装箱。

第三位：箱外形、与机舱相容性码。“E”适配于宽体机型的底舱，无叉槽。

第四～第七位：集装器序号码。由各航空公司对其所拥有的集装器进行编号。

第八、第九位：注册号码。一般为航空公司的代码。"CA" 表示集装器所属承运人为中国国际航空公司。

资料卡

集装器货物组合装载规范

◆集装箱或集装板要放置在托盘等带滚轴装置的平台设备上。装货前应对集装板或集装箱进行清扫，以保持集装板或集装箱干净、整洁。

◆根据货物卸机站的顺序，货物重量、体积、形状，包装材料，运输要求等情况设计货物的组合装载方案。

◆大多数情况下，体积较大、重量较重的货物使用集装板装载。体积较小、重量较轻的货物使用集装箱装载。体积较大、重量较重的货物应集中码放在最下层，并尽量向集装器中央集中码放；轻泡货物、精密仪器、怕压易碎的货物应放在最上层。

◆装运危险品和所有可能对飞机造成危害的货物时，应使用填充物将集装器内空隙填满或使用绳、带捆绑，以防损坏设备、飞机，甚至造成重大事件。

◆卸机站相同货物应尽量装在同一集装器上；一票货物应尽量装载到一个集装器上，应避免分散装载；联程中转运输的货物也应尽量装载到一个集装器上。

◆装载散货仓或集装器时，单件重量超过50kg的货物要水平码放在飞机货舱地板或集装器底板上，禁止以边角作为货物的支撑点，以免损坏集装器。

◆需要使用撬杠时，撬杠与地面接触点之间应放置木制垫板，以防止压力过大损坏飞机或设备。

【案例分析】

判赔6500万美元

某年2月，中国化工建设大连公司（以下简称大连化建公司）要将80桶"8－羟基喹啉"化工产品从北京空运至印度马德拉斯。3月15日，承担此次运输的马航一航班从北京飞抵吉隆坡机场，在装卸工人准备卸货时，发现货物为液体并已发生大量泄漏。当马航致函大连化建公司询问托运货物情况后，大连化建公司回复表示，托运的不是"8－羟基喹啉"，而是80桶草酰氯，并说明草酰氯是无色发烟液体，属酸性腐蚀物品，具有刺鼻气味，并对人体具有侵害力。之后，马来西亚民航局下令销毁这批“有害物质”草酰氯。

次年2月28日，法国空中客车工业公司出具了飞机修理方案及修理成本估算报告，认为飞机修理成本将可能超过8900万美元，而且即使勉强修理好飞机，也得不到飞行安全保障，因此认定飞机已无修理价值。马航公司根据上述报告结论和飞机原始保险合同的有关约定，宣告飞机全损。之后，马来西亚保险公司等5家境外保险公司依据飞机原始保险合同和再保险合同的约定，向马航公司支付了飞机约定价值全部9500万美元的保险赔偿。

马航等原告请求北京高院判令大连化建公司赔偿因飞机损失及处理此次货物泄漏事故善后事宜所受全部损失共计6500余万美元。

【试讨论分析】大连化建公司是否应对上述损失承担赔偿责任？为什么？

（五）航空货物集运

1. 航空货物集运概述

航空货物集中托运（即航空货物集运），是指航空代理公司把若干单独发运的货物组成一整批货物，用一份主运单整批发运到同一站或者交运至某一预定的代理收货人，然后统一报关，分拨后交给实际收货人的运输方式。它是一种代理形式的货运业务。航空货运代理公司对每一委托人另签发一份分运单。

由于航空运价是根据货物计费重量的增加而逐步递减的，货物的重量越重，货运代理就可以在航空公司获得更加优惠的运价。在航空运输市场上，运价对代理企业的经营效益起着相对重要作用的情况下，集中托运的经营方式是航空代理企业增加收益的重要手段。

航空货运集中托运过程如图6－2，6－3所示。

航空货物集运对于集中托运货物的性质有一定的要求，诸如活体动物、尸体、骨灰、贵重物品、外交信函、危险货物等，不得以集装托运方式运输。

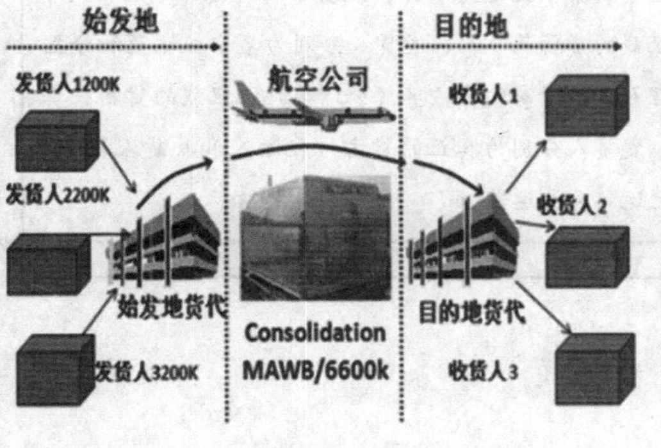

图6－2　集中托运货物流动过程

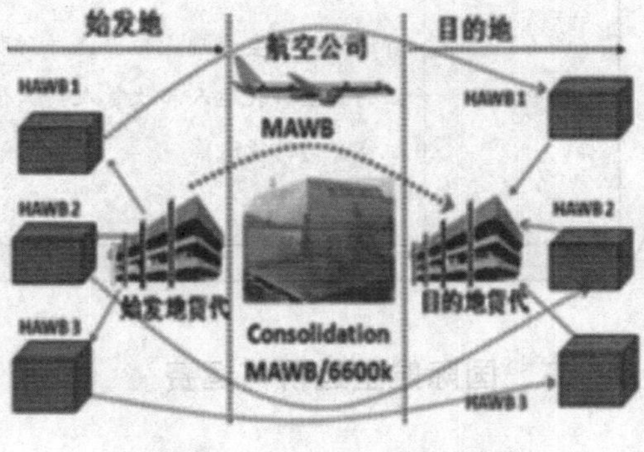

图6－3　集中托运货运单流动过程

2. 集中托运文件

在航空集运过程中，向航空公司托运货物的是航空货运代理企业。航空货运代理企业在收取每个托运人的货物时必须出具凭证，这个凭证就是代理企业自己签发的航空货物分运单（House Air Waybill，HAWB），表明托运人已把货物交给了代理人。代理企业本身没有分运单的，也可以用航空公司的运单代替。分运单的托运人栏和收货人栏是实际的托运人和收货人。

6－4 如何办理航空集中托运业务

代理人收取众多托运人的货物以后，进行集中托运，需要把来自不同托运人的货物集中起来，交由航空公司运输。代理人与航空公司之间也需要一种凭证，这个凭证就是主运单（Master Air Waybill，MAWB）。主运单上的有关信息就是航空公司进行航空运输的依据。主运单上的托运人和收货人，必须是办理出口集运的航空代理企业和出口货代在进口地的代理企业。

在集中托运运输方式下，主运单下还要配有集中托运的货物舱单（Manifest），主要列明主运单下每票货运的分运单号，实际的收、发货人，运送目的地，件数，重量，体积等具体信息。

对于集中托运货物，必须在每票货物上贴上识别的标签，标明该票货物的主运单和分运单的号码，以便在运输过程中对货物进行核对和清点。

资料卡

直接运输与集中托运的区别

航空运输方式	货物交付	货运单签发和使用
直接运输	货物由货主或航空货运代理人交付给承运人（航空公司）	货物由货主交付给集中托运商，然后再由集运商交付给承运人（航空公司）
集中托运	货运单由航空代理人填开，并列明真正的货主（托运人和收货人）只使用航空公司的货运单	货运单由集中托运商填开，航空公司货运单（主运单）上记载的货物收货人、发货人分别为集中托运商和分拨代理人，集运商的货运单（分运单）上记载的货物收货人、发货人分别为真正的货主（托运人和收货人），使用主运单和分运单

二、国际航空运价与运费

（一）国际货物运费计算的基本知识

国际航空货运运输费用是指将一批货物自始发地机场运送至目的地机场所应收取的

所有费用，包括航空货物运费、声明价值附加费及其他费用。运费根据货物重量和适用的运价计费确定，但不能低于起码运费，即航空公司办理一批货物所能接受的最低运费，运价类别代号以“M”表示。

1. 计费重量

所谓计费重量，是指将计算运费时所采用的重量标准。由于一架飞机所能装载的货物是受飞机的载货量和舱容限制的。重量大、体积小的货物往往受飞机的载货量的限制，舱容未被充分利用；轻泡货和体积大的货物往往受到舱容限制，而载货量未达到额定限度。由此，航空公司额定计费重量按实际重量和体积重量两者之中较高的一种计收。

（1）实际重量。实际重量是指一批货物包括包装在内的毛重。凡重量大而体积相对小的重货物，如机械、金属零件等，用实际重量作为计费重量。具体界限是每6000立方厘米或每366立方英寸重量超过1千克，或每166立方英寸重量超过1磅的货物。

（2）体积重量。体积大而重量相对小的货物称为轻泡货物，具体指那些每6000立方厘米不足1千克或每366立方英寸不足1磅的货物。

轻泡货物以体积重量作为计费重量，计算方法是：

①分别量出货物的最长、最宽、最高的部分，单位为厘米或英寸，测量数值四舍五入。

②计算货物的体积。

③将体积折合成千克或磅，即根据所使用的度量单位分别用体积值除以6000立方厘米或366立方英寸，结果即为该货物的体积重量，即：

体积重量 =（最长 × 最宽 × 最高）÷ 6000（或366）

[例6-1] 一件货物尺寸为82厘米 × 48厘米 × 32厘米，计算其体积重量。

体积重量 = 82 × 48 × 32 ÷ 6000 = 20.99（千克）

（3）集中托运货物的计费重量。在集中托运情况下，同一总运单下会有多件货物，有重货也有轻泡货物，计费重量采用整批货物的总实际重量或总体积重量，按两者中较高的一个计算。

具体计算时，重量不足0.5千克的按0.5千克计算，0.5千克以上不足1千克时按1千克计算，不足1磅按1磅计算。

例如：103.001千克→103.5千克　　　103.50千克→104.0千克

例6-1中，计费重量为20.99千克，按照国际航协进整规则，计费重量为21千克。

2. 起码运费

起码运费代码为“M”，是航空公司办理一批货物所能接受的最低运费，即不论货物的重量或体积大小，在两点之间运输一批货物应收取的最低金额。

航空公司规定无论所运送的货物适用哪一类航空运价，所计算出来的运费总额都不得低于起码运费，否则以起码运费计收。对于不同地区，有不同的起码运费。

3. 声明价值附加费

航空运输的承运人与其他运输方式的承运人一样，都要向货主承担一定程度的责任。

《华沙公约》规定，对由于承运人的失职而造成的货物损失、丢失或延误所承担的责任，其最高赔偿金额为20美元/千克或相等的当地货币。

如果托运的货物毛重价值在20美元/千克或其等值货币以上时，托运人要求在货物发生货差货损事故时得到全额赔偿，托运人可以向承运人办理货物声明价值，并缴纳声明价值附加费，声明价值附加费为货物的声明价值超过承运人赔偿限额部分的0.5%。否则，即使出现更多的损失，承运人对超出部分不承担赔偿责任。

声明价值费计算公式如下：

声明价值附加费 =（整批货物声明价值 - 货物毛重价值20美元）×0.5%

4. 其他附加费

其他附加费包括地面费用、中转手续费、制单费、货到付款附加费、提货费、送货费等，一般只有在航空公司或航空货运公司提供相应服务时才收取。

（二）国际货物运价的种类

国际航空货运公司运价按制定的途径分，分为协议运价或国际航协运价。

协议运价是指通航的双方或几方航空公司通过磋商达成协议，并且报请各国政府获得批准后共同遵守的运价。

国际航协运价是指IATA（国际航空运输协会）在TACT（the air cargo tariff，航空货物运价）运价资料上公布的运价。国际货物运价使用IATA的运价手册——TACT Rates Book，结合并遵守国际货物运输准则—Tact Rules共同使用。按照IATA货物运价公布的形式划分，可分为公布直达运价和非公布直达运价（表6-7）。

表6-7　　IATA运价体系

IATA运价	公布直达运价（Published through rates）	普通货物运价（General Cargo Rate）
		指定商品运价（Specific Commodity Rate）
		等级货物运价（Commodity Classification Rate）
		集装货物运价（Unit Load Device Rate）
	非公布直达运价（UN-Published through rates）	比例运价（Construction Rate）
		分段相加运价（Combination of Rates and Charges）

1. 公布直达价格

（1）普通货物运价（GCR）。普通货物运价又称一般货物运价，是应用最为广泛的一种运价。当一批货物不适用等级货物运价，也不属于指定商品时，就应该选择普通货物运价。普通货物运价的数额随运输量的增加而降低。

普通货物运价分类如下：

①45 千克（100 磅）以下，运价类别代号为 N。

②45 千克及其以上的，运价类别代号为 Q。

③45 千克以上可分为 100 千克、300 千克、500 千克、1000 千克、2000 千克等多个计费重量分界点，但运费类别代号仍以 Q 表示。

6-5 普通货物运费的核算

普通货物运费计算方法是：货物的计量重量乘以相应的运价所得运费，与较高重量等级的起始重量乘以相应的运价所得运费进行比较，取其低者。这一原则也适用于指定商品运价（在计算普通货物运价时，当一个较高的起码重量能提供较低运费时，则可以使用较高的起码重量作为计费重量。这个原则也适用于那些以一般货物运价加或减一个百分比的等级运价）。

运用下列公式，可求得在两个相邻重量等级之间，按较高重量等级的起始重量与相应运价计算运费的起码重量：

$W_x = W_2 \times A_2 / A_1$

式中，W_x 为以较高重量等级的起始重量与相应运价计算费用的起码重量，单位为千克；W_2 为较高重量等级的起始重量，单位为千克；A_1、A_2 为相邻重量等级的运价，A_1 是较低重量等级的运价，A_2 是较高重量等级的运价，单位为元/千克。

资料卡

北京到首尔的运价表

北京—首尔	
重量分级，kg	运价，元/kg
N	23.95
45	18.00
100	17.17
300	15.38

"N"运价表示重量在 45 kg 以下的货物运价为 23.95 元/kg，也就是运价 23.95 元/kg 的重量范围是 0－45kg，在这个重量范围用的都是同一个运价。

（2）指定商品运价（SCR）。SCR 是指为某些从指定始发地至指定目的地的指定商品而公布的运价。SCR－般较 GCR 要低，目前，自中国出运的货物，采用 SCR 运价的主要为中国至日本、美国、加拿大或新加坡的食品、海产品、药纺织品等。

为了方便使用，IATA 在公布 SCR 时，将指定商品以品名编号，并根据货物的性质、特点、用途，按每 1000 号为 1 组，每 1 大组内又以 100 号为 1 组分成若干小组，以便更详细地分列各种货物。在空运单中指定商品通常用字母“C”与商品品名编号组 210 成，如“C1201”表示“1201”号指定商品。

6－6 指定商品运费的核算

指定商品物的分组及品名号如下：

0001—0999 可食用的动植物产品

1000—999 活动物及非食用的动植物产品

2000—2999 纺织品、纤维及其制品

3000—3999 金属及其制品，不包括机器、汽车和电器设备

4000—4999 机器、汽车和电器设备

5000—5999 非金属材料及其制品

6000—6999 化工材料及其相关产品

7000—7999 纸张、芦苇、橡胶和木材制品

8000—8999 科学仪器、专业仪器、精密仪器、器械及配件

9000—9999 其他

从整个国际航协来看，指定商品代码非常多，但主要应了解从北京始发的货物的指定商品代码，记住常用的指定商品代码。例如：

0007：水果，蔬菜（FRUIT，VEGETABLES）

0008：新鲜的水果，蔬菜（FRUIT，VEGETABLES—FRESH）

0300：鱼（可食用的），海鲜，海产品

1093：沙蚕

2195：成包、成卷、成块未进行加工或制造的纱、线、纤维、布，服装、纺织品

2199：纱、线、纤维、纺织原料，纺织品，服装

7481：橡胶轮胎、橡胶管

在具体使用指定商品运价时应注意：

①首先决定货物是属于哪一种货物；

②查阅在所要求的航线上有哪些特种货物运价；

③查阅“航空货物运价单”上的“货物明细表”，选择与货物一致的号码，如果该货物号有更详细的内容，则选择最合适的细目；

④根据适用该货物的起码质量，选择合适的指定商品运价。

资料卡

运价的使用原则

◆如果有协议运价，则优先使用协议运价。

◆在相同运价种类、相同航程、相同承运人的条件下，公布直达运价应按下列顺序：优先使用指定商品运价，如果指定商品运价条件不完全满足，则可以使用等级货物运价和普通货物运价（等级货物运价优先于普通货物运价）。

◆如果货物可以按指定商品运价计费，但因其重量没满足指定商品运价的最低重量要求，则比较指定商品运价与普通货物运价计费结果，取低者；如果该指定商品同时又属于附加的等级货物，则只允许用附加的等级货物运价和指定商品运价的计费结果进行比较，取低者，不能和普通货物运价比较。

◆如果货物属于附减的等级货物，即报纸杂志类、作为货物运输的行李等，其等级货物运价则可以与普通货物运价的计费结果相比较，取低者。

◆如果运输两点间无公布直达运价，则应使用非公布直达运价。

（3）等级货物运价（CCR）。CCR是指在规定地区范围内，在普通货物运价的基础上附加或附减一定百分比作为某些特定货物的运价。等级货物运价适用于指定地区内部地区之间的少数货物运输。通常是在普通货物运价的基础上增加或减少一定的百分比。当某些货物没有指定商品运价可使用时，方可选择合适的等级运价，起码质量规定为5千克。

等级货物运价是指在规定的业务区内或业务区之间运输指定等级的货物所适用的运价。

等级货物运价是在普通货物运价的基础上增加或减少一定百分比而构成的。

IATA规定，等级货物运价主要包括以下两类：

①等级运价加价，用运价代号“S”(Surcharged class rate)表示，适用商品包括活动物、贵重物品、尸体、骨灰等。

②等级运价减价，用运价代号“R”(Reduced class rate)表示，适用商品包括报纸、杂志、书籍及出版物、作为货物托运的行李。

活动物（Live Animals）运价参考表见表6－8。

6－7 如何核算航空等级货物的运费

表6-8　　活动物运价表

Rates covering all areas, excluding between countries in the ECAA

IATA AREA (see Rules 1. 2. 2 Definitions of Area)

ALL LIVE ANIMALS Except: Baby Poultry less than 72 hours old	Within 1	Within 2 (see also Rule 3. 7. 1. 3)	Within 3	Between 1&2	Between 2&3	Between 3&1
	175% of Normal GCR	175% of Normal GCR	150% of Normal GCR Except: 1 below	175% of Normal GCR	150% of Normal GCR Except: 1 below	150% of Normal GCR Except: 1 below
BABY POULTRY Less than 72 hours old	Normal GCR	Normal GCR	Normal GCR Except: 1 below	Normal GCR	Normal GCR Except: 1 below	Normal GCR Except: 1 below

说明：

① 该活体动物运价表适用于所有地区，但不包括 ECAA 国家（欧共体协会协议国家）之间。

② IATA 将全球分成三个业务区。表中“Within 1”、“Within 2”、“ Within 3”、" Between 1&2”、“Between 2&3”“Between 3&1” 中的数字“1”、“2”、“3” 分别代表业务 1 区、业务 2 区、业务 3 区。

③ALL LIVE ANIMALS Except：Baby poultry less than 72 hours old.（意为：所有活体动物，除了出生不到 72 小时的家禽。）

④当表中出现“the Normal GCR” 时，表示使用运价表中的 45 千克以下普货运价，即 N 运价（当不存在 45 千克重量点时，N 运价表示 100 千克以下普通货物运价）。此时，运价的使用与货物的计费重量无关。

⑤当表中出现“the Normal GCR 的百分比”（如：150% of the Normal GCR）时，表示在运价表中 N 运价的基础上乘以这个百分比（如：150% N）。此时，运价的使用与货物的计费重量无关。

⑥动物的容器以及食物等应包含在活体动物的计费重量中。

2. 非公布直达运价

如果甲地至乙地没有可适应的公布的直达运价，则要选择比例运价或利用分段相加运价。

（1）比例运价。在运价手册上除了公布的直达运价外，还公布一种不能单独使用的附加数。当货物的始发地或目的地无公布的直达运价时，可采用比例运价和已知的公布直达运价价格相加，构成非公布的直达运价。

（2）分段相加运价。分段相加运价是指在两地间既没有直达运价也无法利用比例运价时，可以在始发地与目的地之间选择合适的计算点，分别找到始发地至该点、该点至目的地的运价，两段运价相加，组成全程的最低运价。

（三）航空货物运费计算

1. 计算步骤

（1）明确航空货物运输详细情况；

（2）查阅航空运价表，选择运价标准：指定商品运价→等级货运运价→普通运价；

（3）计算计费重量；

（4）计算航空运费：

空运运费＝运价×计费重量

2. 航空运价表（见表6－9）

表6－9 航空运价表

Date/type (8)	Note (9)	Item (10)	Min. weight	Local Curr (11)
BEIJING (1)			CN (2)	BJS (3)
Y. RENMINBI (4)			CNY	KGS (5)
TOYKO (6)		JP (7)	M (12)	230.00
			N (13)	37.51
			45	28.13
		0008	300	18.80
		0300	500	20.61
		1093	100	18.43
		2195	500	18.80

说明：

（1）始发国城市全称；

（2）始发站国家的二字代码；

（3）始发站城市三字代码；

（4）始发站国家的当地货币；

（5）重量单位；

（6）目的站城市全称；

（7）目的站国家的二字代码；

（8）运价的生效或截止日期/集装器种类代号；

（9）备注；

（10）适用的指定商品品名编号；

（11）以当地货币表示的每公斤的运价数额；

（12）最低运价；

（13）低于45千克的运价。

3. 计算案例

[例6－2] 普通货物运价计算

Routing：China（SHA）to JAPAN（TYO）

Commodity：shirt

Gross weight：25. 2kgs

Dimensions：82cm×48cm×32cm（见表6－10）

表6－10

SHANGHAI	CN		SHA
Y. RENMINBI	CNY		KGS
TOKYO	JP	M	230
N			37. 51
		45	28. 13

解：VOLUME：82cm×48cm×32cm＝125952cm^3

VOLUME WEIGHT：125952/6000＝20. 99KGS＝21KGS

GROSS WEIGHT：25. 2KGS

CHARGEABLE WEIGHT：25. 5KGS

APPLICABLE RATE：GCRN37. 51CNY/KG

WEIGHT CHARGE：25. 5×37. 51＝CNY956. 51

[例6－3] 指定商品运价计算

Routing：CHINA（SHA）to JAPAN（NGO）

Commodity：FRESH ORANGE

Gross weight：EACH 47. 8KGS，TOTAL 6 PIECES

Dimensions：128cm×42cm×36cm×6（见表6－11）

表6－11

SHANGHAI	CN		SHA
Y. RENMINBI	CNY		KGS
NAGOYA	JP	M	230
		N	37. 51
		45	28. 13
	0008	300	18. 80
	0300	500	20. 61
	1093	100	18. 43
	2195	500	18. 80

(1) 按普通运价规则计算。

Volume: $128 \times 42 \times 36 \times 6 = 1161216cm^3$

Volume weight: 1161216/6000 = 193.536 = 194.0kg

Gross weight: 47.8 × 6 = 286.8KGS

Chargeable weight: 287.0KGS

Applicable rate: GCRQ45 28.13CNY/kg

Weight charge: 287 × 28.13 = CNY8073.31

(2) 按指定商品运价作为计费重量。

Actual weight: 286.8KGS

Chargeable weight: 300KGS

Applicable rate: SCR0008/Q300 18.8CNY/kg

Weight charge: 300 × 18.8 = CNY5640

对比 (1) 与 (2)，取运费较低者

Weight charge: CNY5640

[例6-4] 等级货物运价计算

Routing: China (SHA) TO UNITED KINGDOM (LON)

Commodity: BOOKS

Gross weight: 980KGS

Dimensions: 70CM × 50CM × 40CM × 20PIECES (见表6-12)

(1) 按运价表构成形式计算:

VOLUME: $70 \times 50 \times 40 \times 20 = 2800000CM^3$

VOLUME WEIGHT: 2800000/6000 = 466.67KGS = 467KGS

GROSS WEIGHT: 980KGS

CHARGEABLE WEIGHT: 980KGS

APPLICABLE RATE: R50% OF THE NORMAL GCR 50% × 63.19CNY/KG = 31.60CNY/KG

WEIGHT CHARGE: 980 × 31.6 = CNY30968.00

(2) 按普通运价采用分界点重量计算。

CHARGEABLE WEIGHT: 1000KGS

APPLICABLE RATE: GCRQ1000/30.71CNY/KG

WEIGHT CHARGE: 1000 × 30.71 = CNY30710.00

因此，运费为 CNY30710.00

表6－12

Area:			Rate:
• With IATA Area1;			67% of the Normal GCR
Between IATA Area1 and 2			
• All Other Areas			50% of the Normal GCR

SHANGHAI	CN		SHA
Y. RENMINBI	CNY		KGS
LONDON	GB	M	320
		N	63.19
		45	45.22
		100	41.22
		500	33.42
		1000	30.71

三、国际航空货运单证

（一）概述

航空货运单（Air Way Bill，AWB）是托运人或者托运人委托承运人以托运人名义填制的，托运人与承运人之间缔结的货物运输合同契约，是承运人承运货物的重要证明文件，亦称航空主运单。它有别于海运提单，却与国际铁路运单相似。它是承运双方的运输合同，其内容对双方均具有约束力。航空货运单不是代表货物所有权的物权凭证，因此不可转让，是一种不可预付的单据。航空货运单通常包括有出票航空公司标志的航空货运单和无承运人标志的中性货运单两种。填制和使用航空货运单，应严格遵守有关法规的规定。

1. 航空货运单的性质

（1）承运合同。航空运单是发货人与承运人之间的运输合同，并在双方共同签署后产生效力。

（2）货物收据。航空运单是承运人签发的已接收货物的证明，除非另外注明，它也是承运人收到货物并在良好条件下装运的证明。

（3）运费账单。航空运单分别记载着属于收货人应负担的费用和属于代理的费用，是承运人据以核收运费的账单。

（4）报关单证。航空运单是必备的报关单证之一，也是海关最后查检放行的基本单证。

（5）保险证书。如果承运人承办保险，航空运单也可作为保险证书。

（6）航空运单是承运人处理内部业务的依据。

2. 航空运单的作用

6－8 空运方式下信用证风险分析

（1）航空运输合同订立的初步依据。航空货运单是承运人与托运人之间缔约的运输合同的初步证据，是由托运人或托运人委托承运人填写，并经合同双方当事人签字，盖章后生效。

（2）承运人接收货物的初步依据。承运人接收货物后，将第三联航空货运单正本交给托运人，作为接受货物的初步证据。

（3）运费账单和记账凭证。航空货运单上分别记载属于受货人（托运人）和代理人的费用，第一联航空货运单正本留存，作为收取运费的依据。航空货运单可作为运费账单和发票。

（4）报关凭证。货物到达目的地报关时，航空货运单通常是海关检查的主要单据之一。

（5）收货人检收货物的依据。第二联航空货运单正本，注明由航空公司随即交收货人，收货人据此核收货物，同时也是承运人交付货物的依据。

（6）保险证书。如果承运人代办保险而托运人又要求承运人代办保险时，航空货运单即可作为保险证书。

（7）承运人处理内部业务的依据。航空货运单是承运人在办理该运单项下货物的发货、转运、交付的依据。承运人根据运单记载的内容办理这些事项。

【案例分析】

丧失货权，陷入被动

某年 6 月，浙江某出口公司与印度某进口商达成一笔总金额为 6 万多美元的羊绒纱出口合同，合同中规定的贸易条件为 CFR NEW DELHI BY AIR，支付方式为 100% 不可撤销即期信用证，装运期为 8 月份，自上海空运至新德里。合同订立后，进口方按时通过印度一家商业银行开来信用证，通知行和议付行均为国内某银行，信用证中的价格术语为“CNF NEW DELHI”，出口方当时对此并未太在意。他们收到信用证后，按规定发运了货物，将信用证要求的各种单据备妥交单，并办理了议付手续。然而，国内议付行在将有关单据寄到印度开证行后不久即收到开证行的拒付通知书，拒付理由为单证不符：商业发票上的价格术语“CFR NEW DELHI”与信用证中的“CNF NEW DELHI”不一致。

得知这一消息后，出口方立即与进口方联系要求对方付款赎单；同时通过国内议付行向开证行发出电传，申明该不符点不成立，要求对方按照 UCP600 的规定及时履行偿付义务。但进口方和开证行对此都置之不理，在此情况下，出口方立即与货物承运人联系，其在新德里的货运代理告知该批货物早已被收货人提走。在如此被动的局面下，后来出口方不得不同意对方降价 20% 的要求作为问题的最后解决办法。试问：

1. 航空运单与海运提单的最大区别是什么？
2. 如何防范空运方式下的信用证风险？

3. 航空货运单的主要内容

航空货运单正面以填制内容为主，包括托运人填开栏和承运人填开栏，托运人托运货物的说明、货物价值声明、交付批示等事项，合同双方商定的内容，以及托运人和承运人的签字（盖章）等。一般航空货运单应包括以下各项：

（1）货物品名、性质、重量、体积、包装、件数以及标志或号数，货物说明有价值声明。

（2）托运人姓名、公司名称、地址及通信号码，收货人名称、地址及通信号码。

（3）航空承运人及名称、地址，以及代理人的 IATA 代号。

（4）起运地、出运时间、机号及航班。如果是联运方式，则还应该包括经停和换装转运地，第一承运人的名称和地址，目的港及预计抵达时间，收货人及其地址、通信号码。

（5）计费重量、运费及其支付方式。

（6）货运保险及其费用负担。

（7）货运单的填写地点、日期，航空货运单的份数，以及随附文件。

（8）声明运输期间适用的规定或公约。

（9）双方当事人商定的其他事宜与运输条件。

除航空货运单之外，空运业务中的其他支持单证有：国际货物托运书；如果是危险品、活的动物等特殊货品，则托运人同时提交危险货物申报书、活动物证明等货运文件；如果是集装箱箱型，则有注明集装箱箱型、箱号、铅封号等的装箱单；作为领事单证和海关清关用的商品发票；以及进出口国家要求的其他单证。

（二）货运单的填制

1. 填制货运单的要求

（1）货运单要求用英文打字机或计算机、以英文大写字母打印，各栏内容必须准确、清楚、齐全，不得随意更改。

（2）货运单的填写内容在运输过程中需要修改时，必须在修改项目的近处盖章，注明修改货运单的空运企业名称、地址和日期。修改货运单时，应将所有剩余的各联一起修改。

（3）货运单的各栏中，有些栏目印有阴影。其中，有标题的阴影栏目仅供承运人填写。没有标题的阴影栏目一般不需填写，除非承运人特殊需要。

2. 航空货运单（简称空运单）的缮制

目前，各航空公司所使用的空运单大多借鉴 IATA 所推荐的标准格式，彼此差别不大。按照规定，空运单应由托运人填写，这是因为空运单内容填写得不准确造成的损失应由托运人承担。然而，由于空运单填写的复杂性，一般的做法是托运人填好国际货物托运书后，由托运人或其代理人按照托运人在托运书上所填写的内容逐项填写，以避免由于托运人的不熟悉或缺乏了解造成的填写错误。空运单不得对托运书的内容有所改动，空运单的正确性仍由托运人负责。

（1）Shipper's Name and Address（托运人名称及地址）：填写托运人名称、地址、国家（或国家的二字代号）以联系电话等。

（2）Shipper's Account and Address（托运人账号）：一般不填，除非第一承运人需要。

（3）Consignee's Account Number（收货人名称及地址）：填写收货人的名称、地址、国家（或国家的二字代号）以及联系电话等。

（4）Consignee's Account Number（收货人账号）：一般不填，除非最后承运人需要。

（5）Issuing Carrier's Agent Name and City（签发空运单的承运人的代理人名称与城市）：填写向承运人收取佣金的 IATA 空运代理人的全名及其所在城市。

（6）Agent'Iata Code（代理人的 IATA 代号）：填写代理人的 IATA 号。

（7）Account Number（代理人的账号）：本栏一般不填，除非签发空运单的承运人需要。

（8）Airport of Department（Address of First Carrier）and Requested Routing（始发站机场及要求的路线）：填写 IATA 始发站机场三字代号，如不知机场名称，可填写所在城市 IATA 三字代号。托运人要求的路线必要时填写。

（9）Account Information（会计事项）：由参加运输的有关承运人填写有关会计事项。

①填写付款方式：现金、支票或旅费证（MCO）。

②当货物无法交付而回运时，承运人应将原始空运单号填入为退回所填开的新空运单的本栏内。

（10）Flight/Date（For Carrier Use Only）（航班号/日期（仅供承运人用））：实务中本栏通常不填，除非参加运输的各有关承运人需要。

（11）Routing and Destination to/by First Carrier/To/By/To/By（路线与目的站至/由第一承运人/至/由/至/由）：第一承运人一般要填写，对于运费到付货物、特种货物和根据所采用的运价必须由指定的承运人运输的货物，应将运输路线和指定的承运人全部列明。

①至/由第一承运人：填入目的地机场或第一个转运点的三字代号；

②由第一承运人：填入第一承运人二字代号；

③至（由第二承运人）：填入目的地机场或第二个转运点的三字代号；

④由（第二承运人）：填入第二承运人二字代号；

⑤至（由第三承运人）（To）：填入目的地机场或第三个转运点的三字代号；

⑥由（第三承运人）（By）：填入第三承运人二字代号。

（12）Airport of Destination（目的站）：填写最后承运人的目的地机场，如果该城市不止一个机场或不知道机场名称，可填写城市名称。

（13）Currency（货币）：填写运单所用货币的代号。

①一般为始发国货币的三字代号；

②除目的地国家收费栏外，空运单上所列明的金额均按此种货币表示。

（14）Charges Code（货物代号）：仅用于承运人，一般不填写。

（15）WT/VAL（PPD Coll）—Weight Charge &Val Charge（Prepaid Collect）（运费与声明价值附加费（预付或到付））：

①PPD 栏：如果运费为预付者，在此栏记"x"。

②Coll 栏：如果运费为到付者，在此栏记"x"。此种费用必须全部预付或全部到付。如果某一段免费，免费段不填。

（16）Other（PPD，Coll） – All Other Charges At Origin – Other（Prepaid Collect）（始发站所有其他费用（预付或到付））：在 PPD，Coll 栏填写有关费用，该费用必须全部预付或到付。

（17）Declared Value For Carriage（供运输的声明价值）：填写托运人供运输而声明的货物价值总数，如托运人不办理声明价值，则此栏内填入 NAD。

（18）Declared Value For Customs（向海关声明价值）：填托运人向海关申报的货物价值总数。如符合始发站、目的站海关的规定，也可在本栏填入 NCV。有关各国海关的规定可参阅 TACT（航空货物运价）中"各国规定"的部分。

（19）Account of Insurance（保险金额）：如果空运公司不代办保险或托运人不要求保险，此栏可不填。

（20）Handling Information（处理事项说明）：要填写以下内容：

①货物上的标志、号码和包装方式。

②危险品货物的记载事项。对于需要附托运人申报单的危险品货物，填写"DangerousGoods As Per Attached Shipper's Declaration"，对于不要求附申报单的危险品货物，则填写"Shipper's Declaration Not Required"，如仅限于装运货机上的危险品货物，应填写"CargoAircraft Only"。

③另请通知人。除收货人外，当托运人要求将货物的到达通知其指定的另一通知人时，应在此栏填写通知人的名称、地址及电话等，并注明"Also Notify"（另请通知）字样。

④货物交付地址的补充说明。如果货物寄交某空运企业转交收货人或代理人的地址为诸如旅社等临时地址，则应在此栏写明收货人或代理人的永久地址，并注明“In Case of Ina - bility To Deliver To Consignees Contact”（如不能交付时，请与收货人联系）。

⑤随附文件的名称和对特种货物的操作要求。

⑥其他需要说明的事项。比如，在承运人无人押运行李时，如果有钥匙带往目的站，则必须将钥匙装在信封内，钉在货运单后，并在此栏内注明：Key of UbagAttd To Wab。

（21）No. of Pieces/Rcp（Rates And Charges Point）（件数/运价组成点）：填写货物的件数，如果货物运价不同时，则应分列填写。如果货物运价系数分段相加的组成运价，则应另起一行填写运价组成点的 IATA 城市的三字代号。

（22）Gross Weight（毛重）：在与货物件数相对应的同一行处填写货物的毛重。

（23）KG/LB（千克/磅）：以千克为单位填写“K”，以磅为单位填写“L”。

（24）Rate Class（运价类别）：填写所适用的运价类别代号（M，N，EQ，C，R 或 S 等）。

（25）Commodity item Number（指定商品品名编号）：

①若适用指定商品运价，则在与运价类别“C”代号同一行的本栏内填写商品品名编号；

②如果适用等级运价，则在与运价类别相对应的“R”或“S”的行上填写相应的百分数，比如 50%、100%、200% 等。

（26）Chargeable Weight（计费重量）：

①按最低运费计收运费时，本栏可不填；

②如体积重量大于实际毛重，应填写体积计费重量；

③如果采用较高的计费重量分界点的运价，则应将较高的计费分界点重量填入本栏。

（27）Rate/Charge（运价/运费）：在对应的运价类别代号同一行上填写所适用的每千克运价，如为最低运费，则在标有“M”代号同一行上填写最低运费的数额。

（28）Total（总计）：每项货物计费重量与所适用运价相乘所得运费数额应填写在对应行的本栏内，最后将这些运费数额相加得出总数。

（29）Nature And Quantity of Goods(Incl Dimensions or Volume)（货物品名及数量(包括尺寸和体积)）：

①货名应具体明确，当承运鲜活易腐物品、贵重物品时，应在货名、数量后分别注明“Perishable”字样和“Valuable Cargo”字样；

②应按长、宽、高顺序列明货物每件或整批的最大长度、最大宽度和最大高度；

③当一批货物中含有危险品货物时，必须分列，危险品货物应列在第一项，除写明品名外，还必须有危险品级别、相应的标签及有关说明（如仅限货机载运）；

④如果本栏所填的实际件数与件数栏中的件数不一致，则应在后面批注“Slac

(Shipper's Load Count)”(由托运人装载与计数);

⑤此栏也可填入货物的产地国。

(30) Prepaid(预付):

①在 Weight Charge 栏内填写预付运费的总额;

②在 Valuation Charge 栏内填写预付声明价值附加费的总额;

③在 TAX 栏内填写应付税金;

④在 Total Other Charge Due Agent 栏内，填写代理人代垫付款的总数;

⑤在 Total Other Charge Due Carrier 栏内，填写供承运人代垫付款的总数;

⑥在 Total Prepaid 栏内填写本项目所有预付费用的总数。

(31) Collect(到付):项目内容与前项相同。

(32) Other Charges(其他费用):填写运费、声明价值、税金以外的其他费用及金额代号。

(33) For Carrier's Use Only At Destination(仅供承运人在目的地使用):本栏不填。

(34) Signature of Shipper or His Agent(托运人或其代理人签字):托运人或其代理人应予以签字，如果托运人已在托运书中委托承运人或其代理人签署，则承运人或其代理人可代表托运人签字。

(35) Executed on (Date) of (Place)(填写空运单的日期、地点):

①按日、月、年顺序填入空运单的填开日期，月份可用缩写或全称，但不能用数字表示。

②在地点处填入空运单签署的地点(一般为始发地或承运人地址所在城市)。

(36) Signature of Carrier or His Agent(承运人或代理人签字):承运人或其代理人应按 UCP500 号要求予以签字。

以下各项由最后承运人在正本空运单第二联(收货人联)上填写。

(37) Currency Conversion Rate(货币兑换比价):填写目的地货币代号及兑换比价。

(38) Collect Charges In Destination(用目的地或不付费的到付费用额):将签署到付费用总额按所列的货币兑换比价折成目的地货币金额填入本栏。

(39) Charges At Destination(在目的地的费用):最后承运人将目的地发生的费用金额包括自然增长的利息填入本栏。

(40) Total Collect Charges(总的到付费用):将目的地货币付费额与在目的地的费用之和填入本栏。

当空运单有关内容较多无法在指定栏内填写时，可在相应栏底部批注“See ExtensionList”(见续页)字样，然后另在续页上继续开列，并附在空运单每页之后。续页的份数应与空运单的份数相同，每份续页上均应填明空运单号码。

航空货运单详见表 6-13。

Master Air Waybill

Air waybill

Shipper's Name and Address | Shipper's Account Number

NOT NEGOTIABLE

AIR WAYBILL
ISSUED BY

Copies 1, 2 and 5 of this Air waybill are originals and have the same validity.

Consignee's Name and Address | Consignee's Account Number

It is agreed that the goods described herein are accepted in apparent good order and condition (except as noted) for carriage SUBJECT TO THE CONDITIONS OF CONTRACT ON THE REVERSE HEREOF.THE SHIPPER'S ATTENTION IS DRAWN TO THE NOTICE CONCERNING. CARRIER'S LIMITATION OF LIABILITY.Shipper may increase such limitation of libility by declaring a higher value for carriage and paying a supplemental charge if required.

SEE CONDITIONS OF CONTRACT ON REVERSE SIDE

IATA Code | Shipper's Account Number

Accounting Information:

Airport of Departure and Requested Routing

to	By First Carrier	Routing and Destination	to	by	to	by	Currency	CHGS Gode	WT/VAL PPD	WT/VAL COLL	Other PPD	Other COLL	Declared Value for Carriage	Declared Value for Customs

Airport of Destination | Flight Date | For Carrier Use Only | Flight Date | Amount of Insurance

Handling Information

No.of Pieces RCP	Gross Weight	kg lb	Rate Class / Commodity Item No.	Chargeable Weight	Rate / Charge	Total	Nature and Quantity of Goods (and Dimensions or Volume)

Prepaid | Weight Charge | Collect

C.O.D.Amoumt

Valuation Charge

Other Charge

Tax

Total Other Charges Due Agent

Total Other Charges Due Carrier

Total Prepaid | Total Collect

Currency Conversion Rate | CC Charges in Dest.Currency

EXECUTED ON (Date) At (Place) SIGNATURE OF ISSUING AGENT

For Carrier's Use Only at Destination | Charges at Destination | Total Collect Charges

图 6－13　航空货运单样表

【案例分析】

冷冻货物空运途中解冻受损案

一票货物从柏林空运到上海。货运单号：999－87654938，航班：XY767/16MAY。货物共1件，500公斤，货物价值20000美元，飞机于8月9日到达北京机场，当天上午9点航空公司发出到货通知。收货人当天办理完海关手续后到机场提货时，发现货物并没有放在冷库保存，其解冻后受损，收货人当时便提出异议，因为在货运单的操作注意事项栏中明显注明"KEEP COOL"字样，但工作人员在分拣时疏忽没有看到。最后经过挑选，损失达60%左右。

试分析此案例，并给出处理意见。

四、国际航空货物运输代理实务

航空运输代理业务人是联系发货人、收货人、政府等各运输关系人之间的重要纽带，在国际航空运输货物进出口活动中起着重要的作用。航空运输代理人的职责包括为货主提供服务和为航空公司提供服务两个方面。从业务分类来看，则主要从事与航空货物进出口相关的各项事项，包括集中托运和快运服务。从进出境业务分类，可分为出口代理业务和进口代理业务。

国际航空货物运输的业务流程主要包含两大环节：一是航空货物运输的出口业务流程图6－4)；二是航空货物运输的进口业务流程（见图6－5)；

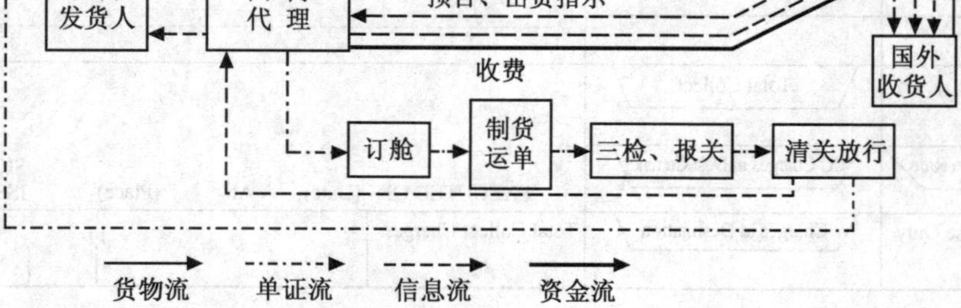

图6－4 国际航空货物出口业务操作流程图

(一) 航空物运出口理业务

1. 出口代理业务程序

航空货物出口代理业务程序，是航空公司货运代理公司从发货人手中接货到将货物交给航空公司承运的整个过程，包括所需要经过的环节、所需办理的手续以及必需的单证。出口程序的起点是从发货人手中接货，终点是将货物交给航空公司。由此可以看出，航空公司只负责将货物从一个机场运至另一个机场。

出口代理业务大致包括揽货、委托运输、预配舱、预订舱、接单接货、审核单证、制单、配舱、订舱、标签、出仓单、出口报关、提板箱、装货、签单、交接发运、航班跟踪、费用结算、信息服务。

(1) 揽货。揽货是指航空货运代理公司为争取更多的出口运输货源，到有出口经营权的贸易公司、企业推销代理服务的活动。

航空货运代理公司与出口企业（发货人或出口货运委托人）就代理货物出口航空运输事宜达成协议后，可以向发货人提供有关航空公司的国际货物托运书。托运书由发货人填写并加盖公章，作为委托和接受委托的依据。对于长期出口或出口货量大的发货人，航空货运代理公司一般都会与之签订长期的货运代理协议。

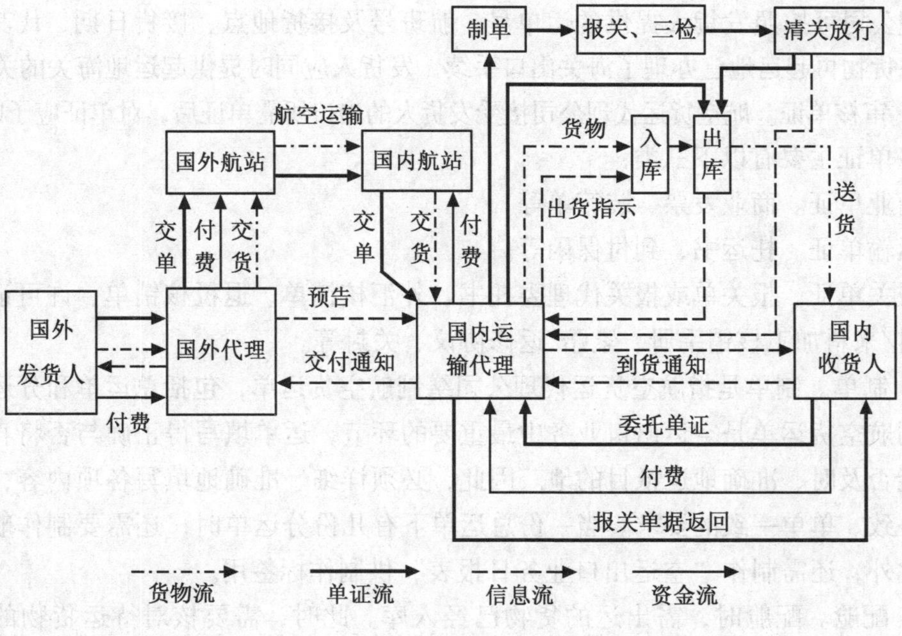

图6-5 国际航空货物进口业务操作流程图

揽货时必须注意：需要航空运输的化工类产品，须事先到指定部门进行化学性质检验，以证明其货物性质适合空运。此外，不同的货运也有不同的运输规定和限制，揽货人员应充分了解相关规定。

(2) 委托运输。根据《统一国际航空运输某些规则的公约》（简称《华沙公约》）

第五条第一款“货运承运人有权要求托运人填写一种称为‘航空货运单’的凭证，托运人有权要求承运人接受这项凭证”和第六条第五款“如果承运人根据托运人的请求，填写航空货运单，在没有相反的证据时，应作为代托运人填写”的规定，航空货运单应由托运人（或发货人）填写。但实践中，货运单均由承运人或其代理人代为填制。作为填开货运单的依据托运书（Shippers letter of Instruction，SLI），应由托运人自己填写，而且托运人必须在委托书上签字或盖章以示确认。

(3) 预配舱。航空货运代理公司汇总当日所有货运委托预报，依据货物运输目的站和货物情况，根据各航空公司不同机型、不同集装器的装载要求，制订预配舱方案，并对每票货配上运货单。

(4) 预订舱。航空货运代理公司根据所制订的预配舱方案，按航班号、日期打印出总运单号、件数、重量、体积，向航空公司预订舱。由于此时可能还没有入仓，客户的预报和实际的件数、重体积等都会有差别，这些数据留待配舱时再予以调整。

(5) 接单接货。接单是指航空货运代理公司从发货人手中接受货物出口所需的一切单证，其中主要是报关单证。接货是指航空货运代理公司从发货人手中接受货物并将其运到机场仓库待运。

接单一般与接货同时进行。对于通过空运或铁路从内地运往出境地的出口货物，航空货运代理公司可按照发货人提供的运单号、航班号及接货地点、接货日期，代其提取货物。如果货物再起运地已办理了海关出口手续，发货人应同时提供起运地海关的关封。

(6) 审核单证。航空货运代理公司接受发货人的出口所需单证后，对单证应予以审核。

这些单证主要有以下三类：

①商业单证。商业发票、装箱单等。

②运输单证。托运书、到付保函等。

③报关单证。报关单或报关代理委托书、外汇核销单、退税核销单、许可证、商检证、进料/来料加工核销手册、索赔/返修协议、关封等。

(7) 制单。制单是指航空货运代理公司缮制航空货运单，包括总运单和分运单。

缮制航空货运单是空运出口业务中最重要的环节，运单填写得正确与否将直接关系到货物能否及时、准确地运抵目的地。因此，必须详细、准确地填写各项内容，严格符合单货一致、单单一致的要求。当一份总运单下有几份分运单时，还需要制作航空货物清单。此外，还需制作“空运出口业务日报表”供制作标签用。

(8) 配舱。配舱时，需出运的货物已经入库。此时，需要核对待运货物的实际件数、重量、体积与托运书上预报数量的差别，按照各航班飞机机型，板箱型号、高度、数量进行合理配载。同时，对于货物晚到以及尚未顺利通关放行的货物作出调整，为制作配舱单作准备。实践中，这一过程一直延续到货、单向航空公司交待后才完毕。

(9) 订舱。订舱是指航空货运代理公司向航空公司正式提出运输申请并订妥舱位。

货物订舱需要根据发货人的要求和货物本身的特点而定。一般来说，大宗货物、紧急物资、鲜活易腐食品、危险品、贵重物品等，必须预订舱位；非紧急的零散货物，可以不预订舱位。

航空货运代理公司订舱时，可依照发货人的要求选择最佳的航线和最佳的承运人，同时为发货人争取最低、最合适的运价。订舱后，航空公司签发舱位确认书（舱单），同时给予装货集装器领取凭证，以表示舱位订妥。

（10）标签。为便于货物交接顺利和货物运输安全，航空公司要求对货物予以标签，即对所承运的货物加以标识（图6－6至图6－11）。

①根据标签的作用，可将标签分为识别标签、特种货物标签和操作标签等。识别标签：表明货物的货运单号码、件数、重量、始发站、目的站、中转站的一种标志，分为挂签、贴签两种。特种货物标签：说明特种货物性质的各类识别标志，分为活动物标签、危险品标签和鲜活易腐物品标签。操作标签：说明货物储运注意事项的各类标志。

②根据标签类别，可将标签分为航空公司标签和分标签两种。航空公司标签是航空公司对其所承运货物的标识。各航空公司的标签虽然在格式、颜色上有所不同，但内容基本相同。标签上的前3位阿拉伯数字代表承运航空公司的代码，后8位阿拉伯数字是总运单号码。分标签是货运代理公司对出具分运单货物的标识。凡分运单项下货物都要制作分标签，填制分运单号码和货物到达城市或机场的3字代码。

6－9 国际航空货运标签的种类

一件货物贴挂一张航空公司标签，有分运单的货物，每件再贴挂一张分标签。

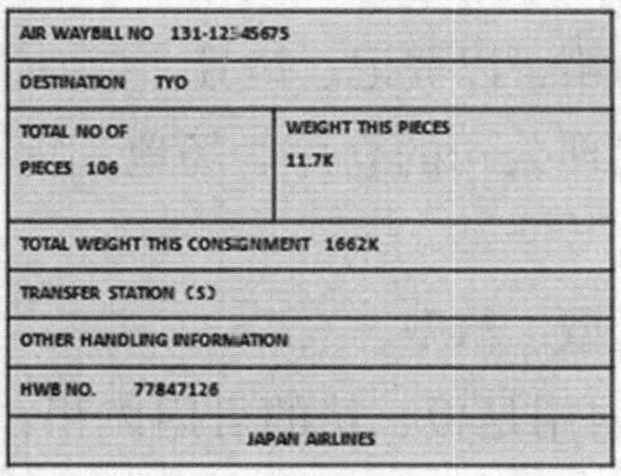

图6－6　识别标签

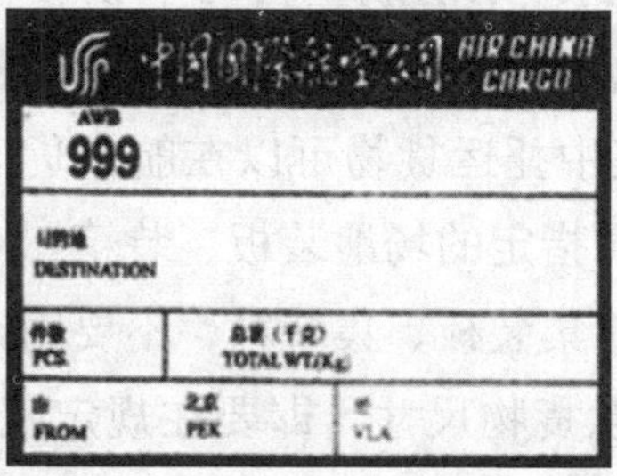

图6－7　航空公司标签

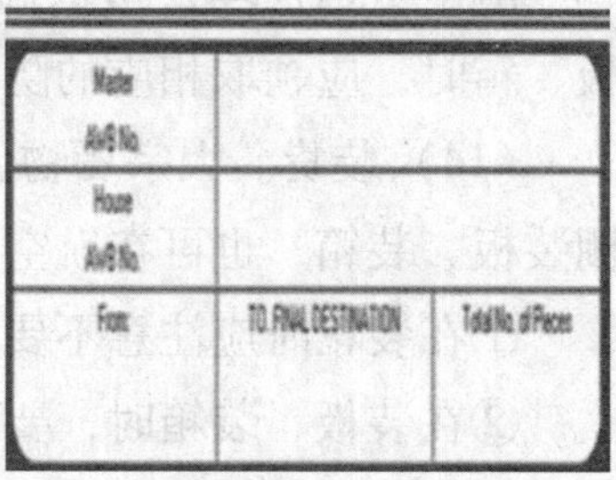

图6－8　分标签

图6－9　危险品标签

图6－10　操作标签

图6－11　操作标签

(11) 出仓单。航空货运代理公司的配舱方案制订后即可编制出仓单。出仓单交给仓库装板箱环节，是向出口仓库提货的依据，也是制作国际货物交接清单的依据（该清单用于向航空公司交接货物），出仓单还可用于外拼箱。出仓单交给报关环节，当报关有问题时，可有针对性的反馈，以采取相应的补救措施。

(12) 出口报关。出口报关是指发货人或其代理人在发运货物之前，向出境地海关提出办理出口手续的过程。因国家鼓励出口，出口报关比进口报关简单，报告环节较少。

海关办完审核、查检、征税等海关手续后，海关关员即在用于发运的发运单正本上加盖放行章，在出口收汇核销单和出口货物报关单上加盖放行章，在发货人用于出口产品退税的单据上加盖验讫章，粘贴防伪标志。至此，完成出口报关手续。

对于暂时出口的货物，如出口的修理件、展览品、运动员出国比赛的器具等，货主必须留存出口报关单，以备日后进口报关时用。

(13) 提板箱。航空货运代理公司将 2 立方米以下体积的货物作为小货交航空公司拼装，大于 2 立方米的大宗货物或集中托运拼装货，一般由货运代理公司自己拼板、箱装运。

航空货运代理公司订妥舱位后，航空公司吨控部门将根据出运货量安排发放航空集装板、箱凭证，航空货运代理公司凭此向航空公司板箱管理部门领取与订舱货量相应的集装板、箱。

航空货运代理公司根据订舱计划向航空公司申领板、箱，并办理相应的手续。提板、箱时，应领取相应的防雨塑料薄膜和罩网，对使用的板、箱予以登记、销号。

(14) 装货。大宗货物、集中托运货物可以在航空货运代理公司的仓库、场地、货棚装板、装箱，也可在航空公司指定的场地装板、装箱。

①在装箱时应注意不要用错集装板、集装箱，不要用错板型、箱型。

②在装板、装箱时，要注意货物尺寸，即要在规定范围内用足板、箱的可用体积，又不超尺寸装载。

③要做好防潮、防雨淋工作，严格按照航空运输货物装载规范装载货物。

④对于大宗货物、集中托运货物，要尽可能将整票货装在一个或几个板、箱内运输。对于已装妥整个板、箱后剩余的货物，应尽可能拼装在同一个板、箱中，防止散落、遗失。

(15) 签单。海关在货运单上加盖放行章后，航空货运代理公司需将货运单送交航空公司签单。航空公司主要审核货运单上运价的制定是否正确、货物的性质是否适合空运（如危险物品是否已办理了相应的证明和手续）。航空公司的地面代理规定，只有签单确认后才允许将单、货交给航空公司。

(16) 交接发运。交接是指航空货运代理公司向航空公司交单交货，由航空公司安排航空运输。交单是指航空货运代理公司将随机单据和应由承运人留存的单据交给航空公司；交货是指航空货运代理公司把与运输单据相符的货物交给航空公司。

(17) 航班跟踪。航空货运代理公司将单、货交给航空公司后，即需要对航班货物进行跟踪。

那些需要联程中转运输的货物，当所载货物出运后，航空货运代理公司应要求航空公司提供第二、三航班中转信息，及时掌握货物动态，以便对一些不正常情况及时进行处理。

(18) 费用结算。航空货运代理公司的费用结算主要涉及供应方、托运方、国外代理人三方。所谓供应方，主要是指航空公司、地面运输公司、仓库、代理报关公司等运输及配套服务提供方。费用结算的内容主要是涉及航空运输的一切费用，包括航空运费、地面运费、服务费、手续费等。

(19) 信息服务。航空货运代理公司发运货物后，应及时将发运信息通知发货人。同时，将应由发货人留存的单据，主要是报关单据（如收汇核销单、退税单等）及时寄送发货人。对于集中货运货物，还应将发运信息预报发货人所在地的国外代理，以便其办理查询、接货、货物分拨等业务事项。

2. 出口代理业务的单证处理

(1) 国际航空货物托运书。作为填开货运单的依据—航空托运书（Shippers Letter ofInstruction，SLI)，应由托运人自己填写，且需在上面签字或盖章。航空公司或航空货运代理企业据以代为填制国际航空货运单。

托运单应使用钢笔、圆珠笔书写，有些项目，如名称、地址、电话等，可盖戳印代替书写。字迹要清晰易辨，不能潦草。对托运书要求填写的内容应予以如实填写。填写规范参考前述货运单填制规范。航空货运代理公司在检查货物货运书填写内容符合要求以及货物符合空运的一般规定后，方可予以受理。航空托运书的样式见表6-14。

(2) 国际航空货运单。前面已作介绍。

(3) 收货单。收货单是客户与航空货运代理公司之间收交货物的凭证，也是货物单上数据更改的依据。航空货运代理公司的单证人员在接受发货人委托后，应根据委托的内容填写收货单。收货单分客户、仓库、出口等三联。

单证人员填写事项：客户名称，进仓编号，分运单号，货物目的地，收货日期，货物大件数、重量、长度、宽度、高度，货物细件数、唛头等。

收货员填写事项：收货时间、包装情况、收货人签名。

注意：仓库若发现包装不符合收运标准，应予以拒收。收货时的司磅重量、丈量的尺码与收货单上记载不符的，应在收货单上予以标注，并让客户签名确认。

仓库收货员签字后的收货单：客户联交客户带回，仓库联留存备查，出口部联转出口部作为更改货物单数据的依据（若仓库有计算机与业务数据库相联的，则由仓库直接更改货运单相关数据）。

（4）出仓单。航空货运代理公司制订配舱方案后，即可编制出仓单。出仓单上应载明操作日期，航班日期，载装板箱规格型号、数量，货物进仓编号，分运单号，总运单号，件数，重量，体积，目的站三字代码等。有时还需要填写发货人、收货人、销售部门、订舱等业务信息。

（5）集装货物组装记录单。航空货运代理公司采用集中托运时，向航空公司的地面代理（内场）交运货物时，应随附集装货物组装记录单。此单由航空货运代理公司填写。填写内容：航班号、代理名称、集装板箱号码、总运单号、件数、目的地等。航空公司的地面代理司磅签收后，第一联由卡车司机带回仓库（航空货运代理公司的仓库）留存。其他联单的流转略。

（6）危险物品运输文件。

①危险物品申报单（Shipper's Declaration for Dangerous Goods）。托运人应保证危险货物的包装、运输准备完全符合有关国际、国家、航空公司的规定，并如实、正确地填写托运人危险物品申报单（见表6－15）。基本填制要求是：用英文大写（除签名外，可用打字机缮制），字迹清晰，如有涂改，托运人必须在涂改处签字；托运人必须在申报单上签字，并必须用全名，签字可以手写，也可以用印章，但不允许使用打字机。

当所运货物属于放射性以外的危险品时，应按以下格式填写申报单：

Shipper：托运人的姓名全称及地址。

表6－14　　航空托运书样表

<table>
<tr><td>始发站
Airport of
Departure</td><td></td><td>目的站
Airport of
Destination</td><td></td><td colspan="4">航空货运单号码
Air Waybill Number</td></tr>
<tr><td colspan="4">托运人姓名、地址、电话号码
Shipper's Name, Address, Postcode & Telephone No.</td><td colspan="4">安全检查
Safety Inspection</td></tr>
<tr><td colspan="4">收货人姓名、地址、邮编、电话号码
Consignee's Name, Address, Postcode & Telephone No.</td><td colspan="4">填开代理人名称
Issuing Carrier's Agent Name</td></tr>
<tr><td>航线
Routing</td><td>到达站
To</td><td colspan="2">第一承运人
By First Carrier</td><td>到达站
To</td><td>承运人
By</td><td>到达站
To</td><td>承运人
By</td></tr>
<tr><td colspan="2">航班/日期
Flight/Date</td><td colspan="2">航班/日期
Flight/Date</td><td colspan="2">运输声明价值
Declared Value for Carriage</td><td colspan="2">运输保险价值
Amount of Insurance</td></tr>
<tr><td colspan="8">储运注意事项及其他
Hading Information and Others</td></tr>
</table>

续表

件数 No. of Pcs. 运价点 RCP	毛重(千克) Gross Weight (KG)	运价种类 Rate Class	商品代号 Comm. Item No.	计费重量(千克) Chargeable Weight	费率 Rate/kg	航空运费 Weight Charge	货物品名（包括包装、尺寸或体积）Description of Goods (incl. Packaging, Dimensions or Volume)

预付 Prepaid		到付 Collect	其他费用 Other Charge
	航空运费 Weight Charge		本人郑重声明：……
	声明价值附加费 Valuation Charge		
	地面运费 Surface Charge		
	其他费用 Other Charge		托运人或代理人签字、盖章 Signature of Shipper or His Agent
	总额（人民币）Total (CNY)		填开日期 填开地点 填开人或代理人签字、盖章 Executed on (Date) at (Place) Signature of Issuing Carrier of Its Agent
付款方式 Form of Payment			

表 6-15　　托运人危险品申报单样表

Shipper	Air Waybill No. Page of Pages Shipper's Reference Number (optional)
Consignee	For optional use For Company logo Name and address

续表

<table>
<tr><td colspan="3">Two completed and signed copies of this Declaration must be handed to the operator.</td><td colspan="2" rowspan="2">WARNING
Failure to comply in all respects with the applicable Dangerous Goods Regulations may be in breach of the applicable law, subject to legal penalties. This Declaration must not, in any circumstances, be completed and/or signed by a consolidator, a forwarder or an IATA cargo agent.</td></tr>
<tr><td colspan="2">TRANSPORT DETAIL
This shipment is within the limitations prescribed for:
(delete non applicable)</td><td rowspan="2">Airport of Departure</td></tr>
<tr><td>PASSENGER AND CARGO AIRCRAFT</td><td>CARGO AIRCRAFT ONLY</td><td colspan="2">Shipment Type: (delete non - applicable)</td></tr>
<tr><td colspan="3">Airport of Destination</td><td>NON - RADIOACTIVE</td><td>RADIOACTIVE</td></tr>
</table>

<table>
<tr><td colspan="8">NATURE AND QUANTITY OF DANGEROUS GOODS</td></tr>
<tr><td colspan="5">Dangerous Goods Identification</td><td rowspan="2">Quantity and Type of Packing</td><td rowspan="2">Packing Instruction</td><td rowspan="2">Authorization</td></tr>
<tr><td>Proper Shipping Name</td><td>Class or Division</td><td>UN or ID No.</td><td>Packing Group</td><td>Subsidiary Risk</td></tr>
<tr><td></td><td></td><td></td><td></td><td></td><td></td><td></td><td></td></tr>
<tr><td colspan="8">Additional Handing Information</td></tr>
</table>

<table>
<tr><td>I hereby declare that the contents of this consignment are fully and accurately described above by the proper shipping name, and are classified, packaged, marked and labelled/placarded, and are in all respect in proper condition for transport according to applicable international, and national govenmental regulations.</td><td>Name/Title of Signatory
Place and Date

Signature
(see warning above)</td></tr>
</table>

Consignee：收货人的姓名全称及地址。如果托运传染性物质，还应填写发生事故时可以联系到的负责人姓名和电话号码。

Air Waybill No.：与申报单附在一起的货运单号码。

Page of Pages：页的序数和总页数，如无续表均写“1”。

Aircraft：机型限制。根据货物的情况而定。

Airport of Departure：始发站机场或城市的全称。

Airport of Destination：目的站的机场或城市的全称。

Shipment Type：货物种类。危险品具有放射性或无放射性。无放射性时，必须删去表格中的"RADIOACTIVE"。

NATURE AND QUANTITY OF DANGEROUS GOODS：危险品的种类、性质、数量和包装说明等。

Proper Shipping Name：运输专用名称。

Class or Division：类别或项别的编号。对于第1类危险品，还应注明配装组。对于装有各种化学药品的试剂箱，应写出每一种危险品的类别或项别的编号。

UN or ID No：联合国或国际航协的识别编码。相应的编号前缀上"UN"或"D"字样。

Subsidiary Risk：次要危险性。注明与标签相应的次要危险性所属类或项的编号。

Quantity and Type of Packing：数量和包装种类。

Packing Instruction：包装说明。注明包装说明的编号以及危险物品的包装等级。

Authorization：批准（认可的主管部门）。

Additional Handling Information：其他作业说明。例如，4.1类、5.2类物质，必须在此栏中说明：含有这类物质的包装件与集装器不得被阳光直射，应存放在通风良好的地方，远离任何热源，以及包装件垛码不得过于密集。

Name/Title of Signatory：签字人的姓名和职务。

Place and Date：签字的地点和日期。

Signature：签字（仅允许手写或使用印章）。

②航空货运单。航空货运单填制的基本要求如前述。在运输危险物品时，填制航空货运单还需注意以下内容：

第一，同一票货运单中，既有危险货物又有非危险货物，填开时：危险物品在先，非危险物品在后；在" Handing Information"栏内，指出危险物品的件数。并在此栏中填写下列一项以上的说明："DANGEROUS GOODS AS PER ATTACHED SHIPPERS DECLARATION"；"DANGEROUS GOODS SHIPPERS DECLARATION NOT REQUIRED"；"CARGO AIRCRAFTONLY"。

第二，不需要填写申报单的危险物品。在货运单的"NATURE AND QUANTITY OFDANGEROUS GOODS"栏内，还应依次注明如下内容：运输专用名称（PSN）、类别或项别的号码、UN或ID编号、包装等级、次要危险性、包装件数、每个包装件数的净重或净容积、包装说明。

第三，对于例外数量危险物品，必须在货运单的"NATURE AND QUANTITY OF DAN - GEROUS GOODS"栏内注明"DANGEROUS GOODS IN EXCEPTED QUANTITIES"。

第四，如果怀疑某种化工产品或化学物质是危险物品，但不符合各类（项）危险性判定标准，这种产品或物质应作为非危险品运输。在货运单中该产品或物质的品名下面，应注明“NOT RESTRICTED”，表示已对该货物作过核查。

③危险物品收运核查单。航空公司在收运危险物品时，为了核查危险物品的申报单、货运单及货物包装件是否符合要求，航空公司根据待收运的危险物品属于放射性或非放射性，分别使用两种检查单：非放射性危险物品收运核查单、放射性危险物品收运核查单。核查单由收运员填写，一式两份，经签字后生效。经检查，如申报单、货运单、货物包装件等各项均无问题，则该危险物品可以收运。核查单正本、危险物品申报单与货运单正本随附货物一同运输，其副本留始发站存档。遇以下情况，航空公司将拒收货物：无核查单或核查单上无签字；货运单、申报单有错误未更正；包装件有损坏或打包方法不正确。

④特种货物装载机长通知单（Special Load Notification to Captain）。根据国际民航组织关于危险物品运输的规定，对已装机的危险物品，必须在飞机起飞前向机长作出书面通知。空中出现紧急情况时，机长可以根据该通知单将机上危险物品的种类、数量及装载位置通知地面的有关机场当局。

3. 出口代理业务的货物处理

（1）货物交接规范。

①货物的重量、体积限制。最小体积，除新闻稿件类货物以外，其他货物的长、宽、高之和不得小于40厘米。

非宽体飞机载运的货物，每件货物重量一般不超过80千克，体积一般不超过40厘米×60厘米×100厘米。

宽体飞机载运的货物，每件货物重量一般不超过250千克，体积一般不超过100厘米×100厘米×140厘米。

超过以上重量、体积的货物，承运人可根据机型及始发地和目的地机场的装卸条件，确定收运货物的最大重量和体积。超过以上规定者，称为超大超重货物。

②货物包装的一般规定。货物包装的基本要求为坚固、完好、轻便。在一般运输过程中能防止包装破裂，内装件漏出散失；因垛码、摩擦、震荡或因气压、气温变化而引起货物损坏或变质，伤害人员或污损飞机、设备及其他物品。

包装的形状除应适合货物的性质、状态和重量外，还要便于搬运、装卸和堆放，包装外部不能有突出的棱角及钉、钩、刺等；包装要清洁、干燥、无油污和异味。

在特定条件下承运的货物，如鲜活、易腐货物等，其包装应符合对该货物特定的要求。

凡用密封舱飞机运送的货物，不得用带有碎屑、草末等材料（如稻草袋、绳等）做包装；包装内的衬垫材料（如木屑、纸屑、谷糖等）不得外漏，以免堵塞飞机的空调和密闭系统。

货物包装内不准夹带禁止运输或限制运输的物品、危险品、贵重物品、保密文件和资料等。

对包装不符合要求的货物，应要求发货人改进或重新包装后方可承运。

如果包装件有轻微破损，应在货运单的“ Handing Information”中标注详细情况。

③对几类货物包装的特别要求。

第一，液体货物。不论瓶装、罐装或桶装，内部必须留有5%～10%的空隙，必须封盖严密，容器不得渗漏。用陶土、玻璃容器盛装的液体，每一容器的容量不得超过500毫升，并要用外加木箱，箱内用衬垫或吸附材料填塞妥实，防止晃动，每件重量以不超过25千克为宜。

第二，粉状货物。用袋盛装的，最外层要有保证粉末不漏出的包装，如塑料涂膜编织袋或玻璃纤维袋等，单件货物毛重不得超过50千克；用硬纸桶、木桶、胶合板盛装的，要求桶身不破，接缝紧密，桶盖密封不漏，桶钳坚固结实；用玻璃装的，每瓶内装物的重量不得超过1千克；用铁制或木制材料做外包装，箱内用衬垫材料填塞妥实。单件货物毛重以不超过25千克为宜。

第三，精密易损，材质易碎货物。每件毛重以不超过25千克为宜，并根据货物的易损程度，分别采用以下包装方法：

一是悬吊式包装。即用几根绳索或拉伸式弹簧，从箱内各个方向把货物悬置在箱子中，如大型电子管、X射线管等。

二是显像管的包装。即用足够厚的塑料泡沫或其他衬垫材料把货物围裹严实，外加坚固的瓦愣纸箱或木箱，箱内物品不得晃动。

三是防倒置包装。即将容器做成底盘大，盖箱有手提把环或屋脊式箱盖等。不宜平放的玻璃板、挡风玻璃等必须用防止平放的包装（底盘大、用支架竖起）方可承运。

四是多层次包装。即由里至外依次是货物、衬垫材料、内包装、衬垫材料、运输外包装。

五是捆扎货物用的绳索的强度应以能承受货物的全部重量为准，用手提起整件货物时，绳索不致断裂。

第四，裸装货物。不怕碰压的货物，如轮胎等可不用包装。但如不易清点件数，形状不规则或容易碰坏飞机的货物仍然应有绳索、麻布包扎或外加包装。

第五，贵重物品。贵重物品除满足以上的包装条件外，外包装应加装“井”字形铁腰。

④对几种包装容器的质量要求。

一是纸箱抗压能力应可承受同类包装货物堆垛3米高的总重量，有绳索或捆扎带束紧。

二是木箱高度及结构要适应货物安全运送的需要；盛装精致、易碎、贵重物品的木箱，不得有虫蛀、腐朽、裂缝等缺陷；毛重在20千克以上的包装应有铁腰束紧。

三是条筐、竹篓要不断条、不劈条、编织紧密整齐；直径50厘米左右的条筐、竹篓的容量以不超过40千克为宜，盖子要比口径略大，并能承受堆垛几层的压力，内装货物及衬垫材料不得漏出。

四是铁桶铁皮的厚薄应与货物的重量相适应。单件毛重25~100千克的中小型铁桶，应使用0.6~1.0毫米的铁皮制作；单件毛重在101~180千克的大型铁桶，应使用1.25~1.5毫米的铁皮制作。

⑤货物标记和使用规定。

一是在每件货物的包装上，必须有托运人书写或钉附明显的发货标记。若没有，应请托运人补上，否则不予承运。

二是货物标签上各项内容的字迹要明显易辨，货运单号码及到达站名要用较大字体、较粗的号码戳及站名戳打印。

三是每件货物均需牢固地贴挂一个货物标签，体积超大的货物，要挂贴两个标签，一边一个；集装货物的包装外面，应另有表明"重心点"、"由此起吊"的指示标志。

四是凡用陶土、玻璃瓶做容器的液体、气体货物，其外包装必须粘贴"小心轻放"、"向上"的指示标志；凡精密易损、质脆易碎货物，其外包装必须粘贴"小心轻放"及根据货物的性质粘贴"向上"的指示标志；其他货物必须根据货物的特性，正确粘贴指示标志。体积较大的货物，要在包装两边或四边粘贴指示标志。

五是货物标签和指示标志，一般应由承运人贴挂，如托运人协助贴挂时，应逐件检查，发现错、漏或部位不当时应立即纠正。

六是旧包装上的残留标记必须清除或抹去。承运旧包装的货物，以承运人在货物上所加的货物标签、指示标志为准；承运出厂新包装货物，包装上指示标志有效，应按指示标志进行作业。

七是包机运输的货物，如全部属于一个发货人、运往一个目的站及不需要中转换机的，可不贴挂货物标签。

八是在装卸、保管过程中要注意保持货物标记的完整，遇有脱落或辨认不清的，应根据货运单及时查对、补贴。

九是货物标签应按照粘贴拴挂的规定部位粘贴，不得倒挂或歪贴。此外，还需注意如下几点：标签不得贴挂在货物的顶部或底部，应贴挂在货物的侧面；包装形状特殊，应根据情况将标签贴挂在货物的侧面；货物贴挂两个货物标签时，应在包装两侧对称部位贴挂；标签不得贴挂在绳索或其他捆扎材料上面。

⑥货物收运程序。航空货运代理公司的仓库接收货物时，一般凭出口单证部门签发的收货单接收货物。接收货物时，采用的收运程序如下：

一是检查。根据收货单上的进仓单编号，进入业务数据中调出相应业务资料，检查进仓货物的品名或货物是否相符。对不熟悉的货物品名，要查证清楚，避免将危险品误作为普通的货物收运。检查货物的包装是否符合航空运输要求，对不符合航空运输要求的货物包装，必须经托运人改善包装后方可办理收运。航空货运代理公司对托运货物的内包装是否符合要求不承担检查责任。包装上的发货标记与托运书中填写的内容一致，如有错误或遗漏，应要求托运人更正或补充。货物的重量和体积是否超过限制。

二是清点。清点货物件数。如件数不对，应在收货单上注明，并及时通知单证部门更正货运单数据。

三是称重和丈量。货物入库前须过磅称重，并予以丈量，过磅后的重量、丈量后的实际体积若与收货单上的重量、体积不符的，则应在收货单上予以注明，并及时通知单证部门更正货运单数据。

四是仓储。根据货物的出运航班、货物性质区分仓储。

（2）集装器货物组合装载规范。

①集装箱或集装板要放置在托盘等带滚轴装置的平台设备上。装货前应对集装板或集装箱进行清扫，以保持集装板或集装箱干净、整洁。

②根据货物卸机站的顺序，货物重量、体积、形状，包装材料，运输要求等情况，设计货物的组合装载方案。

③大多数情况下，体积较大、重量较重的货物使用集装板装载。体积较小、重量较轻的货物使用集装箱装载。体积较大、重量较重的货物应集中码放在最下层，并尽量向集装器中央集中码放；轻泡货物、精密仪器、怕压易碎的货物应放在最上层。

④装运危险品和所有可能对飞机造成危害的货物时，应使用填充物将集装器内空隙填满或使用绳、带捆绑，以防损坏设备、飞机，甚至造成重大事件。

⑤卸机站相同的货物应尽量装在同一集装器上；一票货物应尽量装载到一个集装器上，应避免分散装载；联程中转运输的货物也应尽量装载到一个集装器上。

⑥装载散货仓或集装器时，单件重量超过 50 千克的货物要水平码放在飞机货舱地板或集装器底板上，禁止以边角作为货物的支撑点，以免损坏集装器。

⑦需要使用撬杠时，撬杠与地面接触点之间应放置木制垫板，以防止压力过大损坏飞机或设备。

（二）航空运输进口代理业务

1. 进口代理业务程序

（1）代理预报。一般情况下，国外货运代理公司会将其代理的航空货物的运单、航班、件数、重量、品名、实际收货人及其地址和电话等信息，在货物发运前通知国内航空货运代理公司。这一过程称做预报。国内代理人会根据预报做好接货的前期准备工作。国内代理应特别注意分批货物、中转货物。从国外一次性运来的货物，由于在国内转运时受运载量的限制，往往采取分批方式运输，因此应对货物的转运计划予以安排；需中转的货物，会因航班的晚点等原因而造成无法及时装上原先预订的二程飞机，因此，国内代理应密切注意航班抵达信息。

（2）交接单货。航空货物抵港后，与货物相关的单据随机到达。入境货物、装卸工具均处于入境国海关的监管之下。航空公司的地面代理会将货物卸下后，存人航空公司在机场的海关监管仓库，并进行进口货物舱单录人，即将舱单上的总运单号、收货人、始发站、目的地、件数、重量、品名、航班号等信息输入数据库并上传海关，供收货人通关用。

若货运单上的通知人为航空货物运输代理公司，航空公司的地面代理会把运输单据及有关的货物交给航空货运代理公司。航空公司的地面代理向航空货运代理公司交接的内容有国际货物交接清单、总运单、随机文件、货物。交接时要做到单单相符、单货相符。对核对后出现的问题，应按表 6－16 所列的方式办理。

表 6－16　　问题处理方式

交接清单	总运单	货物	处理方式
有	无	有	所缺总运单后补
有	有	无	总运单退回始发站
有	无	无	从清单上划去
无	有	有	在清单上加上
无	有	无	总运单退回始发站
无	无	有	货物退回始发站

航空货运代理公司与航空公司的地面代理交接手续时，对有单无货或有货无单等情况，应在交接清单上注明；对于分批货物，应做好分批货物登记表；发现货物短缺、破损或其他异常情况，应向地面代理索取商务事故记录或货物运输事故签证。

航空货运代理公司可向航空公司或其他地面代理要求开具商务事故记录的情形有以下几种：

①货物外包装损坏。如纸箱破裂，内装货物散落；木箱开裂，有明显受撞击痕迹；外包装未破裂，但有液体渗出等。

②裸装货物受损。如无外包装货物明显受损；机器部件失落、仪表破裂等。

③木箱或精密仪器上的防震、防倒置标志泛红。

④货物件数短缺。

由于货物受损的原因多种多样，未必有确凿证据肯定是航空公司或其地面代理的责任，因此，航空公司一般不愿意开具此类证明。但是作为航空货运代理公司应及时将事故情况与收货人联系，必要时可以采取将货物暂留机场，商请收货人一同到场处理的方式来规避自己的风险。

(3) 理货与仓储。航空货运代理公司接受货物后，即可将未经通关的货物转入代理公司自己的海关监管仓库，对整箱、整板的货物予以拆分，并进行理货和仓储。

(4) 理单与到货通知。

①理单。理单是对货物的运输单证根据不同性质、类别进行整理、编配。航空货运代理公司将集中托运运输方式下的分运单从总运单下分理出来，制成清单输入数据库；将集中托运总运单项下的发运清单（舱单）输入海关数据库，以便按分运单分别办理海关验收工作；制成海关监管进口货物人舱单，分别提交检验检疫和海关；将总运单、分运单与随机单证、国外代理人先期寄达的单证、国内收货人或到货经营单位预先交付的各类单证等进行编配，以便符合后续报关申报条件。

②到货通知。由于航空货物的时效性，货物运达站后，除另有规定外，航空货运代理公司应在第一个工作日内发出到货通知，并有义务提示收货人以下内容：海关关于超过 14 天报关收取滞留金；超过 3 个月未报关，货物交由海关处理。

(5) 制单与报关。制单是指航空货运代理公司根据货主委托要求，按海关申报规定依据运单、发票、装箱单等证明货物合法进口的各种批准文件，制成进口货物报关单。

这里的报关是指进口货物的收货人或其代理人向海关申请批准货物进口的全过程。报关是进口货物代理业务中的主要环节。在整个报关过程中，收货人或其代理人必须缴纳进口税费，配合海关进行海关单证的审核和货物的查验等多项工作。其中，配合海关对进出口货物实施查验是项经常性的工作。因此，航空货运代理公司必须配备符合要求的人员和工具，协助海关对货物实施查验工作。客户自行报关的货物，一般由货主到航空货运代理公司的监管仓库借出货物，由代理公司派人陪同货主一并协助海关查验。查验后，代理公司须将已开验的货物封存，运回监管仓库储存。客户委托代理公司报关的货物，代理公司须通知货主单位，由其派人或书面委托代办查验。查验后，代理公司须将已开验的货物封存，运回监管仓库储存。对大件货物、开箱后影响运输的货物，货运代理公司或货主应如实向海关预先说明，并可申请海关派员到监管仓库查验。

(6) 收费与发货。航空货运代理公司一般在收妥费用后办理发货手续。若是货主与航空货运代理公司签订有费用付费协议的，则也可实施先提货、后付款的方法。

货主办完进口报关、报检手续，结清相关费用后，凭盖有海关放行章的货运单到航空货运代理公司的监管仓库付费提货。

(7) 送货与转运。由于航空货运代理公司具有专业性、熟练性，具备行业背景等特点，能够实现货物的快速通关、转运，凸显航空货物的实效性。因此，多数货主或国外发货人出于节省费用、便利迅捷等因素考虑，会将进口货物委托航空货运代理公司代为报关、垫付税金、提货和内陆运输。

送货，即对于进口航空站所属城市或附近区域的短途货物，航空货运代理公司会将进口清关后的货物直接运送至货主的工厂或仓库。

转运，即货物的最终目的地距离进口航空站所属城市较远，航空货运代理公司将进口清关后的货物，安排各种适当运输方式，转运至货主指定的目的地。

此外，在符合海关转关运输条件的情况下，航空货运代理公司也提供转关运输服务。

2. 进口代理业务的单证处理

(1) 货运单。航空货运代理公司将盖有海关放行证的货运单予以回收归档，并在数据库中予以核销。货运单上一般有航空货运代理公司的分运单确认章、检验检疫章、海关放行章等。

(2) 海关监管进口货物入仓单。对于由航空货运代理公司处理的货物，由航空货运代理公司接收货物后制作打印一式五联的海关监管进口货物人仓单，分别提交海关和检验检疫部门。其中，海关签收后的一联由航空货运代理公司归档。

(3) 其他单证。其他单证是指与进口货物运输有关的其他单证，如海关单证、出门单等。这些单证的制作不再赘述。需特别说明的是：当航空货运代理公司代理的进口货物存放于非自属仓库时，货主凭已经海关验收的货运单向航空货运代理公司缴清各项费用后，货运单由代理公司收回，代理公司另签一份提货单给货主。货主凭提货单到指定仓库提货。

3. 进口代理业务的货物处理

(1) 理货仓储。对以航空货运代理公司作为运单通知人的货物，由航空公司地面代理直接将货物转交航空货运代理公司。代理公司则通过短途驳运到自己的海关监管仓库，组织理货和仓储。

①理货。所谓理货，就是航空货运代理公司对接收的货物逐票核对件数，并再次检查货物的破损情况。如遇有确属接货时未发现的货损，可向航空公司提出交涉。《华沙公约》第 26 条第 1 款中规定：除非有相反的证据，如果收件人在收受行李或货物时没有异议，就被认为行李或货物已经完好地交付，并和运输凭证相符。《海牙议定书》将《华沙公约》第 26 条第 2 款修改为：关于损坏事件，收件人应于发现损坏后，立即向承运人提出异议。如系行李，最迟应在收到行李后 7 天内提出；如系货物，最迟应在收到货物后 14 天内提出。关于延迟事件，最迟应在行李或货物交付收件人自由处置之日起 21 天内提出异议。

②仓储。货物入仓时，应根据货物的大小、轻重、货物特性、单票货、混载货等因素，分别堆放码放。

堆码时，应遵守重不压轻、大不压小的原则，堆放时，应注意货物堆存指示标记的朝向、总运单号、分运单号等箱贴向外。

拆出的普通货物不能露天存放，不能无衬托直接放置在地面上，以防止受潮和雨淋。

纸箱、木箱包装的货物，应严格按照其叠高限制码放，防止包装受压变形、破裂。

对有储存温度要求的货物，应存放在相应的库房内（冷冻货应存放在 -20℃ ~ -15℃冷冻库中，冷藏货应放在2℃ ~8℃的冷藏库中）。

对贵重品，应设专库，建立双人保管制度，相互制约，以防止出现盗失事故。

对于危险品货物，应存放在经批准的危险品仓库中，不得与普通货物混置；易燃、易爆、毒品、放射品、腐蚀品等危险品货物应分库安全存放。

（2）货物交接规范。

①查核提货人的身份证明、其他证件和印鉴，防止冒提和误交。

②根据货运单核对发货标记和货物标签无误后，将货物点件，对号交给提货人。

③请提货人验看货物是否完整无损，如外包装、封防倒置标志等。若货物包装破损、内装件短缺、重量不符等，应和提货人当面复秤和检查，填制事故记录；若货物的短缺或损坏责任不明的，则应负责调查，并按调查结果处理；保险货物发生短缺或损坏的，应告知提货人，在承运人出具事故记录的10天内向所在地保险公司申请办理赔偿。

④将货物点交后，如提货人对货物的完整无损未提出异议，则视货物已完好交付，让提货人在货运单收货人栏内签字确认。如系分批发运货物，货运单未随机到达的，应让提货人在分运单上的收货人栏内签收。提货人提取货物并在货运单上签收后，承运人即完成该次承运任务。承运人也应在货运单或分运单的交付人栏签字，并在提货日期栏注明日期。

⑤已交付货物的货运单、分运单应逐日整理，按日期装订归档备查。

（3）转运与转关。进口货物除部分存放在航空公司的监管仓库外，大部分货物存放在各航空货运代理公司的海关监管仓库中。由于货主的服务需求不同，货物进口后的制单、报关、运输环节有多种组合形式：货代代办制单、报关、运输；货代代办制单、报关后，货主自行安排运输；货主自行办理制单、报关、运输；货主自行办理制单、报关后，委托货代公司运输；货主办理制单，委托货代代办报关和运输等。

进口货物办理转关运输需具备以下条件：

①指运地设有海关机构，或虽未设海关机构，但分管海关同意办理转关运输，即收货人所在地必须设有海关机构或邻近地区的海关机构。

②向海关交验的进境运输单据上列明的到达目的地为非进境首达口岸，需转关运输。

③转关货物的指运地或起运地应当设有经海关批准的监管场所。转关货物的存放、装卸、查验应在海关监管场所内进行。特殊情况下需要在海关监管场所以外存放、装卸、查验的，应事先向海关提出申请。

④转关货物应由已在海关注册登记的承运人进行转关运输。承运人应当按海关对转

关路线范围和途中输时所作限定，将货物运指定的场所。

⑤转关运输工具和货物符合海关监管要求，并具备加封条件和装置。例如，海关规定，转关货物采用汽车运输时，必须使用封闭式的货柜车，由进境地海关加封，由指运地海关启封等。

4. 航空公司进港货物操作程序

航空公司进港货物操作程序是指航空公司或其地面代理将货物卸下飞机，交给收货人或航空货运代理公司的整个操作流程，主要包括进港航班预报、办理货物海关监管、进仓理单业务、登记货物数据、交接货物等。

（1）进港航班预报。进港站的航空公司通过接收 FFM、CPM、LDM、SPC 等电报，在航班到达前了解该航班的进货装机情况和特殊货物的处理情况，并填写航班预报记录本，以当日航班进港预报为依据，在航班预报册中逐项填写航班号、机号、预计到达时间。

（2）办理货物海关监督。航空公司的地面代理接机业务人员在与飞机机长交接业务袋后，首先检查业务袋内的文件是否齐全完备。业务袋的文件通常包括货运单、货邮舱单、邮件路单等运输文件。文件交接后，即送海关办公室，由海关人员在货运单上加盖海关监管章。

（3）进仓理单业务。在每份货运单的正本上签盖到达航班的航班号和日期，填写进港航班的理货报告，一份留底，一份交海关备案。对于正常运输的指定货物，同航空货运代理公司做好货物交接手续，并填写国际货物交接单；对于正常运输的非指定货物，则以书面形式通知收货人，由收货人前往海关办理清关手续。

（4）登记货物手续。将正常运输的每一票货物的件数、重量、舱位、运单号码等输入业务数据库。

（5）交接货物。验核货运代理公司的海关放行单，并根据规定向收货人收取相关费用后，将货物交付收货人。对于国际联程货物的运输，则将其从到港货物中分拣出来，同航空公司出港配载部门办理交接手续。自货物进港申报之日起 3 个月仍未办理海关清关手续的逾期货物，应移至逾期货物保管区域，并制作交接单通知海关。

【复习题】

一、单选题

1. 中国国际航空公司的三位数字代号（　　）。

A. 781　　B. 782　　C. 789　　D. 999

2. 在国际航空货物运输中，注册集装板的识别代号以字母（　　）打头。

A. J　B. A　C. F　D. P

3. 某集装箱代号为AKG1234MU，该集装箱是属于（　　）。

A. 南方航空公司　B. 东方航空公司

C. 国际航空公司　D. 中国航空公司

4. 下列（　　）单证是代理人同航空公司交接的单证。

A. EWB　B. HAWB　C. SLI　D. MAWB

5. 表示航空货物指定商品运价的类别代码是（　　）。

A. M　B. C　C. N　D. Q

6. 从上海运往大阪一票航空货物，品名报纸，计费重量65公斤，选择的适用运价是（　　）。

A. Normal GCR　B. 50% of the Normal GCR

C. 45公斤的运价　D. 100公斤的运价

7. 在航空货物运输中，说明货物的货运单号码、件数、重量、始发站、目的站、中转站的一种运输标志是（　　）。

A. 操作标签　B. 特种货物标签

C. 活动物标签　D. 识别标签

8. 航空货运单AWB上记载“Not Negotiable”的意义是（　　）。

A. 航空业务权不可转让　B. AWB是不可转让的文件

C. AWB上航程不可改变

9. 航空货运单上“NVD”表示（　　）。

A. 无商业价值　B. 无价样品

C. 无保险费　D. 无声明价值

二、多选题

1. 在国际航空运输中，某货运代理人从不同货主处接收了下列货物，其中可以拼装成一票货进行运输的货物是（　　）。

A. 工业钻石　B. 普通电器元件

C. 运动鞋　D. 大使馆的邮件

2. 在国际航空货物运输中，装运货物时应考虑到飞机本身的装载限制。这些限制因素包括（　　）。

A. 最大重量限额　B. 机舱容积限制

C. 舱门限制　D. 地板承受力限额

3. 在国际航空货物运输中，下列属于IATA三个航空运输业务区中，TC3区的国家是（　　）。

A. 日本　　B. 澳大利亚

C. 哥伦比亚　　D. 新加坡

4. 航空集装器包括（　　）。

A. 集装板和网套　　B. 结构集装棚

C. 非结构集装棚　　D. 集装箱

5. IATA 的运价体系中，属于公布直达运价的有（　　）。

A. 普通货物运价　　B. 指定货物运价

C. 等级货物运价　　D. 比例运价

6. 空运活狗的容器上应该贴上（　　）标签。

A. 活动物　　B. 危险品

C. 不可倒置　　D. 有毒

三、判断题

1. 固定包舱指的是托运人只有向承运人交付货物，才支付协议上规定的运费。（　　）

2. 航空集中托运的每一件货物既要有航空公司标签，还要有分标签。（　　）

3. 上舱载客，下舱载货的飞机称为客货混用机。（　　）

4. 每家航空公司都可以使用其他航空公司的同等型号的集装箱。（　　）

5. 国际航空货运集装过程中，大货、重货装在集装箱内；体积较小、重量较轻的货物装载集装板上。（　　）

6. 航空主运单的发货人栏和收货人栏列明的是真正的托运人和收货人。（　　）

7. 填制航空货运单必须用英文大写字母。（　　）

【案例分析】

1. 一票由东京到北京的仪器，每千克价值 100 美元，共 20 千克，货运单上无声明价值。在装运的过程中，由于搬运工人不小心，使仪器受到震荡。当收货人收到货物后，经检查，仪器已出现明显损坏，收货人立即向承运人提出索赔，此时，距离收货人收到货物已 10 天。

试问：

（1）收货人是否可以提出索赔？

（2）若可以索赔，收货人可以得到多少赔偿？

2. A 货运代理公司空运部接收货主的委托，将一台重 12 千克的红外线测距仪从沈阳空运至香港。该批货物价值 6 万余元人民币，但货物“声明价值”栏未填写。A 货运代理公司按照正常的业务程序，向货主签发了航空分运单，并按普通货物的空运费率收取了运费。由于当时沈阳无直达香港的航班，所有空运货物必须在北京办理中转。为此 A 货运代理公司委托香港 B 货运代理公司驻北京办事处办理了中转业务。但是，由于航空公司工作疏忽，致使该货物在北京至香港的运输途中遗失。

根据以上案情，请回答如下问题：

（1）A 货运代理公司和 B 货运代理公司的法律地位是什么？他们是否应对货物遗失承担责任？

（2）本案是否适用国际航空货运公约？为什么？

（3）货主认为应按货物的实际价值进行赔偿的主张是否有法律依据，为什么？

3. 一票从上海运往泰国的整套流水线机器，货运单号 777－89783442，由于机器比较庞大，用了 6 个箱子，每件重量 60 公斤，整套机器的价值 USD6000，无申明价值。收货人在终点站接货时，发现一个箱子开裂。经检验，这个箱子的机器已完全受损，其它 5 个箱子完好。

试问：航空公司应如何赔偿？

【技能训练】

1. 日本商人从中国采购一批玩具，以空运方式从北京运到日本东京，基本信息如下：

Routing：BEIJING，CHINA（BJS）to TOKYO，JAPAN（TYO）

Commodity：TOY

Gross Weight：38. 6KGS

Dimensions：82cm×48cm×32cm

公布运价如下：

BEIJING	CN		BJS
Y. RENMINGBI		CNY	kgs
TOKYO	JP	M	230. 00
	N	37. 51	
	45	28. 13	

要求：

(1) 请计算该票货物的航空运费；

(2) 请根据计算结果，填写航空货运单运费计算栏。

2. 法国商人从中国采购一批鲜桃，以空运方式从上海运到法国巴黎，基本信息如下：

Routing：SHANGHAI，CHINA（SHA）to PARIS，FRANCE（PAR）

Commodity：FRESH PEACH

Gross Weight：EACH 47.8KGS，TOTAL 5 PIECES

Dimensions：102cm×44cm×25cm EACH

公布运价如下：

SHANGHAI	CN			SHA	
Y. RENMINGBI	CNY			kgs	
PARIS	FR	M	230.00		
			N	37.51	
			45	28.13	
			0008	300	18.80
			0300	500	20.61
			1093	100	18.43
			2195	500	18.80

要求：

(1) 请计算该票货物的航空运费；

(2) 请根据计算结果，填写航空货运单运费计算。

模块7 国际陆上货物运输代理业务

【模块任务】

公路和铁路货物运输是国际陆上货物运输的两种基本方式，是国内、国际物流的基本组成部分。在我国对外贸易中，铁路货物运输仅次于海运而位居第二，其地位举足轻重。公路和铁路货物运输有哪些类型？在公路和铁路货物运输实务中要注意哪些？

一、国际公路货物运输实务

(一) 国际公路运输概述

1. 国际公路运输的含义

公路运输（Road Transportation）又称道路运输，是指利用一定运载工具通过公路实现旅客或货物空间位移的过程。公路运输由运载工具、公路和场站组成，所以也称为公路运输系统，是整个运输体系中的子系统之一，或者说是运输方式的一种。

国际公路货物运输是路上运输的两种基本方式之一，在国际货物运输中，它是不可缺少的重要组成部分，具有机动灵活、简捷方便、应急性强、投资少、收效快、适应集装箱货运方式发展等特点，但载量小、运行中震动大易造成货损事故、费用成本高等。

由于运载工具主要有汽车、拖拉机、畜力车、人力车等，所以公路运输的概念有广义和狭义之分。从广义上来说，包括了上述的各种运载工具；从狭义上来说，公路运输即指汽车运输。这里仅讨论狭义上的公路运输，即汽车运输。因此，严格地说，公路运输与汽车运输是两个既有联系又有区别概念，但由于两者的重合部分占据各自的主体位置，因而这一差别常常被忽略。

2. 国际公路运输的特点

公路运输是现代运输主要方式之一，同时也是构成陆上运输的两个基本运输方式之一。它在整个运输领域中占有重要的地位，并发挥着愈来愈重要的作用。

（1）公路货物运输发展速度快、覆盖面广。

20 世纪 50 年代以后，全球公路货物运输有了空前的发展。到目前为止，世界公路线路总里程约 4000 万公里，占世界整个运输总里程的 2/3。欧美的公路运输处于世界领先地位。亚洲、非洲的公路建设发展也很快。根据交通运输部统计数据，到 2020 年，我国公路总里程已达到 519.81 万公里。其中高速公路总里程 16.1 万公里，居世界第一。

（2）公路货物运输成本低、运输效率高。

随着科学技术的发展，公路货物运输的运输效率和效益有了很大的提高。特别是公路货物运输中大型拖挂车和专用车的运用，降低了运输成本，提高了运输质量，减少了货损货差，有效地提高了运输效率。随着高新技术在公路货物运输经营管理中的应用，将会强化运输的技术性能和货物在途管理，有力提高公路货物运输的效能。

（3）公路运输机动灵活，能衔接各种运输方式。

公路货物运输是一种最便捷且能最好地实现门到门的运输方式，因此公路货物运输具有衔接各种运输方式的特点。

（4）公路货物运输量小，主要承担中、短途运输。

这是公路货物运输与其他运输方式相比的不足之处，同时应注意到，公路货物运输不太适宜长途运输，车辆在运行过程中震动较大，易造成货损货差事故，甚至出现安全问题，这些都是在采用公路货物运输方式时应防止出现的问题。

3. 我国主要对外国际公路货运业务

中俄之间（中国—俄罗斯）；中朝之间（中国—朝鲜民主主义共和国）；中蒙之间（中国—蒙古人民共和国）；中越之间（中国—越南人民共和国）；中缅之间（中国—缅甸）；中老之间（中国—老挝）；中巴之间（中国—巴基斯坦）；中哈之间（中国—哈萨克斯坦）；中吉之间（中国—吉尔吉斯斯坦）；中尼之间（中国—尼泊尔）；中国、锡金、不丹、印度之间的亚东口岸（亚东位于西藏南部，是我国西藏同锡金、不丹、印度之间开展边境贸易的重要口岸）；中国内地与香港之间（中国内地—香港地区）；中国内地与澳门之间（中国内地—澳门地区）。

我国除与以上国家和地区建立了公路国境车站外，还与其签订了双边、多边汽车运输协定，这是我国同周边国家之间进行公路国际贸易货场运输的主要依据。

4. 公路货物运输的种类要求

（1）整批货物运输（整车）。

整车运输是指托运人一批托运的货物在 3 吨，但其性质、体积、形状需要一辆 3 吨及其以上汽车运输的货物运输。如所运整批货物需要大型汽车、挂车、油罐车、冷藏车、保温车等车辆运输的货物，均属于整批（整车）货物运输。此种情况下的运输，除必须向承运方申明运输数量外，还要向承运方提出货物运输的特殊要求，以便安全运送货物。

（2）零担货物运输。

零担货物运输是指托运人一次托运的货物，其计费重量在 3 吨或 3 吨以下不足整车的货物运输（表 7-1）。零担货物运输采用的运输工具是专门运送零担货物的零担车运输车辆。其货物运输的作业程序是按照流水作业的方式安排的，包括受理托运、过磅起票、仓库保管、配载装车、车辆运行、到站卸货、货物交付 7 个作业环节。

表 7-1　公路整车与零担运输业务运作比较

项目	整车运输	零担运输
1. 承认人的责任	装车/卸车	货运站/货运站
2. 营运方式	直达的不定期形式	定线路、定班期发运
3. 货源与组织特点	货物品种单一、数量大、货价低，装卸地点一般比较固定，运输组织相对简单	货源不确定、货物批量小、品种繁多、站点分散，值高价贵，运输组织相对复杂
4. 运输时间长短	相对较短	相对较长
5. 是否进站储存	否	是

续表

项目	整车运输	零担运输
6. 运输费用	单位运费率一般较低，仓储装卸等费用分担，需在合同中约定	单位运费率一般较高，运费中往往包括仓储，装卸等费用
7. 运输合同形式	通常预先签订书面运输合同	通常将托运单或运单作为合同证明

（3）大型特型笨重物件的运输。

因货物体积和重量的要求，需要用大型和专用汽车运输的，多为大型或特型笨重运输物件，对这种货物的运输组织要求相当严格，通行道路要有足够的宽度和净空，良好的道路线形和承载能力。同时要有一定的组织技术措施保证，以及相关部门的支持配合。

（4）公路集装箱汽车运输。

以集装箱为单位办理托运且由专用汽车载运的，为集装箱汽车运输。公路集装箱运输与普通运输有质的变化，其运送路线较方便，一般固定在几个货运站，因而更容易实现机械化和程序化作业，更容易明确运输各环节的责任。

（5）快件货物和特快件货物运输。

快件货物运输是指在规定的距离和时间内将货物运达目的地的运输业务。特快件货物运输是指委托人要求即托即运的运输业务。

（6）鲜活货物的运输。

鲜活货物是在运输过程中需要采取相应的保鲜措施，并必须在规定期限内运抵目的地的货物。鲜活货物一般具有季节性较强、运输责任性较大、运送时间比较紧迫等特点。

（7）危险品货物运输。

危险品货物是指具有爆炸、易燃、毒害、腐蚀和放射性等性质的货物。因此在运输这些货物时，托运人只能委托有危险化学品运输资质的运输企业承运，在托运时必须说明货物名称、特性、防护方法、形态、包装和单件重量等情况；托运剧毒化学品，还应出具目的地各级公安部门办理的通行证。承运人要出具承运危险品货物的资质证书，经办人出具运送危险货物的业务培训合格证与身份证明。

根据公路运输的组织形式，公路运输又可分为：

（1）公共运输业。公共运输业是专业经营汽车货运业务并以整个社会为服务对象，其经营方式有定期定线、定线不定期和定区不定期。定期定线是指不论货载多少，在固定线路上按时间表行驶。定线不定期是指在固定线路上视货载情况，派车行驶。定区不定期是指在固定的区域内根据货载需要，派车行驶。

（2）自用运输业。自用运输业是指工厂、企业、机关自置汽车，专为运送自己的物资和产品，一般不对外经营。

5. 公路货物运输合同

公路货物运输合同分为定期运输合同、一次性运输合同和公路货物运单三种。定期运输合同适用于承运人、托运人、货运代理人之间商定的时间内和批量货物运输。一次性运输合同适用于单次货物运输。公路货物运单适用于每车次或短途每曰多次的货物运输。

定期运输合同的运单和一次性运输合同的运单都被视为货物运输合同成立的凭证。公路货物运单被视为运输合同。

公路货物运单是运输合同成立、承运人收到货物的初步证据，又是记录车辆运行和行业统计的原始凭证。公路货物运单是承运人与发货人、收货人之间解决纠纷的依据。但公路货物运单不是物权凭证，不能转让。

（二）国际公路运费计算与核算

1. 公路货物运输的计费重量

公路货物运输的计费重量有两种计算标准。货物体积小、重量大时，按货物实际毛重计算；在货物体积大、重量小时，按货物包装的体积折合成体积重量来计费。1千克重货物的体积超过4立方米时，被称为轻泡货物。在集中托运时，一批货物由几件不同的货物组成，有轻泡货也有重货时，其计费重量则采用整批货物的总毛重或总的体积重量，按两者之中较高的一个计算。整车的轻泡货物的计费重量为装载车辆的核定吨位。

2. 陆运价格计算和费用种类

在计算公路运费时，除了计费重量，还有计费里程。计费里程，按装货地点至卸货地点的实际营运里程计算。在确定计费里程时，国内的货运里程，按照交通部和各地交通行政主管部门核定颁发的《营运里程图》执行。《营运里程图》未核定的，就双方协商按实际运行里程计算。而境外的里程按邻国（地区）有权认定部门核定的里程为准。未有核定的，由承、托双方协商或按实际运行里程计算。

公路运输的运费分为四种，种类和各自的计算方法如下所示：

整批货物的运费＝整批货物运价×计费重量×计费里程＋其他法定收费

零担货物的运费＝零担货物运价×计费重量×计费里程＋其他法定收费

重（空）集装箱运费＝重（空）箱运价×计费箱数×计费里程＋其他法定收费

包车运费＝包车运价×包用车辆吨位×计费时间＋其他法定收费

3. 起码运费

起码运费是指货运公司办理一批货物时能接受的最低运费，不论货物的重量或体积大小，在两点之间运输一批货物应收取的最低金额。不同的地区有不同的起码运费。

4. 有关陆运价格计算的其他规定

公路运输的形式多样，在涉及不同的起止国家、路线和道路情况、不同种类货物时，运费的计算也不相同。但无论何种情况，在计算时通常遵守的规定如下：

（1）公路运价是指从一站点到另一站点的价格，而且只适用于单一方向；

（2）公路运输费用中不包括其他额外费用。如提货、报关、接交和仓储费用等；

（3）运价通常用当地货币公布；

（4）运价一般以千克或磅为计算单位；

（5）运价单中的运价是按出具运单之日所使用的运价。

（三）公路运输的责任范围

1. 承运人责任

公路运输承运人的责任期限是从接受货物时起至交付货物时止。在此期限内，承运人对货物的灭失损坏负赔偿责任。但不是由于承运人的责任所造成的货物灭失损坏，承运人不予负责。根据我国公路运输规定，由于下列原因而造成的货物灭失损坏，承运人不负责赔偿。

（1）由于人力不可抗拒的自然灾害或货物本身性质的变化以及货物在运送途中的自然消耗；

（2）包装完好无损，而内部短损变质者；

（3）违反国家法令或规定，被有关部门查扣、弃置或作其它处理者；

（4）收货人逾期提取或拒不提取货物而造成霉烂变质者；

（5）有随车押运人员负责途中保管照料者。

对货物赔偿价格，按实际损失价值赔偿。如货物部分损坏，按损坏货物所减低的金额或按修理费用赔偿。

索赔有效期限，从货物开票之日起，不得超过六个月。从提出索赔之日起，责任方应在二个月内作出处理。

2. 托运人责任

公路运输托运人应负的责任基本与铁路、海上运输相同，主要包括：按时提供规定数量的货载；提供准确的货物详细说明；货物唛头标志清楚；包装完整，适于运输；按规定支付运费。一般均规定有：如因托运人的责任所造成的车辆滞留、空载，托运人须负延滞费和空载费等损失。

7－1 公路货损事故的处理

（四）公路运输的操作流程

1. 接单

业务员接到来自客户的询价后，要了解货物运输的要求，确定运输里程，计算运费，然后向客户报价。客服接收价格后，填写运单办理托运手续，托运单通常一式两份或五份不等，都应该有发货人和承运人的签字或盖章，其中一份交付发货人，一份跟随货物同行作为货物交接的凭证，再有一份由承运人留存。此外，发货人、承运人或收货人应说明货物运输需要注意的问题、要求、实际状况等。

2. 登记

运输调度在登记表上按送货目的地及收货客户分类编订提货号码。

3. 调用安排

调度人员根据货物运输方向、重量、体积统筹安排车辆。

4. 车队交接

司机到运输调度中心拿运单，并在运输登记本上确认签收。

5. 提货发运

调度人员同客户确认提供的时间。司机按时到达提货地，办理提货手续，完成提货后，电话通知收货客户预计到达的时间。

6. 在途追踪

司机及时向公司反馈途中信息，与收货客户电话联系送货情况；调度人员填写跟踪记录，如有异常情况及时与客户联系。

7. 到达签收

电话或传真确认到达时间；司机将回单用 EMS 或 FAX 传真回公司；签收运输单；定期将回单送至客户处。

8. 回单

按时准确到达指定卸货地点。

9. 运输结算

整理好收费票据；做好收费汇总表交至客户，确认后交回结算中心；结算中心开具发票，向客户收取运费。

二、国际铁路货物运输实务

（一）国际铁路货物联运概述

1. 国际铁路货物联运的含义

国际铁路货物联运，简称国际联运，是指使用一份统一的国际联运票据，无需发货人与收货人参加中途转运，而由铁路部门负责办理两个或两个以上国家铁路全程运送的货物运输。

对于国际铁路联运，可以从三个方面理解：

（1）票据统一，在整个联运过程中使用的是一份统一的票据。

（2）由铁路部门负责从接货到交货的全过程运输，即使是在一国铁路向另一国铁路移交货物时也无需发货人与收货人参加。

（3）两个或两个以上国家的铁路运输。

因此，国际铁路联运涉及两个以上的国家，对运输组织的管理工作要求高，但运输时间短，成本低。

2. 国际铁路联运的特点（表 7－2）

表 7－2　国际铁路联运的特点

特点	解释
1. 涉及面广	每运送一批货物都要涉及两个或两个以上国家、几个国境站。
2. 运输条件高	要求每批货物的运输条件，如包装、转载、票据的编制、添附文件及车辆使用，都要符合有关国际联运的规章、规定。
3. 办理手续复杂	国际铁路联运的货物必须在两个或两个以上国家铁路参加运送，在办理国际铁联运时，其货物、车辆、运输票据及有关单证都必须符合有关规定和一些国家的正当要求。
4. 使用一份铁路联运单据完成货物的跨国运输	在国际铁路货物联运中，参加联运国铁路作为统一的承运人使用一份运输票据对发货人或收货人负责办理从一国铁路始运站到另一国铁路终到站的全过程运输。
5. 运输责任方面采用统一责任制	按《国际铁路货物联合运输协定》运单承运货物的铁路部门，负责完成货物运送全程的运输合同，直到在到站交付货物时为止；如将货物转发送到未参加《国际铁路货物联合运输协定》铁路的国家，则负责完成到按另一种国际铁路直通货物联运协定的运单办完运送手续时为止。
6. 仅使用铁路一种运输方式	国际铁路联运不涉及其他运输方式，货物甚至可以不经换装就可实现长距离的陆上跨国运输而运抵目的地。

3. 国际铁路货物联运合同的有关规定

世界上，由于铁路运输的国家垄断性，有关国际铁路运输承运人的权利义务的规定，以及运输价格、赔偿责任等基本上是由国家制定相应的规则，或者是通过国家之间制定有关协定来调节这些法律关系，托运人试图依据合同自治原则同铁路部门就运输合同条款以及运价等进行协商几乎是不可能的。可以这样说，在主要的国际货物运输方式中，没有哪一种运输方式比国际联运更具有国家垄断性。因此，在国际铁路货物联运中，了解掌握有关国际公约、规章显得格外重要。

在我国进行的国际铁路货物联运中作为承运人的铁路和发货人、收货人必须遵守的规章主要有以下几种：

（1）《国际铁路货物联运协定》。

《国际铁路货物联运协定》的产生背景前面已作介绍，它是关于国际铁路联运合同的重要国际性协定，作为国际铁路联运的专门法律性规定，参加协定的各国铁路和发货人、收货人在办理铁路货物联运时都必须遵守。该协定对运输合同的缔结、履行和变更，对承运人、发货人、收货人的权利义务等事项均作了具体规定。该协定在国际铁路联运中的地位就如同国际海上货物运输中的《海牙规则》、《汉堡规则》一样重要。《国际货协》的内容有以下几个方面：

①协定的适用。该协定共 8 章 40 个条款，第一章为总则，规定了协定的适用范围，即适用于各缔约国之间的铁路货物运送，以及与铁路货物运送有关的铁路、发货人、收货人在办理国际铁路运输货物时必须遵守该协定规定的各项条件。

②运输合同的订立与变更。第一章至第四章对铁路货物运送合同的订立、变更作出规定。

关于运输合同的订立，该协定规定，运单就是国际铁路货物联运的运输合同。按照协定的第 6.7 条规定，发货人向铁路提交全部货物和付清一切费用后，始发站在运单及其副本上加盖始发站的日期戳记，就证明运输合同已经成立并开始生效。运单随同货物从始发站附送至终点站，由终点站交给收货人。

运单的功能除了作为运输合同之外，还是铁路在终点站向收货人核收有关费用和交付货物的依据。与海运提单不同，铁路运单不是物权凭证，不可以流通转让，但是按照我国同参加货协各国所签订的贸易发货共同条件的规定，铁路运单的副本是卖方通过银行向买方结汇的单证。

关于合同的变更，该协定第 19 条规定，发货人和收货人都有权对运输合同作必要的变更，但是发货人或者收货人都只能各自变更一次，而且不允许将同一批货物分开办理。铁路在遇到无法执行情况下也可以拒绝变更申请。

③铁路承运人的责任。根据《国际货协》第 21 条规定，承担铁路货物联运的铁路，应当对货物负连带责任，即铁路应当负责完成货物的全部运输。如果货物是在协定缔约国一方境内发货，铁路的责任从发货站接收货物时起直至到站交货时止；如果是向非缔约国发运，则按照另一种国际铁路货物运输公约，直至办完手续为止。其中每一个续运铁路，自接收附有运单的货物时起，即作为参加这项合同的当事人，承担承运人运输义务。

铁路应当从承运货物时起，直到到达站交付货物时止，对于货物运输逾期以及因货物全部灭失或毁损所发生的损失负责。铁路也需要对由于自己的过失未能执行货方合理的变更运输合同的请求所产生的后果负责。

④铁路的免责事项。根据《国际货协》第 22 条规定，铁路对由于下列原因造成的货物损失免除责任：铁路不能预防和不能消除的情况；货物的特殊自然属性引起的自燃、损坏、生锈、内部腐烂或类似的后果；发货人或收货人的过失，或由于其要求，而不能归咎于铁路者；发货人或收货人的装车或卸车；由于发送路规章许可，使用敞车类

货车运送货物；发货人或收货人的货物押运人未采取保证货物完整的必要措施；承运时无法发现的容器或包装的缺陷造成的；发货人用不正确的、不确切的或不完全的名称托运违禁品造成的；发货人未按本协定规定办理特定条件货物托运造成的；货物的正常耗能。

此外，铁路对下列原因造成的货物逾期到达免除责任：发生雪（沙）害、水灾、崩陷和其他自然灾害，按照有关国家铁路中央机关的指示，期限在5天以内；因按照有关国家政府的指令，发生其他行车中断或限制，以政府规定的时间为准。

⑤铁路的赔偿限制。《国际货协》第22~26条对铁路的赔偿计算方法和赔偿限额作了规定，为铁路承运人违约造成货方损失时计算赔偿提供了计算规则，在某种意义上说也保护了铁路承运人不受过宽过重的索赔困扰。

根据该协定第22条规定，铁路承运人在任何情况下对货物损失的赔偿金额都不得超过货物全部损失时的金额。

对货物部分损失赔偿的计算，协定第25条规定，铁路只赔付价值减损部分，不赔偿其他损失。

对于货物逾期到达损失赔偿的计算，协定第26条规定，由铁路按照协定规定向收货人支付逾期罚款，但最高不超过所收运费总额。并且，在全程运输过程中，某一铁路发生的提前运到时间可以冲抵另一铁路的逾期时间。

⑥货方的义务。根据《国际货协》有关规定，货方的合同义务主要有：

一是正确申报货物。发货人应当保证在运单中正确申报货物、正确填写运单中的声明事项，尤其是托运危险货物时。否则，托运人应当对由此产生的后果负责。

二是提交正确和齐全的必要出口文件。发货人应当向铁路提供必要的海关、商检等出口文件，并附在运单上。否则，应当承担铁路由此遭受的一切损失。

三是支付运费。支付运费是货方的主要合同义务之一。国际铁路联运的运费支付不同于其他运输方式下的运费支付，它是由发货人和收货人分别分段支付的。发货人或收货人均有义务根据《国际货协》规定交付货物运送费用。

四是提领货物。根据《国际货协》第16条规定，收货人在收到铁路到货通知后，应当在规定的时间内向铁路交付运单上载明的一切运送费用，并提取货物。只有当货物损毁丧失原使用价值时，收货人才可以拒绝提领货物。按照《国际货协》规定，如果货物在规定的运到期届满30天内铁路仍不能交付货物，则认为货物已经灭失。但如果货物在规定的运到期届满后4个月内到达，收货人仍有义务提领货物。如果收货人在此前获得了铁路赔偿，应当将此赔偿退还铁路，但有权要求规定的迟到罚款。

⑦货物索赔。在发生铁路责任导致的货物损毁或逾期运抵时，货方可以按规定向铁路提出索赔。协定第28条规定，索赔可由发货人向发送站提出，也可由收货人向到达站提出。索赔人应当提供充足的索赔证据，包括运单正本或副本、商务记录、损失证明

等。货物逾期到达的索赔应当由收货人提出。铁路在收到索赔通知后的180天内，应当进行审查并予以答复。合同任何一方对另一方的索赔和诉讼应当在货物到站后的9个月内提出。

（2）《国际货协统一过境运价规程》。

《国际货协统一过境运价规程》（简称《统一货价》），是为了解决国际铁路联运中过境铁路运费的计收问题而专门制订的。它具体规定了参加《国际货协》的铁路，利用铁路运送过境货物时，办理货物运送的手续、过境运送费用的计算、货物品名分级表、过境里程表和货物运费计算表的内容，是国际货协参加国的铁路和发货人与收货人都必须遵守的强制性过境运价表。由于东欧地区在20世纪80年代末至90年代初发生了巨大的变化，1991年6月27日，保加利亚、中国、朝鲜、蒙古、罗马尼亚和前苏联的铁路部门在波兰华沙签定了《关于统一过境运价规程的协约》，该协约规定了《统一货价》不再从属于《国际货协》，而具有独立的法律地位。新的《统一货价》自1991年7月1日起施行，它是在原来《统一货价》的基础上修改补充而成的，其费率原以卢布，现以瑞士法郎计价。中国铁路自1991年9月1日起施行上述新规定。

（3）《铁路货物运价规则》。国际铁路货物联运运费的计收分为三段，中间段为过境段，运价按照前面提到的《国际货协统一过境运价规程》规定计收；发送路和到达路两段各自按照其国内铁路规定的费率计收运费。

各国铁路都制订有自己的《铁路货物运价规则》，《国内价规》，比如我国铁道部颁布的《铁路货物运价规则》，它是办理国际铁路货物联运时国内段货物运送费用计算和核收的依据。

4. 国际铁路货运业务

（1）国际铁路联运的种类和范围。

国际铁路货物联运的业务种类分为整车、零担和特殊条件货物。所谓整车（Full Car Load，简称FCL）是指按一份运单托运的按其体积或种类需要单独车辆运送的货物；所谓零担货物（Less than Car Load，LCL）是指按一份运单托运的一批货物，重量不超过5000公斤，按其体积或种类不需要单独车辆运送的货物；特殊条件货物是指超长、超大、超重货物和危险货物、易腐货物、活动物、车辆等，运送这类货物需采取特殊的安全措施。

①同参加《国际货协》和未参加《国际货协》但采用《国际货协》规定的铁路间的货物运送，铁路从发站以一份运送票据负责运送至最终到站交付给收货人。

②同未参加《国际货协》铁路间的货物运送，发货人在发送路用《国际货协》运送票据办理至参加《国际货协》的最后一个过境路的出口国境站，由该站站长和收货人、发货人委托的收转人转运至最终到站。

③通过过境铁路港口站的货物运送，从参加《国际货协》铁路的国家，通过参加

《国际货协》的过境铁路港口，向其他国家运送货物时，用《国际货协》运送票据只能办理至过境铁路港口站止，或者从这个站起开始办理，由港口站的收转人办理转发送。

（2）国际铁路联运的货运单据。

国际铁路运单和运单副本是国际铁路联运的主要运输单据，它是发货人与发送货物的铁路之间的运输契约，对收发货人和铁路都具有法律效力。当发货人向始发站提交全部货物，并付清应由发货人支付的一切费用，经始发站在运单和运单副本上加盖始发站日期章证明货物已被接受承运时，即认为运输契约已经生效。运单随同货物自始发站至终到站运送，最后在终到站由收货人付清应由收货人支付的运杂费后，连同货物由铁路交给收货人。运单副本则是发货人凭以向银行办理结算的主要单据。铁路运单并非物权凭证，因而不能通过背书转让。国际铁路联运运单由下列部分组成：

①运单正本。运单正本是货物运输合同，随同货物至到站，并随同“货物到达通知单”和货物一起交给收货人。

②运单副本。运单副本是在运送合同缔结后交给发货人，它不具有运单的效力，仅作为货物已由铁路承运的证明。发货人凭铁路运单副本向收货人结算货款、行使变更要求以及在货物和运单全部丢失时，凭此单向铁路部门提出索赔要求。

③运行报单。运行报单是参加联运的各铁路部门办理货物交接、划分运送责任以及清算运费、统计运量和运费收入的原始依据，它随同货物至到站，并留存到达铁路。

④货物交付单。随同货物至到站，并留存到达路。

⑤货物到达通知单。随同货物至到站，并同运单正本和货物一起交给收货人。运单应当按照铁路的规定填写。

（3）国际铁路联运的运费。

在我国，国际铁路联运货物运费计算的主要依据是《国际货协统一过境运价规程》(简称《统一货价》)、《国际货协》和我国的《铁路货物运价规则》（简称《国内价规》)。国际铁路联运货物运送费用包括货物运费、押运人乘车费、杂费和其他费用。

①国际铁路联运货物运送费用的核收原则。根据《国际货协》第 13 条和 15 条规定，国际铁路货物联运运费的支付方式是：一是发送国路段的运输费用，由发货人在始发站按照发送国的铁路费规支付。二是到达国路段的运输费用，由收货人在终点站按照到达国的铁路费规支付。三是当始发站和终点站为相邻两个国家，而且两国铁路订有直通运价，由发货人按照订立合同时的直通运价支付。四是当货物需要经过第三国过境运输时，过境铁路运费按照国际货协的统一运价规程计算，可由发货人支付，也可由收货人支付，由发货人在运单的第 20 栏内注明。但统一运价规程规定需由发货人支付的，则应由发货人支付。

②从货协国铁路向非货协国铁路运送时运送费用的核收原则。一是发送路的运送费用向发货人核收。二是过境路的运送费用，则按下列规定核收。参加国际货协并实行

《统一货价》各过境路的运送费用，在发站向发货人核收；但办理转发送的货协铁路的过境费用，可以在发站向发货人或在到站向收货人核收；而过境非货协国际联运协定的计算，向收货人核收。

(3) 国际铁路联运货物运送费用的计算方法。

铁路运送费用的计算与海运中的班轮运价计算相似，各国铁路都制订有里程表和运价表，具体内容虽有区别，但基本原则相同。运价表中有货物等级分类，不同等级分别对应不同的运价（表7-3)。该运费是指慢运整车货物的运费，对零担货物、快运、随旅客列车的挂运分别在基本费率基础上规定了不同的运费加成率。因此，货物运费可按下列公式计算：

运费 = 货物计费重量 × 运价率 × 加成率

除运费外，铁路运费还包括杂费部分，通常有货物装卸费、取送运费、机车作业费、货物暂存费、押运人乘车费、货物清扫费、货物滞留费、换装费、验关费、运单费、变更手续费等费用。上述费用在核算货物运送费时应一并核计。

①国内段运费的计算。根据《国际货协》的规定，我国通过国际铁路联运的进出口货物，其国内段运费的核收应按照我国《铁路货物运价规则》进行计算。运费计算的程序如下：一是根据货物运价里程表确定从始发站至终点站的运价里程。二是根据运单上填写的货物品名查找物品名检查表，确定适用的运价号。三是根据运价里程和运价号在货物运价率表中查出相应的运价率。四是将根据《铁路货物运价规则》确定的计费重量与该批货物适用的运价率相乘，算出该批货物的运费。运费计算公式如下：

运费 = 货物运价率 × 计费重量

式中计费重量的确定：整车货物的计费重量除一些特殊的规定外，一律按照货车标记载重量计算运费。货物重量超过标记载重量的，按货物重量计算。计算重量以10千克为单位，不足10千克时，进为10千克。

②过境运费的计算。过境运费的计算按《统一货价》规定计算，其计算程序是：一是根据运单上载明的应通过的国境站，在《统一货价》过境里程表中，分别找出货物所通过的各个国家的过境里程。二是根据货物品名，查询《统一货价》中的通用货物品名表，确定所运货物应适用的运价等级和计费重量标准。三是根据货物运价等级和各过境路的运送里程，在《统一货价》中找出符合该批货物的运价率。四是《统一货价》对过境货物运费的计算是以慢车整车货物的运费额为基础的（即基本运费额)，其他种类的货物运费，则在基本运费额的基础上分别乘以不同的加成率。过境运费的计算公式如下：

基本运费额 = 货物运价率 × 计费重量

其他种类的过境运费 = 基本运费额 × 加成率

式中计费重量的确定：无论是整车货物还是零担货物，原则上都按货物的实际重量计算。计费重量以 100 千克为单位，不足 100 千克时，进为 100 千克。

小思考

甲国有 5 个车辆的整车货物随旅客列车挂运，经我国运往乙国，已知车辆标重为 16 吨。按过境里程和运价等级，该货物在《统一货价》中的基本运价率为 6 美元/吨，而根据运价里程和运价号查得该货物在我国《国内价规》中的运价率折合美元为 7 美元/吨，若两个运价的计费重量均为货车标重，我国应向甲国发货人收取多少运费？

解答：国内运费 = 7 美元/吨 × 16 吨 × 5 = 560 美元

随旅客列车挂运的整车货物的加成率为 200%。

过境段基本运费额 = 6 美元/吨 × 16 吨 × 5 = 480 美元

过境运费 = 480 美元 ×（1 + 200%）= 1440 美元

所以，应收取运费总计：1440 美元 + 560 美元 = 2000 美元

7－2 中老铁路

表 7－3　不同运输方式的运行时间与运费情况

运输方式	路线	时间（天）			运输价格（元/FEU）		
空运	重庆→欧洲	1			35 元/KG		
海铁联运	重庆→深圳→欧洲	重庆→深圳	货物停留	深圳→欧洲	重庆→深圳	深圳→欧洲	合计
		2.2	2	25.8	1700	21384	23084
	重庆→上海→欧洲	重庆→上海	货物停留	上海→欧洲	重庆→上海	上海→欧洲	合计
		8	2	25	1688	22701	32251
渝新线	重庆→欧洲	16			55975		

举例："重庆制造"的宏基笔记本 250 万台出口欧洲。价格平均每台 3600 元左右，只包含国际运输成本在内每台毛利润为 200 元。下面以一台宏基笔记本电脑为基础对相对成本进行计算：

一个 40HP 集装箱容积约为 50 立方米；每个笔记本包装体积为 0.033 立方米，且每台电脑重量约为 4.5kg。因此，每个集装箱可装载的宏基笔记本电脑为：50/0.033 = 1500（台）；所以，空运总费用 = 35 × 4.5 × 1500 = 236250（元）；目前，渝新欧班列箱公里运

价是0.86美元，故渝新欧班列的运价为每箱逾9000美元，最低时为7000美元。而从上海、广州通过海运到达欧洲，一个40英尺集装箱的价格约为5000美元左右，时间为45天左右。显然，由于现在渝新欧运送的大多为电子产品，每箱的货值大致为80～100万美元，渝新欧的运行时间比海运节省20天，而80万美元，20天的利息也达2000－3000美元。因此与海运比，渝新欧虽然价格相对贵一些，但可节省时间，加快资金周转，减少利息成本，这一点在信息技术等高附加值产品上体现更明显。

一个40英尺集装箱货值超过200万人民币以上的，可以选择渝新欧班列；若货值为20万人民币以下的，应该选择海上运输；当然，如果货值更高，或者急于交付，则应选择采用航空运输方式。

（资料来源：中国国际货运代理协会，《国际陆路货运代理与多式联运理论与实务》，中国商务出版社。）

（二）国际铁路联运进出口货物运输

1. 国际铁路联运出口货物运输

国际铁路联运出口货物运输的业务程序主要包括四个部分，如图7－1所示。

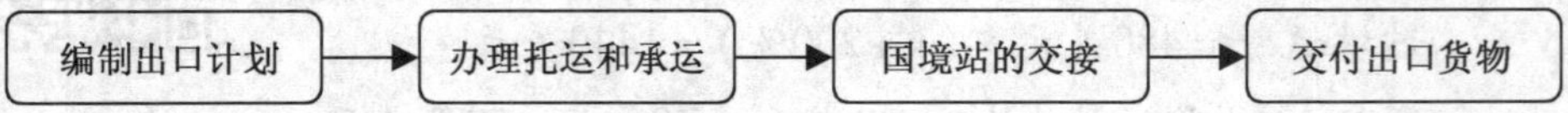

图7－1 国际铁路联运出口货物运输的业务程序

（1）编制出口计划。国际铁路联运出口货物运输计划一般是指月度要车计划，它体现了国际铁路联运的具体任务，也是日常铁路联运工作的重要依据。

（2）办理托运和承运。货物托运和承运，是发货人组织货物运输的一个重要环节。发货人在托运货物时，应向车站提出书面申请。车站接到运单后，应进行认真审核。

①整车货物的托运和承运。整车货物的托运车站应检查是否有批准的月度、旬度货物运输计划和要车计划，检查货物运单上的各项内容是否正确，如确认可以承运，应予以签证。整车货物一般在装车完毕后，发站在货物运单上加盖承运日期戳，即为承运。

②零担货物的托运和承运。零担货物的托运和承运与整车货物的托运和承运不同。发货人在托运时，不需要编制月度、旬度货物运输计划和要车计划，凭运单直接向车站申请托运即可。车站受理托运后，发货人应按签证指定日期将货物搬进货场，送到指定货位上。车站将发货人托运的货物连同货物运单一同接收完毕，在货运单上加盖承运日期戳，即表示货物已承运。

托运、承运完毕，铁路运单作为运输合同即开始生效。铁路按《国际货协》的规定对货物担负保管、装车并运送到指定目的地的一切责任。

（3）国境站的交接。出口货物在国境站交接的一般程序如下：

①出口国境站货运调度根据国内前方站列车到达预报，通知交接所和海关做好接车

准备工作。

②出口货物列车进站后，铁路会同海关接车，并将列车随带的运送票据送交接所处理，货物及列车接受海关的监管和检查。

③交接所实行联合办公，由铁路、海关、外运等单位参加，按照业务分工，开展流水作业，协同工作，最后，由双方铁路具体办理货物和车辆的交接手续，并签署交接证件。

（4）交付出口货物。国际联运出口货物抵达到站后，铁路应通知运单中所记载的收货人领取货物。在收货人付清运单中所记载的一切应付运费后，铁路必须将货物连同运单一并交收货人以领取货物。收货人领取货物时，应当在运行报单上填记货物领取日期，并加盖收货戳记。

2. 国际铁路联运进口货物运输

国际铁路联运进口货物的发运工作是由国外发货人根据合同规定，向该国铁路车站办理的货运。

我国国内有关订货及运输部门办理国际联运铁路进口货物的主要业务程序如图 7－2 所示。

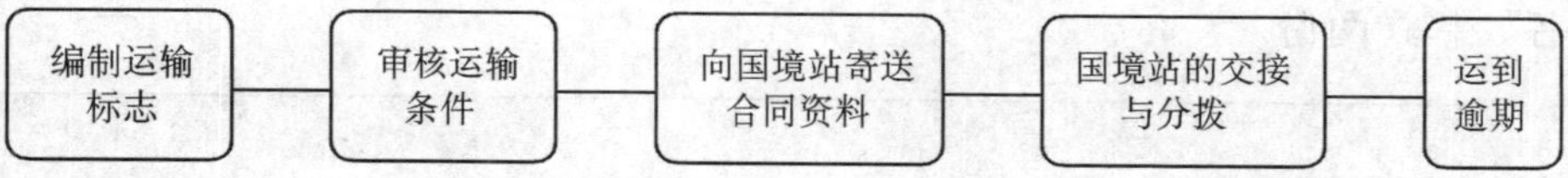

图 7－2　国际铁路联运进口货物运输的业务程序

（1）编制运输的标志。运输标志又称唛头，一般印制在货物包装上。我国规定联运进口货物在订货工作开始前，由商务部统一向国外订货的代号，作为收货人的唛头，各进出口公司必须按照统一规定的收货人唛头对外签订合同。

（2）审核运输条件。联运进口货物的运输条件是合同中不可缺少的重要内容，因此必须对其进行认真审核，使之符合《国际货协》和国内有关规定。

审核联运进口货物运输条件的主要内容包括：①收货人唛头是否正确。②商品品名是否准确、具体。③货物的性质和数量是否符合到站的办理种别。④包装是否符合有关规定。

（3）向国境站寄送合同资料。合同资料是国境站核放货物的重要依据，各进出口公司在贸易合同签字后，要及时将一份合同的中文抄本寄给货物进出口口岸的外运公司。合同资料包括合同的中文抄本和它的附件、补充书、协议书、变更申请书、更改书及有关确认函电等。

（4）联运进口货物在国境站的交接与分拨。进口国境站根据邻国国境站货物列车的预报和确报，通知交接所及海关做好到达列车的检查准备工作。进口货物列车到达后，铁路会同海关接车，由双方铁路进行票据交接，然后将车辆交接单及随车带交的货运票据呈送交接所，交接所根据交接单办理货物和车辆的现场交接。海关则对货物列车执行实际监管。

(5) 运到逾期。

①运到逾期。铁路承运货物后，应在最短的期限内将货物运至最终到站，货物从发站至到站所允许的最大限度的运送时间，即为货物运到期限。

货物实际运到天数超过规定的运到期限天数，则该批货物运到逾期。如果货物运到逾期，铁路应按该线路所收取运费的一定比例，向收货人支付逾期罚款。逾期罚款计算方法如下：

逾期罚款 = 运费 × 罚款率

逾期百分率 = [(实际运送天数 - 按规定计算运到天数)/按规定计算运到天数] ×100%

②货物运到逾期的处理。货物由发送路的发站至到达路的到站的总运到期限逾期时(包括运到逾期毁损、腐坏或因其他原因降低质量的货物)，铁路应按规定比例向收货人支付罚款，收货人也有权在货物到达后两个月内向铁路提出逾期赔偿的要求。求偿时由收货人提交运单正本和货物到达通知单（运单第 1 张和第 5 张）以及“货物运到逾期赔偿请求书”一式两份。

小思考

保加利亚瓦尔那港口站于 2019 年 9 月 10 日以慢运整车承运一批机器 30 吨，经由鲁塞东/翁格内、后贝加尔/满洲里，2019 年 11 月 18 日到达北京东站。试分析：该批货物是否逾期运到？若逾期，铁路部门应向收货人支付多少逾期款？已知铁路所收运费为 10000 瑞士法郎。

解答：1. 该批货物从 9 月 11 日至 11 月 18 日的实际运送时间为 69 天，从承运的次日零时起开始计算，不足一天按一天起算。根据《国际货协》规定，运到期限由发送期间、运送期间和特殊作业时间三部分组成。该批货物按规定计算的运到期限天数为 62 天，则该批货物运到逾期。

2. 计算逾期百分率 = （69 - 62）/62 × 100% = 11. 3% = 1. 13/10

3. 计算逾期款：

应支付的逾期款 = 10000 瑞士法郎 × 12% = 1200 瑞士法郎

运到逾期赔偿额的计算见表 7－5 所示。

表 7－5　　运到逾期赔偿额的计算

逾期总天数占运到期限天数的比例	逾期赔偿额
不超过 1/10	运费的 6%
超过 1/10 但不超过 2/10	运费的 12%
超过 2/10 但不超过 3/10	运费的 18%
超过 3/10 但不超过 4/10	运费的 24%
超过 4/10	运费的 30%

3. 运输合同的变更

运输合同的变更权属于发货人或收货人。往中国、朝鲜、越南运送货物时，如运单中收货人为国家机关，则由这些国家的对外贸易机关的全权代理人在到达国的国境站变更货物的到达地。

（1）发货人对运输合同可作下列变更：

①在发站将货物领回。

②变更到站（必要时应注明变更后应通过的国境站）。

③变更收货人。

④将货物发还发站。

（2）收货人对运输合同可作下列变更：

①在到达国范围内变更货物的到站。

②变更收货人。收货人变更运输合同只限货物尚未从到达路进口国境站发运时办理；如货物已通过进口国境站，则按到达路国内规章办理。

（3）铁路在下列情况下，有权拒绝或延缓执行变更。

①办理变更的车站，接到申请书或发站或到站的电报通知后无法执行时。

②可能违反铁路运营管理（如违反物资流向、运输限制的变更）时。

③与参加运送铁路所属国家的国内法令和规章有抵触时。

④变更到站，货物价值不能抵偿运到新到站的一切预期费用时，但能立即缴付或能保证这种费用款额时除外。

（4）交付。到站的货物到达后，应通知运单中记载的收货人领取。收货人付清一切应付的运费后，在运单“货物交付收货人”栏内签字并填写收货日期，铁路将货物以及运单正本、货物到达通知单交付收货人。收货人只有在货物损毁、腐坏或其他原因而使质量发生变化，以致货物全部或部分不能按原用途使用时，方可拒绝领取货物。

（5）运送和交付阻碍的处理。

①运送。发货人接到寄来的“货物运送或交付阻碍通知书”后，应按发站要求，在规定期限内提出处理意见，并将通知书和运单副本返还发站。如系通知变更经路或收货人拒领货物，发货人不提交运单副本而仅提出处理意见。

②交付阻碍。发货人提出指示的期限，自发生阻碍的车站通过发站向发送人发出阻碍通知书之日起，8 天内（易腐货物为 4 天）未接到发货人任何可行指示时，货物即按发生阻碍的铁路所属国国内规章处理。如易腐货物有腐坏危险时，可不等 4 天期满即进行处理。

（6）货运事故的处理与赔偿。

①铁路对承运货物的责任范围及豁免范围

a. 铁路对承运货物的责任范围。根据《国际货协》第 21 条的规定，承担铁路货物联运的铁路，应当对货物负连带责任，即铁路应负责完成货物的全部运输。如果货物是在协定缔约国一方境内发货，铁路的责任从发货站接收货物时起，直到在到站交付货物时为止。如向非《国际货协》参加国的国家办理货物转发送时，则直到按另一种国际协定的运单办完运送手续时为止。因此，发送路和每一继续运送的铁路，自接收附有运单的货物时起，即认为参加了这项运送契约，并由此承担义务。

参加运送国际联运货物的铁路，从承运货物时起至到达站交付货物时为止，将对以下事故承担责任：货物全部灭失；货物部分灭失、毁损、腐坏或其他原因降低质量；货物运到逾期；多收运送费用；由于铁路过失而使发货人或海关在运单上已作记载的添附文件遗失而造成的后果；由于铁路过失未能执行货主提出的运送契约变更申请书造成的后果。

不论铁路负有何种责任，其赔偿损失的款额，均不应超过货物全部灭失时的款额。

【案例分析】

中国 A 货代公司诉称：2019 年 9 月 9 日，俄罗斯 Y 公司在罗斯铁路 X 站为中国 A 货代公司托运童装，中国 A 货代公司未收到。要求 H 铁路局（中国）赔偿货款 5187000 瑞士法郎，利息 13832 瑞法郎，负担全部案件受理费。

H 铁路局辩称：中国 A 货代公司所诉属实，同意赔偿中国 A 货代公司的款及利息，负担全部案件受理费。因俄罗斯 Y 公司向中国 A 货代公司托运货物的铁路运费，并不是中国 A 货代公司向铁路支付，不同意赔偿铁路运费。

H 铁路运输中级法院受理此案，认为：①中国 A 货代公司的货物应视为全部灭失；②俄罗斯铁路是货物灭失的责任路；③H 铁路局应赔偿灭失货物的损失。

在查明事实的基础上，H 铁路运输中级法院于 2010 年 10 月 25 日作出判决：

（1）H 铁路局赔偿中国 A 货代公司灭失货款 518700 瑞士法郎，利息 3832 瑞士法郎，按偿付日中国银行瑞士法郎的买人价折合成人民币偿时。此款于判决生效后 10 日内给付。

（2）驳回中国 A 货代公司的其他诉讼请求。

b. 铁路对承运货物的豁免范围。根据《国际货协》第 22 条的规定，铁路对如表 7－6 所示原因造成的货物损失免除责任，表 7－7 铁路对承运货物的免责责任。

表 7－6　　铁路对承运货物的豁免范围

a	由于铁路不能预防和不能消除的情况而造成的后果。
b	由于货物在发站承运时质量不符合要求或由于货物的特殊自然性质，以致引起自燃、损坏、生锈、内部腐坏和类似的后果。
c	由于发货人或收货人的过失或由于其要求而造成的后果。
d	由于发货人或收货人装车或卸车的原因而造成的后果。
e	由于发送路规章允许使用敞车类货车运送货物而造成的后果。
f	由于发货人或收货人或他们委派的货物押运人未采取保证货物完整的必要措施而造成的后果。
g	由于容器或包装的缺陷，在承运货物时无法从其外表发现造成的后果。
h	由于发货人用不正确、不确切或不完整的名称托运不准运的物品而造成的后果。
i	由于发货人在托运应按特定条件承运的货物时，使用不正确、不确切或不完整的名称，或未遵守《国际货协》的规定而造成的后果。
j	由《国际货协》规定的标准范围内的货物自然减量，以及由于运送中水分减少，或货物的其他自然性质，以致货物减量超过规定标准。

表 7－7　　铁路对承运货物的免责责任

a	发生雪（沙）害、水灾、崩塌和其他自然灾害，按有关国家铁路中央机关的指示，期限在 15 天以内
b	发生其他致使行车中断或限制的情况，可按有关国家政府的指示执行

②货运事故的处理

联运出口货物在国境站换装交接时，如发现货物短少、残损、污染、湿损、被盗等事故，国境站外运公司应会同铁路查明原因，分清责任，分别加以处理。由于铁路原因造成的，要提请铁路编制商务记录，并由铁路负责整修，整修所需包装物料由国境站外运公司根据需要与可能协助解决，但费用由铁路承担；由于发货人原因造成的事故，在国境站条件允许的情况下，由国境站外运公司组织加工整修，但须由发货人提供包装物料，负担所有的费用和损失，因技术条件限制无法在国境站加工整修的货物，应由发货人到国境站指导，或将货物返回发货人处理。

③货运事故的赔偿

铁路对国际联运货物从承运起至到站交付货物时为止，对货物全部或部分灭失、损坏或逾期运达所造成的损失应承担责任。经铁路部门调查证实事故是因铁路的责任所引起，货方可以按规定向铁路提出索赔。《国际货协》第 28 条规定，索赔可由发货人向发送站提出，也可由收货人向到达站提出。索赔应当提供充足的索赔证据，包括：

a. 货物全部灭失时，如由发货人索赔应提供运单副本，如由收货人索赔应提供运单或运单副本。

b. 货物部分灭失、毁损或腐坏时，发货人或收贷人都应提供运单交给收货人做商务记录。

c. 货物逾期到达，收货人索赔时应提供运单。

d. 铁路多收运送费用时，发货人或收货人都应按其已交付的运费提出索赔金额并须提供运单。在我国发货人可不提供运单，但收货人必须提供运单。

关于运送费用和损失的索赔应在 9 个月内提出；关于逾期运达的索赔应在 2 个月内提出。自赔偿请求提出之日（以发信邮局戳记或铁路在收到直接提出的请求书时出具的收据为凭）起，铁路必须在 180 天内进行审核予以答复。凡超过时效的索赔均无效并不得提出上诉。

相关链接

江苏开行中欧班列同比增长近两成

2021 年 10 月，中欧班列长三角生态绿色一体化发展示范区首列专列，搭载 100 标箱货物从江苏（苏州）国际铁路物流中心出发，在内蒙古二连浩特出境，最终到达波兰马拉舍维奇。

此次专列共 50 节，运载的是苏州吴江经济开发区璨宇光电出口欧洲的液晶显示模组，货值近 800 万美元。璨宇光电有限公司总经理王彦琳介绍，通过中欧班列运输，时间最短可以压缩到 20 天，比海运省了一半。

在外贸大省江苏，中欧班列开行数量一直位居全国前列，目前全省累计开行量已超过 1.7 万列，在构建国际物流新通道、促进江苏与欧洲的双边贸易中发挥着越来越重要的作用。目前，连云港、苏州、南京、徐州、南通5市开行了中欧（亚）班列线路共20条，覆盖欧洲17国20多个城市、中亚5国近50个城市、东南亚3个城市，形成了“连新亚”“苏满欧”等品牌线路。

按照“打造特色、分类集中、巩固中欧中亚、拓展东南亚”的总体思路，各地班列主打特色化、差异化、错位发展。南京结合龙潭港铁路专用线的投入使用，打造俄罗斯精品路线；徐州结合淮海国际陆港建设，积极打造中欧班列汇集点，逐步规划“枢纽对枢纽”线路；苏州发展自贸区、跨境电商及邮政专列；连云港重点发展日韩、东南亚、中亚、蒙古的双向过境班列，发挥好新亚欧大陆桥陆海联运通道示范和标杆作用；南通以海安为基地，做好东盟线路发展，拓展在东南亚的覆盖面。

除了不断提高覆盖面，江苏中欧班列在运营模式上也不断创新。江苏自贸试验区连云港片区首创的国际班列过境集装箱“车（站）船直取”零等待模式，已向全国口岸推广。

按照以往的国际班列作业模式，过境集装箱在船舶靠港后各流程之间前后串联，手续繁琐，消耗时间长，从集装箱抵达港口到装车发运平均需要近4天。现在，船舶在进入锚地时便开始申报流程，待抵港后，直接卸船分流至中哈物流基地装火车发往境外，各类手续办理实现了由“串联”到“并联”的改变，采用这种方式过境集装箱班列的发运时间压缩到1天以内，中转作业时间较以往节约75%，客户的单箱中转成本相比之前降低60%。

数据显示，2021年1－10月，江苏中欧班列累计开行1452列，同比增长18.9%。其中，去程开行948列，同比增长10.75%；回程开行504列，同比增长38.05%。江苏中欧班列已经提前70天超去年全年开行量，开行数量将创历史新高。回程占比持续提升，由上半年的20.86%提升至34.71%，保持去回均衡、量质齐升发展态势，有效降低了班列运营成本。

（资料来源：人民日报，2021年11月24日2版。）

【复习题】

一、单选题

1. 国际铁路联运货物运输的费用是按（　　）计算。

A. 《统一货价》

B. 中国铁路《铁路运价规则》和《统一货价》

C. 我国境内按中铁《铁路运价规则》，境外按当地国家铁路运费

D.《INCOTERMS 2020 规则》

2. 国际铁路联运凭运单副本第（　　）向银行办理结汇或结算。

A. 一联　　B. 二联　　C. 三联　　D. 四联

3. 在短距离的运输中，（　　）具有灵活、快捷、方便的绝对优势。

A. 公路运输　　B. 水路运输

C. 铁路运输　　D. 航空运输

4. 下列情况承运人可不负赔偿责任的是（　　）。

A. 不可抗力　　B. 灭失

C. 短少　　D. 变质

二、多选题

1. 下列关于国际铁路货物联运的表述正确的是（　　）。

A. 在由一国铁路向另一国铁路移交货物时需要发货人与收货人参与

B. 由铁路部门负责从托运人交货到向收货人交货的全过程运输

C. 经过两个或两个以上国家的铁路

D. 在整个联运过程中使用一份国际联运运单

2. 国际铁路联运的办理种类包括（　　）。

A. 整车运输　　B. 零担运输

C. 散货运输　　D. 大吨位集装箱运输

3. 铁路对（　　）免除责任。

A. 由于铁路不能预防和不能消除的情况而造成的后果

B. 由于货物在发站承运时质量不符合要求或由于货物的特殊自然性质，以致引起自燃、损坏、生锈、内部腐坏和类似的后果

C. 由于发货人或收货人装车或卸车的原因而造成的后果

D. 由于发送路规章允许使用敞车类货车运送货物而造成的后果

4. 公路运输的局限性有（　　）。

A. 载重量小

B. 不适宜走长途运输

C. 易造成货损货差事故

D. 灵活方便

5. 危险货物托运时，托运单上要填写危险货物品名、包装方法、（　　）、收发货人详细地址及运输过程中注意事项。

A. 规格　　B. 件重　　C. 件数　　D. 起运日期

【案例分析】

铁路运输合同案例

山西省大同市某公司与内蒙古自治区某公司通过函件订立了一个买卖合同。因货物采取铁路运输的方式，而内蒙古公司作为卖方将到达栏内的“大同县站”写成“大同站”。因此导致货物运了车站，造成了双的合同纠纷。

【评析】

铁路货物运输合同是指托运方与铁路运输部门就铁路运输货物所达成的明确双方权利义务关系的协议。

从本合同之纠纷来看，其中所涉及的主要问题是铁路运输合同的条款问题。在本合同纠纷中，造成错发站的原因关键是发货方将“大同县站”写成了“大同站”，一字之差，货物发到了百里之外，教训不可谓不深。在此，错发货的主要责任在于发货方，与铁路部门无关，应由发货方承担对收货方的赔偿责任。

【技能训练】

1. 在搜集资料时，认真研讨，分别模拟国际铁路联运进出口货物运输的业务程序。
2. 根据模拟情况，由各小组自评和其他小组打分给予综合评定（给学生相应的模拟资料让学生结合所学知识完成相应的操作）。

模块 8　国际多式联运业务

【模块任务】

国际多式联运是现代交通运输的发展方向，在国际多式联运实务中要注意什么？有哪些多式联运单据？要注意哪些单证业务？

一、国际多式联运概述

（一）国际多式联运的含义

国际多式联运（International Multimodal Transport）简称多式联运，是在集装箱运输基础上产生和发展起来的，是指按照多式联运合同，以至少两种不同的运输方式，由多式联运经营人将货物从一国境内的接管地点运至另一国境内指定交付地点的货物运输。国际多式联运适用于水路、公路、铁路和航空多种运输方式。在国际贸易中，由于85% ~90%的货物是通过海运完成，故海运在国际多式联运中占据主导地位。

（二）国际多式联运特征

（1）具有一份多式联运合同，合同中明确规定多式联运经营人和托运人之间的权利、义务、责任和豁免的合同关系。多式联运合同是确定多式联运性质的根本依据。

（2）使用一份全程多式联运单据，此单据即为多式联运合同及证明多式联运经营人已接管货物并负责按照合同条款交付货物的文书，该单据既是物权凭证，也是有价证券。

（3）必须是国际间两种或两种以上不同运输方式的连贯运输，这是确定一票货运是否属于多式联合的最重要的特征。

（4）必须是跨越国境的国际间的货物运输。

（5）必须有一个多式联运经营人，对全程的运输负总责任，其承担自接受货物起至交付或无止的全程运输责任。

（6）必须使用全程单一运价。这个运价一次收取，包括运输成本（各段运杂费的总和）、经营管理费和合理利润。

（三）国际多式联运经营人

1. 国际多式联运营人的含义与特征

8 -1 国际多式联运概念和特点

1980年《联合国国际多式联运公约》规定“多式联运经营人（multi-modal transport operator，MTO）是指本人或通过其代表订立多式联运合同的人，他是事主，而不是发货人的代理人或代表或参加多式联运的承运人的代理人或代表，并且负有履行合同的责任”。由此可见，国际多式联运经营人是指本人或者委托他人以本人名义与托运人订立一项多式联运合同并以承运人身份承担完成此项合同责任的人。

从以上的定义中，不难发现国际多式联运经营人具有如下基本特征：

（1）国际多式联运经营人是多式联运合同的主体。国际多式联运经营人是“本人”而非代理人。他既对全程运输享有承运人的权利，又负有履行多式运输合同的义务，并对责任期间所发生的货物的灭失、损害或迟延交付承担责任。

（2）国际多式联运经营人的职能在于负责完成多式运输合同或组织完成多式运输合同。国际多式联运经营人既可以拥有运输工具从事一个或几个区段的实际运输，也可以不拥有任何运输工具，仅负责全程运输组织工作。当国际多式联运经营人以拥有的运输工具从事某一区段运输时，他既是契约承运人，又是该区段的实际承运人。

(3) 国际多式联运经营人是“中间人”。国际多式联运经营人具有双重身份，他既以契约承运人的身份与货主（托运人或收货人）签订国际多式联运合同，又以货主的身份实际运输的各区段运输的承运人（通常称为实际承运人）签订分运输合同。由此可见，国际多式联运经营人不同于无船承运人、货运代理。

【案例分析】

我国A公司与美国B公司签订了进口3套设备的贸易合同，FOB美国西海岸，目的地为山东济南。A公司委托C航运公司负责全程运输，C航运公司从美国西雅图港以海运方式运输了装载于三个集装箱的设备到青岛港，C航运公司委托D货代公司负责青岛到济南的陆路运输，双方订立陆路运输合同。D货代公司并没有亲自运输，而是委托E汽车运输服务公司运输。货到目的地后，收货人发现两个集装箱破损，货物严重损坏。经查实发现涉案两个集装箱货物的损坏发生在青岛至济南的陆路运输区段。请分析并解答下列问题（本案适用中国法律）：

(1) C航运公司是否对货物的损失承担责任，为什么？

(2) 阐述C航运公司和D货代公司的法律地位。

(3) 本案是否按照中国《海商法》关于承运人赔偿责任和责任限额的规定来确定当事人的赔偿责任，为什么？

2. 国际多式联运经营人的类型

根据是否拥有运输工具、场站设施，国际多式联运经营人可以分成以下三类：

8－2 案例分析

(1) 承运人型。这类国际多式联运经营人拥有船舶、汽车、火车、飞机等运输工具。他与货主订立国际多式联运合同后，除了利用自己拥有的运输工具完成某些区段的实际运输外，对于自己不拥有或经营的运输区段则需要通过与相关的承运人订立分包合同来实现该区段的运输。这类国际多式联运经营人既是契约承运人又是某个或几个区段的实际承运人。此外，他们也可能不拥有场站设施，而是与相关场站经营人订立装卸与仓储合同来安排相关的装卸与仓储服务。

(2) 场站经营人型。这类国际多式联运经营人拥有货运站、堆场、仓库等场站设施。他与货主订立国际多式联运合同后，除了利用自己拥有的场站设施完成装卸、仓储服务外，还需要与相关的各种运输方式的承运人订立分合同，由这些承运人来完成货物运输。

(3) 代理人型。这类国际多式联运经营人不拥有任何运输工具和场站设施，需要通过与相关的承运人、场站经营人订立分合同来履行他与货主订立的国际多式联运合同。

3. 国际多式联运经营人的业务范围

国际多式联运经营人既可以从事代理业务，也可以从事当事人业务，因而，其业务范围非常广泛。按国际多式联运经营人在提供服务中所起的作用和所扮演的角色，其业务范围可

以分成如下六大类：①咨询业务；②货运代理业务；③运输经纪业务；④承运人或场站经营人业务；⑤国际多式联运业务；⑥运输延伸—物流服务。

随着企业类型、规模的不同，国际多式联运经营人的业务范围也有较大的差异。大型国际多式联运企业可以集代理人、经纪人、承运人、场站经营人、国际多式联运经营人、第三方物流经营人为一体，从事以上全部业务；而“代理型”的国际多式联运企业只能以代理人、经纪人、国际多式联运经营人身份从事咨询业务、货运代理业务和国际多式联运业务。但无论何种类型的国际多式联运企业，在实际业务操作中，通常都是以“混合身份”向客户提供服务。

4. 国际多式联运经营人的必备条件

从经营的角度来看，国际多式联运应被划归在定期运输之列，因此，为了确保国际多式联运业务的稳定性，国际多式联运经营人必须具备如下基本条件：

(1) 取得从事国际多式联运的资格；

(2) 拥有国际多式联运线路以及相应的经营网络；

(3) 与有关的实际承运人、场站经营人建立长期合作关系；

(4) 拥有必要的运输设备，尤其是场站设施和短途运输工具；

(5) 拥有雄厚的资金和良好的资信；

(6) 拥有符合要求的国际多式联运单据；

(7) 具备自己所经营的国际多式联运线路的运价表。

5. 国际多式联运经营人的经营方式

在业务经营过程中，国际多式联运企业需要根据自己的经济实力、业务量大小采用合适的经营方式。目前国际上通用的业务活动经营方式主要有如下三种：

(1) 独立经营方式，即所有业务完全由国际多式联运企业及其附属机构独立经营。

(2) 联营方式，即国际多式联运企业与其他独立经营企业联合经营国际多式联运业务。

(3) 代理方式，即委托国内外同行作为联运代理办理或代安排分承运工作和交接货物，签发或收回联运单证，制作有关单证，处理信息，代收、支付费用和处理货运纠纷等。代理关系可以是相互的，也可能是单方的。

上述三种经营方式各有利弊。在实际业务中，几乎所有的国际多式联运企业都是三

种经营方式组合运用，其中以第一种与第三种的结合最为常见。

6. 国际多式联运经营人的责任形式

（1）统一责任。

在统一责任制下多式联运经营人对货主负不分区段的统一责任。即货物的灭失或损失，包括隐藏损失（即损失发生的区段不明）不论发生在哪个区段，多式联运经营人均按一个统一原则负责，并一律按一个约定的限额赔偿。

（2）分段责任。

按分段责任制（又称网状责任制）规定，多式联运经营人的责任范围为各区段运输原有责任范围，海上区段按《海牙规则》，航空区段按《华沙公约》。在某些区段上不适用上述公约时，则按有关国家的国内法处理。这种责任制的特点是各种法规的责任大小和赔偿限额不统一，对发展多式联运不利。

（3）修正统一责任。

是介于统一与分段两种责任制之间的责任制，故又称混合责任制，也就是在责任范围方面与统一责任制相同，在赔偿限额方面与分段责任制相同。

二、国际多式联运的运输组织形式

（一）海陆联运

海陆联运是国际多式联运的主要组织形式，也是远东/欧洲方向国际多式联运采用的主要组织形式之一。主要有班轮公会的三联集团、北荷、冠航和丹麦的马士基等国际航运公司以及非班轮公会的中国远洋运输公司、台湾长荣航运公司和德国那亚航运公司等组织和经营远东/欧洲海陆联运业务。这种组织形式以航运公司为主体，签发联运提单，与航线两端的内陆运输部门开展联运业务，与大陆桥运输展开竞争。

（二）大陆桥运输

也称陆桥运输，实质上是海—陆—海多式联运。所谓大陆桥运输，是指以横贯大陆的铁路公路运输系统作为中间桥梁，把大陆两端的海洋连接起来，形成跨越大陆、联结海洋的运输组织形式。

（1）西伯利亚大陆桥。

西伯利亚大陆桥（Siberian Land bridge，SLB），或称亚欧第一大陆桥全长 1.3 万公里，东起俄罗斯东方港，西至俄芬（芬兰）、俄白（白俄罗斯）、俄乌（乌克兰）和俄哈（哈萨克斯坦）边界，过境欧洲和中亚等国家。西伯利亚大陆桥于 1971 年由全苏对外贸易运输公司正式确立。日本、东南亚、中国香港等地运往欧洲、中东地区的货物由海运运至俄罗斯的东方港或纳霍德卡后，经西伯利亚大陆桥有三种联运方式：①铁路/铁路线。经西伯利亚大铁路运至俄罗斯西部国境站，经伊朗、东欧或西欧铁路再运至欧洲各地，或按相反方向的运输。②铁路/海运线。经西伯利亚大铁路运至莫斯科，经铁路运至波罗的海的圣彼得堡、里加或塔林港，再经船舶运至西欧、北欧和巴干地区，或按相反方向的运输。③铁路公路线。经西伯利亚大铁路运至俄罗斯西部国境内，再经公路运至欧洲各地，或按相反方向的运输。

（2）新亚欧大陆桥。

1990 年 9 月 11 日，我国陇海－兰新铁路的最西段乌鲁木齐至阿拉山口的北疆铁路与前苏联的土西铁路接轨，第二条亚欧大陆桥运输线全线贯通，并于 1992 年 9 月正式通车，全长 10870 公里，在中国境内长 4131 公里，约占 1/3，向东辐射日本、朝鲜、韩国等国家，向西途经中亚、西亚、中东、俄罗斯、东欧、中欧、西欧等 40 多个国家和地区。此条运输线东起我国连云港，经河南郑州，陕西西安，甘肃兰州，新疆乌鲁木齐，西至荷兰鹿特丹，跨亚欧两大洲，连接太平洋和大西洋。

（3）北美陆桥。

北美地区的路桥运输不仅包括大陆桥运输，而且还包括小路桥运输和微桥运输等其他运输组织形式。

①北美大陆桥（U. S. Land Bridge）

其指从日本东向，利用海路运输到北美西海岸，再经由横贯北美大陆的铁路线，陆运到北美东海岸，再经海路运输到欧洲的海—陆—海多式联运。

②小陆桥运输（Mini Land Bridge，MLB）

其指比大陆桥的海/陆/海形式缩短一段海上运输，成为海/陆、或陆/海形式。目前，北美小陆桥运送的主要是远东、日本经美西海岸，尤其是美太平洋岸西面港口、墨西哥湾海岸到美东海岸的集装箱货物，例如，大连—长滩—休斯敦。当然也承运从欧洲到美西及海湾地区各港的大西洋航线的转运货物。

③内陆地点多式联运（Interior Point Intermodal，IPI）

其是典型的微型陆桥运输（MicroBridge 或 MicroLandBridge，它不可简写为 MLB），就是没有通过整条陆桥，而只利用了部分陆桥区段，是比小陆桥更短的海陆运输方式，又称为半陆桥（SemiLandBridge）。它通常是指由美国西海岸或美国东海岸港口采用铁路或公路转运至 IPI 内陆点，例如 CHI（Chicago）、Phoneix（凤凰城）、Detroit（底特律）等。

④内陆公共点或陆上公共点（Overland Common Points，OCP）

其指使用两种运输方式将卸至美国西海岸港口的货物通过铁路转运抵美国的内陆公共点地区，并享有优惠运价。

尽管 OCP 运输与 IPI 运输的目的地均为美国内陆点，但在 OCP 下海、陆两段系分段运输、分段负责，显然，它并不是真正的国际多式联运。而 IPI 运输是真正的多式联运。

（三）海空联运

海空联运是指货物先经由船舶运至拟中转的国际机场所在港口，然后安排拖车将货物拖至拟中转的国际机场进行分拨、装板、配载后，再空运至目的国的运输组织形式。

海空联运综合了海运运量大成本低和空运速度快，时间要求紧的特点，能实现对不同运量和不同运输时间要求的货物进行有机结合。

（四）陆空联运

国际陆空联运包括陆空陆联运（Train - Air - Tusk，TAT）和陆空联运（Train - Air or Truck - Air，TA）等形式。目前，陆空联运广泛采用“卡车航班”运输作式，即空运进出境航班与卡车内陆运站相结合。由于航空公司对其编制固定的航班号，确定班期和时刻，并对外公布，作为飞机航班运输的一种补充方式，完成飞机运输的功能，因此也称为“卡车航班”。

三、多式联运业务操作

（一）多式联运合同

1. 多式联运合同的条件与特征

在国际多式联运全过程中，其运输合同，即多式联运合同应由多式联运经营人与发货人订立。该合同成立应具备以下条件：

（1）使用两种或两种以上运输方式完成货物运输。

（2）必须是货物运输，而且是国际间的。

（3）接受货物运输，因有合同而对货物负有运输和保管责任。

（4）该合同必须是一种承揽，合同的形式表现为书面的运输单证，即空运货运单，《海牙议定书》又称其为空运单或空运路单。在铁路、公路货运公约中，合同的形式也是以所使用的运单来体现，发货人与承运人在运单上一经签字，即认为双方缔结了运输合同。

2. 多式联运合同的订立

多式联运合同的订立有以下两种形式：

（1）托运人与经营多式联运业务的经营人订立合同。

（2）托运人与第一承运人订立运输合同。

（二）多式联运单据

1. 多式联运单据的性质与作用

《联合国国际货物多式联运公约》对单据所下的定义与《汉堡规则》对提单所下的定义一致，即“提单是指用以证明海上运输合同和承运人接受或装载货物，以及承运人保证据以交付货物的凭证单据中关于货物应按记名的指示或不记名人的指示交付给提单持有人的规定，便是这一保证”。可见，即使是多式联运单据，其作用也是：

8 - 3 多式联运合同范例

（1）多式联运合同的证明；

（2）多式联运经营人收到货物的收据和凭其交货的凭证。

2. 多式联运单据的种类

由于《联合国国际货物多式联运公约》至今没有生效，因此没有可适用的国际公约，现在多式联运中使用的单证，在商业上是通过订立合同产生的，同时，还有一些组织制定了的标准格式。除联合国外，波罗的海国际航运公会（BIMCO）和国际货运代理人协会联合会（FIATA）也制定了多式联合单据的格式。

（1）Combidoc。它是由 BIMCO 制定的，通常为经营船舶的多式联运经营人所使用，并得到了国际商会的认可。

（2）FIATA 多式联运提单（FBL）。它由 FIATA 制定，供作为多式联运经营人的货运代理企业使用。

（3）Multidoc（MTO）。它是由 UNCTAD（联合国贸易和发展会议）为便于《联合国国际货物多式联运公约》得以实施而制定的，它并入了《联合国国际货物多式联运公约》中责任制定的规定。

（三）多式联运单证业务

1. 多式联运业务

（1）订立多式联运合同。国际多式联运经营人以契约承运人的名义与托运人签订国际多式联运合同。托运人应根据货物运输的需要及时托运和备货，并准备各种出口所需的单证，也就是根据信用证或买卖合同对货物品质所规定的要求，申请检验和出证、制作单证（包括贸易单证和运输单证）、报关，然后向多式联运经营人托运。

（2）出运地货物交接。托运人根据多式联运合同的规定，应及时将所托运的货物交至指定的地点。托运人还应办理其他相关的手续。通常由多式联运经营人提供集装箱，发货人可以自己装箱，也可以委托多式联运经营人代为装箱。

多式联运经营人对货物的状况等进行检验，在确认无误后接受货物。多式联运经营人根据具体运输计划和所采用的运输方式，签发多式联运单据。

（3）多式联运经营人安排货物运输。国际多式联运经营人按托运人的托运要求安排运输线路、订舱配载、接货，安排内陆运输仓储、装箱，将装妥货物的集装箱运至实际承运人指定的堆场或港口堆场，以待装上运输工具，实际承运人向多式联运经营人签发提单或运单。货物装上运输工具后，国际多式联运经营人应随时注意货物的流转并将有关信息和单证及时送达目的地。

（4）目的地交接货物。货物运抵目的地后，由多式联运经营人或其代理人将货物交给收货人。

货物运抵目的地时，多式联运经营人通常应通知收货人做好提货准备，并办理货物的出口手续。当收货人出具了多式联运单据或其他有效证明，并支付了到付的费用后，就可以办理货物的交接手续，将货物交付给收货人。

2. 多式联运单证的内容

（1）货物品类、识别货物所必需的主要标志。如属危险货物，其危险特性的明确声明、包数或件数、货物的毛重或其他方式表示的数量等，所有这些事项均由发货人提供；

（2）货物外表状况；

（3）多式联运经营人的名称和主要营业所；

（4）发货人名称；

（5）如经发货人指定收货人，收货人的名称；

（6）多式联运经营人接管货物的地点和日期；

（7）交货地点；

（8）如经双方明确协议，在交付地点交货的日期或期间；

（9）表示该多式联运单据为可转让或不可转让的声明；

（10）多式联运单据的签发地点和日期；

（11）多式联运经营人或经其授权的人的签字；

（12）如经双方明确协议，每种运输方式的运费；或者应由收货人支付的运费，包括用以支付的货币；或者关于运费出收货人支付的其他说明；

（13）如在签发多式联运单据时已经确知，预期经过的路线、运输方式和转运地点；

（14）如不违背签发多式联运单据所在国的法律，双方同意列入多式联运单据的任何其他事项。

但是，以上一项或者多项内容的缺乏，不影响单据作为多式联运单据的性质（表 8－1）。

表 8－1　　多式联运提单样本

SHIPPER/EXPORTER（COMPLETE NAME AND ADDRESS）	B/L NO. BILLOF LADING GET SHIPPING COMPANY LIMITED
CONSIGNEE（COMPLETE NAME AND ADDRESS）	FOR DELIVERY OF GOODS PLEASE APPLY TO
NOTIFY PARTY（COMPLETE NAME AND ADDRESS）	

续表

<table>
<tr><td colspan="2">PRE CARRIAGED BY</td><td colspan="2">PLACE OF RECEIPET</td><td colspan="5"></td></tr>
<tr><td colspan="2">VESSEL</td><td colspan="2">PORY OF LADING</td><td colspan="3">B/L NO.</td><td colspan="2">DOCUMENT NO.</td></tr>
<tr><td colspan="2">PORT OF DISCHARGE</td><td colspan="2">PLACE OF DELIVERY</td><td colspan="5">FINAL DESTINATION（FOR THR MERCHANTS REFERENCE）</td></tr>
<tr><td>MKS. &NOS/
CONT. NOS</td><td>NO. OF
PKGS.</td><td colspan="4">DESCRIPTION OF PACKAGES AND GOODS</td><td colspan="2">GROSS
WEIGHT</td><td>MEAS
UREMENT</td></tr>
<tr><td></td><td></td><td colspan="4"></td><td colspan="2"></td><td></td></tr>
<tr><td>FREIGHT
CHARGES</td><td>RATED
AS PER</td><td>RATE</td><td colspan="2">PREPAID</td><td>COLLECT</td><td colspan="2">CURRECY</td><td>RATE OF
EXCHANGE</td></tr>
<tr><td colspan="5">TOTALS</td><td colspan="4">IN ACCEPTING THIS BILL OF LADING THE SHIPPER CONSIGNEE, HOLDER HEREOF, AND OENER OF THE GOODS, AGREE TO BE BOUND BY ALL OF ITS STIPULATONS, EXCEPTIONS AND CONDITIONS, WHETHER WRITTRN, PRINTED OR STAMPED ON THE FRONT OR BACK HEREOF, AS WELL AS THE PROVISION OF THE ABOVE CARRIERS PUBLISHED TARRIF RULES AND REGULATIONS, AS FULLY AS IF THEY WERE ALLSIGNED BY SUNCH SHIPPER, CONSIGNEE, HOLDER OR OWNER.
AT……
BY……</td></tr>
</table>

8-4 国际多式联运提单的填制

资料卡

多式联运提单正面内容与海运提单的区别

1. 多式联运提单的签发时间是收货后，而海运提单的签发时间是装船后。

2. 多式联运提单的签发人是多式联运经营人；而海运提单的签发人是海上承运人或其代理。

3. 多式联运提单适用的运输方式包括：海运、海—海、多式联运；而海运提单适用的运输方式包括：海运、海—海。

4. 由于多式联运提单是收货待运提单，所以当多式联运提单作为海运提单使用时，装船批注内应加上“实际船名”、“装运日”、“ON BOARD”字样；而海运提单是已装船提单，不需加注“ON BOARD”等字样。

5. 多式联运提单签发人（多式联运经营人）对货物的全程运输负责，即其责任是从接受货物起到交付货物为止。因此多式联运提单正面表述有“货物收到”字样，并载有“实际接货地点”和“实际交货地点”，而海运提单只显示“装运港”、“卸货港”、“中转港”，其海运提单的签发人只对自己执行的这一程运输负责。

3. 多式联运单证的种类

8-5《多式联运单证规则》介绍

在多式联运中，主要的单证即国际多式联运提单。按《联合国国际多式联运公约》的规定和目前的实际运作，多式联运提单的种类按是否可转让的原则可分为两大类：可转让提单和不可转让提单。而可转让提单又可分为按指示交付或向持票人交付两类。不可转让提单一般为记名提单。

（1）指示提单。指示提单（Order B/L）是指在正面收货人一栏中载明“由某人指示”（Order of XXX）或“指示”（Order）字样的多式联运提单。通常对于前者规定可以是发货人指示（Order of Shipper）或银行指示（Order of Bank），后者一般视为发货指示。不论哪一种形式，指示人通常以背书的形式确定收货人，具体分为记名背书（Special Endorsement，即指示人在提单背面书写被背书人的背书）和空白背书（Endorsement in Blank，即指示人在提单背面只签署自己的姓名，而不写明被背书人的背书）。对于记名背书提单，承运人或其代表在目的地交付货物时应把货物交给被背书人或其进一步指示的收货人。对于空白背书的提单，应将货物交给出示提单的人（同不记名提单）。

两种指示提单均需要指示人背书后才能转让，实现提单的流通。如果指示人不作任何背书，则意味着指示人保留对货物的所有权，只有指示人本人才有提货权。

指示提单是目前在多式联运中被实际使用最多的可转让提单。

(2) 不记名提单。不记名提单 (Bearer B/L) 又称空白提单 (Blank B/L), 是指在正面收货人栏不写明具体收货人或由某人指示, 通常只注明“持有人” (Bearer) 或“交持有人” (To Bearer) 字样的多式联运提单。对于不记名提单, 承运人或其代表应将货物交给持有提单的人。

不记名提单的转让不需要背书即可进行, 因此这种提单具有很强的流通性, 但也给货物买卖双方带来很大的风险, 实践中极少采用。

(3) 记名提单。记名提单 (Straight B/L) 是指正面收货人一栏中载明作为收货人的特定的人 (或公司) 的提单, 一般不能转让流通 (有些国家规定可经背书或司法部门批准后转让)。由于这种提单流通性差, 在实践中较少采用, 仅在贵重物品、个人赠送品、展览品等货物运输中使用。

4. 多式联运提单的流转程序

下面以一程是公路运输, 二程是海上运输, 三程是铁路运输的多式联运为例, 说明多式联运经营人签发的多式联运提单几个区段单证的流转程序。

在实际业务中, 多式联运提单和各区段实际承运人的货运单证的缮制大多交由多式联运经营人的各区段代理负责, 多式联运经营人主要充当全面控制和发布必要指示的角色。以下为多式联运经营人签发的多式联运提单及各区段实际承运人签发的运输单证的流转程序:

(1) 多式联运经营人起运地分支机构 (或代理) 缮制并签发全程多式联运提单, 其中的正本交给发货人, 用于结汇; 副本若干份交付多式联运经营人, 用于多式联运经营人留底和送交目的地分支机构或代理。

(2) 多式联运起运地分支机构或代理将货交一程承运人后, 一程承运人签发以多式联运经营人或其起运地分支机构 (或代理) 为托运人、以多式联运经营人或其二程分支机构 (或代理) 为收货人的公路运单, 运单上应注有全程多式联运提单的号码。多式联运经营人起运地分支机构 (或代理) 在货物出运并取得运单后, 应立即以最快的通信方式将运单、舱单等寄交多式联运经营人二程分支机构 (或代理), 以便二程分支机构 (或代理) 能用此提货; 与此同时, 还应向多式联运经营人提供运单副本以及运载汽车离站时间及预计抵达时间等信息, 以便多式联运经营人能全面了解货运进展和向二程分支机构 (或代理) 发出必要的指示。

(3) 多式联运经营人二程分支机构 (或代理) 收到运单后, 凭此单从一程承运人 (或其代理) 处提取货物, 并交付二程承运人 (或其代理)。二程承运人或其代理收到货物后, 签发以多式联运经营人或其二程分支机构 (或代理) 为托运人, 以多式联运经营人或其三程分支机构 (或代理) 为收货人的提单, 提单上应注明全程多式联运提单的号码。多式联运经营人二程分支机构 (或代理) 在货物出运并取得提单后, 应立即以最快的通信方式将正本提单、舱单等寄交多式联运经营人三程分支机构 (或代理), 以便三程分支机构 (或代理) 能用此提货; 同时, 还应向多式联运经营人提供提单副本以及船舶离港报告等, 以便多式联运经营人能全面了解货运进展和向三程分支机构 (或代理) 发出必要的指示。

(4) 多式联运经营人三程分支机构 (或代理) 收到运单后, 凭此从二程承运人

(或其代理) 处提取货物，并交付三程承运人 (或其代理)。三程承运人 (或其代理) 收到货物后，签发以多式联运经营人或其三程分支机构 (或代理) 为托运人，以多式联运经营人或其目的地分支机构 (或代理) 为收货人的铁路运单，运单上应注明全程多式联运提单的号码。多式联运经营人三程分支机构 (或代理) 在货物出运并取得提单后，应立即以最快的通信方式将正本提单、舱单等寄交多式联运经营人目的地分支机构 (或代理)，以便目的地分支机构 (或代理) 能用此提货；同时，还应向多式联运经营人提供提单副本以及火车动态等，以便多式联运经营人能全面了解货运进展和向目的地分支机构 (或代理) 发出必要的指示。

(5) 多式联运经营人目的地分支机构收到铁路运单后，可凭此从承运人 (或代理) 处提取货物，并向收货人发出提货通知。收货人付款赎单后取得多式联运经营人签发的全套正本多式联运提单，凭此套正本提单可向多式联运经营人目的地分支机构 (或代理) 办理提货手续。多式联运经营人目的地分支机构 (或代理) 经与多式联运经营人寄交的副本提单核对，并在收取应收取的运杂费后，将货物交付收货人。

多式联运提单及各区段实际承运人签发运输单证的流转程序如图 8-1 所示。

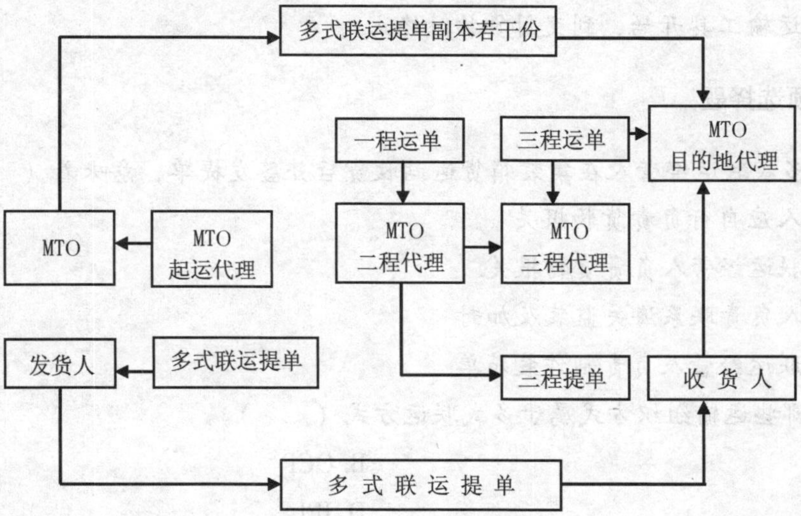

图 8-1　多式联运提单及各区段实际承运人签发运输单证的流转程序

【复习题】

一、单项选择题

1. 国际多式联运经营人是 (　　)

A. 发货人代理人　　B. 收货人代理人

C. 承运人代理人　　D. 承运人

2. 以下哪个特点不是国际多式联运所应具有的特点（ ）。

A. 签订一个运输合同　　B. 采用一种运输方式

C. 采用一次托运　　D. 一次付费

3. 使用两种运输方式将卸至美国西海岸港口的货物通过铁路运抵美国的内陆公共点地区，并享有优惠运价的运输方式是（ ）。

A. SLB　　B. OCP

C. MLB　　D. IPI

4. 国际多式联运经营人是（ ）。

A. 国际多式联运合同的当事人　　B. 国际多式联运合同的委托人

C. 国际多式联运合同的代理人　　D. 国际多式联运合同的经纪人

5. 国际多式联运经营人对货物的责任期间是（ ）。

A. 装上运输工具开始，到卸下运输工具时终止

B. 从接收货物开始，到交付货物时终止

C. 离开发货人仓库开始，到进入收货人仓库终止

D. 装上运输工具开始，到交付货物时终止

二、多项选择题

1. 国际多式联运经营人在集装箱货运站收货后并签发提单，意味着（ ）。

A. 发货人应自行负责货物报关

B. 多式联运经营人负责货物报关

C. 发货人负责联系海关监装及加封

D. 多式联运经营人负责制作装箱单

2. 以下哪些运输组织方式属于多式联运方式（ ）。

A. SLB　　B. OCP

C. MLB　　D. IPI

三、判断题

1. 国际货运代理企业经营多式联运并签发多式联运提单时，其法律地位是承运人。（ ）

2. 在国际多式联运方式下，运输途中货物换装、转运等事宜均由区段承运人负责。多式联运经营人不承担区段承运人过错造成的货损。（ ）

【案例分析】

中国土畜产进出口公司 xx 畜产分公司委托 xx 对外贸易运输公司办理 333 只纸箱的男士羽绒滑雪衫出口手续，外运公司将货装上 xx 远洋运输公司的货轮，并向畜产进出口公司签发了北京中国对外贸易运输总公司的清洁联运提单，提单载明货物数量共为 333 箱，分装 3 只集装箱。同年 6 月 29 日，货轮抵达目的港日本神户，7 月 6 日，日方收货人在港口装卸公司开箱发现其中一个集装箱 A 的 11 只纸箱中，有 5 箱严重湿损，6 箱轻微湿损。7 月 7 日，运至东京日方收货人仓库，同日，由新日本商检协会检验，10 月 11 日出具的商检报告指出货损的原因是由于集装箱有裂痕，雨水进入造成箱内衣服损坏，实际货损约合 1868338 日元。在东京进行货损检验时，商检会曾邀请 xx 远洋运输公司派人共同勘察，但该公司以“出港后检验无意义”为由拒绝。日方收货人从 AIU 保险公司取得赔偿后，AIU 公司取得代位求偿权，于次年 9 月 25 日向上海海事法院提起诉讼，要求被告货运代理人和实际承运人赔偿日方损失，并承担律师费和诉讼费。两被告答辩相互指出应由另一被告承担全部责任，并要求原告进一步对减少货损的合理措施进行举证。

【分析】

根据“拆箱报告”和商检报告，本案中货损的原因是由于集装箱有裂痕，雨水进入箱内所致，由于承运人签发的是清洁联运提单，所以发生货损应当归于承运人的责任，根据 xx 远洋运输公司提单条款的规定以及该运输公司与 xx 对外贸易公司的协议约定，两被告均应对货损承担责任。

本案中日方收货对货损也应承担一定的责任，依据商检管理，日方收货人在发现货物有湿损时，应及时在卸货港当地申请商检，并采取适当救济措施以避免损失扩大，但日方在未采取措施情况下将货物运至东京再检显然应对货物损失承担部分责任，对于因日方过错导致货物扩大损失的部分，应由日方自身负责，无权向承运人追偿。

具体两被告哪一方应对货损承担责任，根据他们之间的协议，应在共同对外承担责任后，查明事实后合理分担。

【技能训练】

根据所学知识，画出国际多式联运业务流程图。

单元四

货 代 英 语

【知识目标】

1. 掌握国际货代的常用业务缩略语、常用附加费名称和常用提单名称
2. 熟悉国际贸易和国际物流的相关词汇

【技能目标】

能在实际工作中有效运用货代英语

【素养目标】

1. 树立持续学习货代英语的意识
2. 渐进养成跨文化交际的思维和意识

模块10 货 代 英 语

【模块任务】

货代英语有其专业性和特殊性，熟练掌握货代英语术语，能够独立阅读英文的货代资料是当前国际货运代理的一项基本技能。那么，货代英语有哪些常用的业务术语呢？

一、常用货运业务缩略语（英汉对照）

缩写	英文全称	中文名称
AA	always afloat	保持漂浮；永远漂浮
a. a. r	against all risks	一切险
AC	account current	经常账户
A/C	for account of	费用由……承担
acc.	Acceptance, accepted	已接受
acc. cop	according to the custom of the port	按照……港口惯例
acct.	account	账目
acpt.	acceptance	接受
a. c. v	actual cash value	实际现金价值
a. d.; a/d	after date	……日期以后
ADCOM/ADD. COMM	Address commission	订舱佣金，租船佣金
Add – on	tariff (also proportional or arbitrate in U. S. A)	费率标记
ADFT	aft draft	船尾吃水
ADP	automated data processing	自动数据处理
ADR	European Agreement Concerning the International Carriage of Dangerous Goods by Road	欧洲国际公路危险品运输公约
adv.	advise or advance	通知或提前
A. F	advanced freight	预付运费
A. F. B	air freight bill	空运运费
AFRA	average freight rate assessment	运费费率平均价
Agcy.	agency	代理公司
Agrd.	agreed	同意
Agrt.	agreement	协议
Agt.	agent	代理人
a. g. w.	actual gross weight	实际毛重
AGW	all going well	一切顺利

A. H.	after hatch	后舱
air draft	length between water level and vessel's rail	水平面至船舷的高度
AM	ante meridiem =before noon	上午
AMT	Air Mail Transfer	航空邮寄
amt.	amount	金额
A. N.	arrival notice	到达通知
A. O.	account of	……的账上
A/or	and/or	和、或
A/P	account paid	已付账款
approx.	approximately	大约
A/R	All Risks	一切险
arr.	arrival	到达
arrd.	arrived	到达
a/s	after sight	见票后……
A/S	alongside	靠码头，并靠他船
ASAP	as soon as possible	尽快
ASF	as follows	如下
Ass.	associate	准会员，公司
ATA	actual time of arrival	实际到达时间
ATD	actual time of departure	实际出发时间
ATP	Agreement for the International Carriage of Perishabale Food-stuffs	国际易腐货物协议
attn.	attention	由……收阅
Atty.	attorney	律师，代理人
auth.	authorized	授权的，认可的
aux.	auxiliary	辅助的，辅助设备
A. V；Ad Val.	ad valorem accord in	运价标记，从价费率
AWB	Air Way Bill	空运单
BA	Bale Capacity	包装容积
B. A. C	bunker adjustment charge	燃油附加费
B. A. F	bunker adjustment factor	燃油附加费系数
Bags/Bulk	Part in bags, part in bulk	货物部分袋装、部分散装

Bal.	Balance	平衡
BALTIME	UNIFORM TIME CHARTER	统一定期租船合同，巴尔的摩期租合同
B. C.	bulk cargo	散装货
B/D	bank（er's）draft	银行汇票
b. d. i.	both dates（days）inclusive	包括始末两天
Bdl.	Bundle	捆
Bdth.	breath	宽度，型宽
bdy.	boundary	边境，界线
BENDS	Both Ends	装卸港
B/G	bonded goods	保税货物
BIMCO	BALTIC INTERNATIONAL MARITIME CONFERENCE	波罗的海国际航运公会
biz.	business	业务
Bk.	bank	银行
bkge.	brokerage	佣金，经纪费
BL	bale	包（装）
B/L	Bill of Lading	提单
BLFT	bale feet	包装尺码（容积）
BLK.	bulk	散装
BLKR.	bulker	散装船
break down	an itemized account of… item by item	细目分类
B. RGDS.	best regards	致敬，致意
brl.	barrel	桶（分英制美制两种）
B. W.	bonded warehouse	保税仓库
bxs.	boxes	盒，箱
CABLEADD	Cable Address	电报挂号
CAConf.	Cargo Agency Conference（IATA）	货运代理公会（IATA）
C. A. F.	currency adjustment fac	货币贬值附加费系数
C. A. S	currency adjustment surcharge	货币贬值附加费

CASS	Cargo Accounts Settlement System (IATA)	货运费用结算系统
C. B.	container base	集装箱底
c. b. d.	cash before delivery	交货前付现
CC	carbon copy	抄送
CC	charge collect	收取运费
CCL	customs clearance	清关
CCS	Consolidated cargo (container) service	集中托运业务
c. & d.	collection and delivery	运费收讫、货物交毕
C/D	Customs Declaration	报关单
CEM	European Conference On Goods Train Timetables	欧洲货运列车时刻表会议
C&F	Cost and freight (INCOTERMS)	成本加运费(……指定目的港)
Corp.	corporation	公司
C. O. S.	Cash on shipment	装船费
COSCO	CHINA OCEAN SHIPPING COMPANY	中国远洋运输(集团)总公司
COTIF	Convention Concerning Int'l Carriage by Rail(CIM – CIV)	国际铁路运输公约
CP	Carriage Paid	运费已付
C/P	Charter Party	租船合同
C/P blading	Charter Party Bill of Lading	租船提单
CPLTC	Conference Port Liner Term Charges	港口班轮装卸条款公会
CPT	carriage paid to (INCOTERMS)	运费付至(……指定目的地)
CQD	customary quick despatch	按港口惯常速度快速装卸
CSC	Container Service Charge	集装箱运输费用

CSC	Int'l Convention of The Safe Transport of Containers	国际集装箱安全公约
CSConf.	Cargo Service Conference (IATA)	货运业公会
CST	Container Service Tariff	集装箱运输费率
CT	combined transport	联合运输
C. T.	Conference Terms	公会条款
C/T	container terminal	集装箱码头
CTD	Combined Transport Document	联合运输单证
CTO	Combined Transport Operator	多式联运经营人
CTPC	Cargo Tariff Procedures Committee (IATA)	国际航空运输协会
cub.	cubic	立方
Cu. ft；C. F.	cubic foot (feet)	立方英尺
cu. in.	cubic inch (es)	立方英寸
CUM	cubic meter	立方米
CVGK	customs value per gross kilogram	（毛重）每千克海关价值
CVGP	customs value per gross pound	（毛重）每磅海关价值
CWE	cleared without examination	未经查验过关的
CWO	cash with order	订货时预付款
cwt.	hundredweight	担。(英制）等于 112 磅,(美制）等于 100 磅
CY	container yard	集装箱堆场
D	diesel oil	柴油
D300	diesel oil 300 tons	柴油 300 吨
D/A	document against acceptance	承兑交单
DAF	delivery at frontier (INCOTERMS)	边境交货（……指定地点）
D. A. S	delivery alongside ship	船边交货
Dbk.	drawback	退（关）税

DCAS	Distribution Cost Analysis System	分拨费用分析系统
DDP	delivered duty paid (INCOTERMS)	完税后交货（……指定目的地）
DDU	delivered duty unpaid (INCOTERMS)	未完税后交货（……指定目的地）
Dem.	demurrage	滞期费
Dep.	departure	（船舶）离港
Dept.	departure	离港；外部
DEQ	delivered ex quay (duty paid) (INCOTERMS)	目的港码头交货（关税已付）
DES	delivered ex ship (INCOTERMS)	目的港船上交货
Desp.	despatch money	速遣费
CFS	container freight station	集装箱货运站
C. H.	carriers haulags	承运业
C. H. C.	cargo handling charges	货物装卸费
Ch. Fwd.	charges forward	运费到付
c. i. a.	cash in advance	交货前付现款
CIC	China Insurance Clause	中国保险条款
CIF	cost, insurance and freight	到岸价格（成本、保险费加运费）（……指定目的港）
CIF & C	cost, insurance, freight and commission	到岸价加佣金
c. i. f. c. & e.	cost, insurance, freight commission and exchange	到岸价、佣金加汇费
c. i. f. c. & i.	cost, insurance, freight commission and interest	到岸价、佣金加利息
c. i. f. & e.	cost, insurance, freight and exchange	到岸价加汇费
c. i. f. & i.	cost, insurance, freight and interest	到岸价加利息

c. i. f. i. & c.	cost, insurance, freight, interest and commission	到岸价、利息加佣金
c. i. f. i. & e.	cost, insurance, freight, interest and exchange	到岸价、利息加汇费
c. i. f. L. t.	cost, insurance, freight, London terms	伦敦条款到岸价格
c. i. f. w.	cost, insurance, freight/war	到岸价格加战争险
CIM	International Convention Concerning the Carriage of Goods by Railway	国际铁路货运公约
CIP	carriage and insurance paid to	运费、保险费付至(……指定目的地)
CIV	International Convention On The Carriage of Passenger And Luggage By Railway	国际铁路旅客货运公约
CKD	completely knocked down (unassembled)	完全分解的
CL. B/L	Clean Bill of Lading	清洁提单
cm	centimeter (s)	厘米
cm^3	cubic centimeter (s)	立方厘米
Co.	company	公司
C/O (in)	care of	由……转交
CMR	Convention On the Contract for the International Carriage of Goods by Road	国际公路货运合同公约
C/N	Consignment Note	发货通知书
Cnee.	consignee	收货人
Cnmt. /consgt.	consignment	发运
Cnor.	consignor	发货人
C/O	Certificate of Origin	原产地证明
COA	CONTRACT OF AFFREIGHTMENT	包运合同
C. O. D.	cash on delivery	货到付款

C. O. F. C.	Container – on – flat – car (rail flat – car)	(铁路)装运集装箱平板车
COMBITERMS	Delivery Terms for Int'l Groupage Traffic	国际成组运输交货条款
comm.	commission	佣金
CONBILL	Conference Bill of Lading	公会提单
CONGENBILL	Conference General Cargo Bill of Lading	公会杂货提单
CO – OP	co – operation	合作
COP; CP	customs of port	港口惯例
DESPONENT OWNER	second owner of the vessel	二船东
D. F	dead freight	空舱费
Dft	draft	吃水
DHD	demurrage and half despatch	滞期费,速遣费为滞期费的一半
DHDWTS	despatch half demurrage and for working time saved	速遣费按滞期费的一半,并按节省的工作时间计算
dia.	diameter	直径
dir.	direct	直接
dm	decimeter	分米
dm^3	cubic decimeter (s)	立方分米
D/O	Delivery Order	提货单
DOCIMEL	Electronic Cim Document	电子单证
D/P	document against payment	付款交单
D. T. A.	definite time of arrival	船舶确切到港时间
DWX	deadweight capacity	受载量
DWCC	deadweight cargo capacity	载重量
DWCT	deadweight cargo tonnage	载重吨
DWT	deadweight tonnage	载重吨
DWTC	deadweight tonnage of cargo	货物载重吨

ECE	International Convention for the Harmonization of Frontiers Controls of Goods	国际边境货物、人员过境公约
ECU	European Currency Unit	欧洲货币单位
EDI	Electronic Data Interchange	电子数据交换系统
EDIFACT	Electronic Data Interchange for Administration, Commerce and Transport	电子数据交换管理、商贸与运输
EDP	Electronic Data Processing	电子数据处理
E. G.	example gratia = for example	例如
EIR	Equipment Interchange Receipt	设备交接单(集装箱)
EIU	even if used	即使使用(也不算)
e. l. & u. l.	exclusive of loading and unloading	不包括装卸
E/M	Export Manifest	出口载货清单
Encl.	enclosure or enclosed	附件或所附的
ep.	express paid	快递费付讫的
ETA	estimated time of arrival	(船舶)预计抵港时间
ETAD	estimated time of arrival and departure	(船舶)预计到达和离开时间
ETB	estimated time of berthing	(船舶)预计靠泊时间
ETC	estimated time of commencement	预计开始时间
ETCD	estimated time of cemmencing discharging	(船舶)预计开始卸货时间
ETD	estimated time of departure	(船舶)预计离港时间
ETL	estimated time of loading	(船舶)预计开装时间
ETS	estimated time of sailing	(船舶)预计开航时间
ex.	extra	额外的
excl.	excluding	不包括,除……外
Exp.	export	出口

Exps.	expenses	（费用）支出
EXW	ex. works（INCOTERMS）	工厂交货（……指定地点）
F	fuel oil	燃油
F300	fuel oil 300 tons	燃油 300 吨
F. A. A.	Free of ALL Average	一切海损不赔
f. a. c.	fast as can（loading or discharging）	尽快（装卸）
F. A. C.	forwarding agent's commission	货运代理人佣金
FAK	Freight All Kinds	（不分品种）同一费率
FALPRO	Special Program on Trade Facilitation（UNCTAD）	简化贸易手续特别计划
F. & D.	freight and demurrage	运费和滞期费
F. A. Q.	fair average quality	中等质量货物
FAS	free alongside ship（INCOTERMS）	船边交货（……指定装运港）
FBL FIATA	Multimodal Transport Bill of Lading（FIATA Document）	多式联运提单
FCA	free carrier（INCOTERMS）	货交承运人（……指定地点）
FCL	full container load	（集装箱）整箱货
FCR	Forwarders Certificate of Receipt（FIATA Document）	货运代理人收讫货物证明
FCSR & CC	Free of Capture, Seizure, Riots and Civil Commotions	掳获、捕捉、暴动和内乱不赔险
FCT	Forwarders Certificate of Transport（FIATA）	货运代理人运送证明
FDft	fore draft	船首吃水
FEU	forty equivalent unit	40 英尺标准集装箱
FFI FIATA	Forwarding Instructions（FIATA Form）	国际货运代理协会联合会代运说明
f. g. a.	Free of General Average	共同海损不赔险
FHEX	Fridays and Holidays Excepted	节假日除外

F. I.	free in	（船方）不负担装货费用
f. i. a. s	free in and stowed	（船方）不负担装货和理舱费用
f. i. b.	free into barge	驳船上交货
FIC	freight，insurance，carriage	运费、保险费
f. i. h	free in harbor	港内交货
f. i. l. o.	free in and liner out	（船方）不负担装货费用，但负担卸货费用
f. i. l. s. d.	free in lashed，secured and dunnaged	（船方）不负担装货、捆扎、加固和隔垫等费用
f. i. o.	free in and out	（船方）不负担装、卸费用
f. i. o. s.	free in，out and stowed	（船方）不负担装卸和理舱费用
f. i. o. s. t.	free in and out，stowed and trimmed	（船方）不负担装、卸、积载和平舱费用
firavv.	first available	最有效的
FIS	freight，insurance and shipping charges	运费、保险费和装船费
f. i. w.	free into wagon	（船方）不负担装入货车费
FLT	forklift truck	叉车
FLT	Full Liner Terms	全班轮条款
FM	from	从……；来自……
F/M	Export Freight Manifest	出口载货运费清单
FOB	free on board（INCOTERMS）	离岸价格(船上交货)（指定装运港）
F. O. C.	flag of convenience	方便船旗
F. O. D.	free of damage	损坏不赔
f. o. w.	first of water	第一解冻日

FPA	Free From Particular Average	平安险
F. P. A.	Free of Particular Average	单独海损不赔
FPAD	freight payable at destination	目的地付运费
FRG	for your guidance	供你参考
Frt. fwd.	freight forward	到付运费
frt. ppd.	freight prepaid	预付运费
Frt. ton	freight ton	运费吨
FT	foot or feet	英尺
FWC	full loaded weight & capacity (container)	满载重量和容积
fwd.	forward	前部
FWDft	fresh water draft	淡水吃水
Fwdr.	forwarder	货运代理人
FWR FIATA	Warehouse Receipt (FIATA Document) FIATA	仓储收据
G. A.	General Average	共同海损
G. A. A.	General Average Agreement (Bond)	共同海损协议
G. A. C.	General Average Contribution	共同海损分摊额
G. B. L.	Government Bill of Lading	政府海运提单
G. C.	general cargo	杂货
G. C. R.	General Cargo Rates	杂货费率
GDP	Gross Domestic Product	国内生产总值
GENCON	UNIFORM GENERAL CHARTER	统一杂货租船标准合同
GFA.	General Freight Agent	货运总代理
GMT	Greenwich Mean Time	格林尼治标准时间
GNP	Gross National Product	国民生产总值
GR	grain capacity or gross	(船舶)散装容积或毛重
Grd.	geared	带吊杆的
GRT	gross register tonnage	总登记吨

GSA	General Sales Agent	销售总代理
GSP	GENERALIZED SYSTEM OF PREFERENCE	普惠制
GW	gross weight	毛重
HA	hatch	舱口
HADim	hatch dimension	舱口尺寸
HATUTC	half time used to count (as lay-time)	实际所使用时间的一半应计算（为作业时间）
HAWB	House Air Waybill	货运代理运单
HD	heavy diesel	重柴油
hdlg	handling	处理，手续
HERMES	Handling European Railway Message Exchange – System	欧洲铁路运输信息交换系统
hgt.	height	高度
h/lift	heavy lift	重件货
ho.	hold	货舱
H. Q.	head quarters	总部
hrs.	hours	小时
i. a. w.	in accordance with	按照
ICC	Institute Cargo Clauses, London	伦敦协会货物条款（保险）
I. E.	id est = that is	即是……；那就是……
IMDC	International Maritime Dangerous Goods Code	国际海运危险品编码
imp.	import	进口
in.	inch (s)	英寸
inc. ; incl.	including	包括
INCOTERMS	International Rules for the Interpretation of Trade Terms	国际贸易术语解释通则

INMARSAT	International Convention on the International Maritime Satellite Organization	国际海运组织
inst.	instant	本月的
intrm.	intermediate point	中转点
int.	intention	意下，企图
inv.	invoice	发票
IOP	irrespective of percentage	不管百分比
i. o. u.	I owe you	借据，欠条
I. P. A.	Including Particular Average	包括单独海损（保险）
IU	if used	如果使用
K. ATT	kind attention	请交；请转；请……收阅
kg	kilogram	千克
km	kilometer	千米
km^2	square kilometer	平方千米
km. p. h.	kilometer per hour	时速
kn	knot	节
kW	kilowatt	千瓦
kWh	kilowatt – hour	度，千瓦时
L/A	Loyd's agent	劳埃德保险公司代理人，劳埃德船级社代理人
LADEN DRAFT	the draft when vessel is laden	（船舶）满载吃水
LASH	Lighter Aboard Ship	子母船
Lat. ; lat.	latitude	纬度
lb（s）	pound（s）	磅
LBP	length between perpendiculars	（船舶）垂线间高
L/C	letter of Credit	信用证
LCL	less than container load	（集装箱）拼箱货
LD	light diesel	轻柴油
ldg.	leading	导航的，主要的

LDT	length deadweight	轻载重吨
l/&d.	loss and damage	损失与残损
leg.	legal	法律上的，合法的
LEL	lower explosive limit	最低爆炸极限
LFL	lower flammable limit	最低燃烧极限
L/G	Letter of Guarantee	保证书，保证信
lgt. ; L/T	long ton, long tons	长吨
LH	lower hold	底舱
liq.	liquid	液体（的）
Lkg/Bkg	leakage & breakage	漏损与破损
L/L	Loading List	装货清单
LNG	liquefied natural gas	液化天然气
LO/LO	lift on, lift off	吊上吊下；吊装
LOA	length over all	船舶全长
load.	loading	装货
loc.	location	当地，位置
Long; Long	longitude	经度
LPG	liquefied petrochemical gas	液化石油气
LSD	loading, storage and delivery charge	装船、仓储和交货费用
LT	Letter Telegram	书信电报
LT	Liner Terms	班轮条款
L. T.	local time	当地时间
LTA	Lighter Than Air System (Airships)	气垫船
Ltd	limited	（有限）公司
ltg.	Lighter age	驳船费
ltr.	Lighter	驳船
lump	lump sum	包干费，总数
l. & u.	loading and unloading	装卸
M.	measurement (s)	按货物的体积计算运价

m	meter (s)	米
m^3	cubic meter (s)	立方米
M	minimum (rate classification)	最低(运费)
MACH	modular automated container handling	集装箱自动化装卸
MAWB	Master Air Waybill	总运单(空)
max	maximum, the most	最大(多)
Mdm	Madame	夫人，女士
Mdse.	merchandise	商品
MFN	MOST FAVOURED NATION	最惠国
M. H.	Merchants Haulage	商船运输
min	minimum, the least	最小(少)
MOLOO	more or less at owner's option	溢短装由船东选择
MOLSO	more or less at shipper's option	溢短装由卖方选择
M + R	maintenance and repair (centre)	维护修理
M/R; M. R.	mate's receipt	大副收据
Mrs.	mistress	夫人
Ms	miss, mistress	小姐，女士；夫人
msbl	missing bill of lading	丢失提单
msca	missing cargo	灭失货物
MT	Motor Tanker	内燃机油船
M/T	metric ton	公吨
MTD	Multimodal Transport Document	多式联运单证
MTO	Multimodal Transport Operator	多式联运经营人
MTON	measurement ton	尺码吨
MV	Motor Vessel	内燃机船
N	normal (rate classification)	普通货(运价)
NAABSA	not always afloat but safely aground	不经常漂浮但安全坐浅
NAOCC	Non Aircraft Operating Common Carrier	无航空器公共承运人

NAWB	Neutral Air Waybill（Forwarders Air Waybill）	货运代理人空运分运单
n. c. v.	non customs（commercial）value	无商业价值
n. e. s.	not elsewhere specified	不另说明
n. f. o.	not free out	不管卸货
n. l. t.	not later than	不迟于，不晚于
N/M	NO MARK	无唛头
n/n	non – negotiable	不可转让的
N.；No.；Nr.	number	编号
N/O	no order	无订单
n. o. e.	not otherwise enumerated	不另编号
n. o. p.	not otherwise provided	未令列出
n. o. r.	not otherwise rated	未估价
NOR	NOTICE OF READINESS	装卸准备就绪通知书
n. o. s.	not otherwise specified	未列名
NRT	net register tonnage	净登记吨
NT	net weight	净重
n. v. d.	no value declared	未声明价值
NVOCC	Non Vessel Operating Common Carrier	无船公共承运人
O – B – O	Oil – Bulk – Oil（Carrier）	矿石，散货和石油度用途船
OBS	Oil Bunker Surcharge	燃油附加费
OB/L	Ocean Bill of Lading	海运提单
OCP	Overland Common points	内陆公共点
o. d.	on deck	甲板上
o. d. s.	operating defferential subsidy	经营差别补贴
OFA	Ocean Freight Agreement	海运运费协议
o. r.	owner's risk	风险由船舶所有人或货主承担
ORB	owner's risk of breakage	破损风险由货主承担
ORD	owner's risk of damage	损失风险由货主承担

ORF	owner's risk of fire	火灾风险由货主承担
OP	open top (container)	开顶式集装箱
o. t. o. r	on truck or railway	经公路或铁路
P. A.	Particular Average	单独海损
p. a.	per annum (year)	每年
P	paragraph	文章的段或节
p	payment	支付，赔偿
P. A.	paid by agent	由代理支付
P. C.	Paramount Clause	最重要条款
p. p. c. f.	pounds per cubic foot	每立方英尺……磅
P. chgs	Particular Charges	特别费用（保险）
pct.	percent	百分比
pd	paid	已付款
p. d.	partial delivery	部分交付
PDPR	per day or per rate	按天计算，不足一天按比例计算
P&D	pick up and delivery	提箱期
PENAVICO	China Ocean Shipping Company	中国外轮代理总公司
p. h. d.	per hatch per day	每天每舱口（租船）
P. & I. Clause	Protection and Indemnity Clause	保赔条款
P&I Club	Protection and Indemnity Club	船东保赔协会
pkg.	package	包装
P. L.	partial loss	部分损失
P. & L.	profit and loss	收益和损失
PLP	parcel post	包裹邮寄
PLTC	Port Liner Term Charges	港口班轮费
PM	post meridiem = afternoon	下午
pmt.	prompt	即时的
P/N	promissory note	期票，本票
P. O. B.	post office box	邮政信箱

P. O. D.	payment on delivery; paid on delivery	交货时付讫
POD	port of delivery	卸港
POL	port of loading	装港
POR	port of refuge	避难港
pp/ppd	prepaid	预付
pro. rata	in proportion	按比例（计算）
prox	proximo = next month	下个月
p. t.	per ton	每吨
pt. /dest.	port of destination	目的港
pt. /disch.	port of discharge	卸港
PTL	partial total loss	部分和全部损失
ptly. pd	partly paid	已付部分款
p. t. w.	per ton weight	按吨计
PWWD	per weather working day	每晴天工作日
Q	Quantity（rate classification）	数量
Q. C. O.	quantity at captain's option	数量由船长决定
Qn	quotation	引述，引用
q. v.	quod vide（which see）	见本项
S	Surcharge（rate classification）	附加费
SB	Safe Berth	安全泊位
S/C	surcharge	附加费
S. & C.	Shipper and Carrier	托运人与承运人
SCR	Special Commodity Rate	列名商品费率
S/D	sailing date	起航日期
S/d	sight draft	即期
S. d.	small damage	小量损坏
SDR	Special Drawing Rights	特别提款权
SDT	Shipper Declaration for the transport of dangerous goods（FIATA）	发货人运输危险品申报表
S. & F. A.	Shipping and Forwarding Agent	运输代理

SHEX	Sundays, Holidays excepted	星期日和节假日除外
SHINC	Sundays, Holidays included	星期日和节假日包括在内
SINOCHART	China National Charter Corporation	中国租船公司
SINOTRANS	China National Foreign Trade Transportation Crop	中国对外贸易运输总公司
s. l. & c.	shippers load and count	发货人装船和计数
SLI	shippers letter of instruction	发货人说明
s. l. /n. l.	ship lost or not lost	船舶灭失与否
S/O	Shipping Order	装货单，关单，下货纸
S. O. L	ship owner's liability	船舶所有人的义务
SOS	save our ship; a message for help	(船舶遇难) 呼救信号
S/P	stowage plan; cargo plan	货物积载图，船图
S. P. A.	Subject to Particular Average	平均分摊单独海损
SPACETONS	measurement tons including broken stowage space	包括亏舱在内的尺码吨
sq. cm (s)	square centimeter (s)	平方厘米
sq. in (s)	square inch (es)	平方英寸
SRCC	Strike, Riots and Civil Commotion	罢工，暴乱和内乱(保险)
SS	Steam Ship	蒸汽机船
stvdrs.	stevedores	码头装卸工人
SUB - CHARTERER	Third Owner of the Same Vessel	再租人，三船东
sub. L/C	subject to letter of credit being opened	按照开立的信用证
SUBLET	transfer the charter ship	转租
sub licence	subject to license being granted	按照批准的许可
subs.	substitute	代替
SWAD	Salt Water Arrival Draft	抵港海水吃水

SWDft	Salt Water Draft	海水吃水
T. A.	Telegraphic Address	电报挂号
TACT	the Air Cargo Tariff (FIATA)	空运货物费率
TB	to be	将要……
TBL	Through Bill of Lading	联运提单
TBN	to be named (or nominated)	待派(船),待指定
TC	type cranes	单杆吊(船舶吊杆类型)
T. C. T.	Time Charter on Trip Basis	航次期租船
TD	time of departure	开航时间
TD	type derricks	双杆吊(船舶吊杆类型)
t. d.	tween deck	二层柜
TDO	Telegraph Delivery Order	电报交货单
tdy	today	今天
TEEM	Trans – European – Express Merchandises (rail service)	横贯欧洲快运货物
TEU	twenty feet equivalent unit	20英尺集装箱换算单位
TIF	International Transit by Rail	国际铁路运输
tks.	thanks	感谢
TL	Total Loss	全损
TLF	tariff level factor	费率水平系数
tlx.	telex	电传
tnge.	tonnage	吨位
T. O. D.	time of discharge	卸货时间
TOFC	Trailer on board flatcar	平板车载运带拖车的
T. O. R.	time of receipt	收到时间
TOT	time of transmission	传递时间
tot.	total	总共
TOW	tare on weight (container stacking according to weight)	集装箱皮重
TPI	ton per inch	每一英寸载重吨

TPN	Theft, Pilferage and Non delivery	偷盗和提货不着(保险)
T/T	Telegraphic Transfer	电汇
T. T.	Terms of Trade	贸易条款
TT	Turbine Tanker	汽轮机油船
u. c.	usual conditions	通常情况下
U. D.	under deck	下层甲板
U. DK	upper deck	上层甲板
ULCC	Ultra - Large Crude Carrier	特大型油船
ULD	unit load device (aircraft)	成组货载装置
ult.	ultimo, last month	上月的
UU	unless used	除非使用
V	voyage	航程，航次
val.	value	价值
VAT	value added tax	增值税
V/C	Voyage Charter	程租船
Ves.	vessels	船舶
VIC	Very Important Cargo	非常重要货物
VIO	Very Important Object	非常重要目标
VLBC	Very Large Bulk Carrier	大型散装船
VLCC	Very Large Crude Carrier	大型油船
VOCC	Vessel Operating Common Carrier	有船公共承运人
v. v.	vice versa	反之亦然
W	gross weight	按货物的毛重计算运价
W. A.	With Average (Institute Cargo Clause)	承保海损
W/B	Way Bill	运货单
w. c.	with costs	付费的
w. c. c. o. n.	whether cleared customs or not	无论清关与否
W/d	working day	工作日
whf.	Wharf age	码头搬运费

whse.	warehouse	仓库
WIBON	whether in berth or not	(船舶)不管靠泊与否
WICCON	whether in customs clearance or not	(船舶)不管通关与否
WIFPON	whether in free pratique or not	(船舶)不管检疫与否
WIPON	whether in port or not	(船舶)不管抵港与否
wk.	week	周,星期
W/M	gross weight or measurement	按货物重量与体积分别计算,按高者收费
W/O; w/o	without	没有,不
WOG	without guarantee	没有保证
WP	without permits	天气许可的条件下
WPA	With Particular Average	承保单独海损
w. pri.	without privileges	无例外
W. R.	Warehouse Receipt	仓库收据
W. R. I.	War Risk Insurance	战争险
WRITING	we (I) shall write to you about it later	详情函告
wt.	weight	重量
w/t	weight tons	重量吨
WTS	working time saved	节省的工作时间
WTSBENDS	working time saved at both ends	装卸港均以节省的工作时间计算(速遣费)
w/v	weight/volume	重量或体积
WW	Warehouse Warrant	仓库栈单
ww	world - wide	世界性的
WWD	weather working day	晴天工作日
WWDSHEX	weather working day Sundays, holidays excepted	星期日和节假日除外的晴天工作日

WWDSHINC	weather working day Sundays, holidays included	星期日和节假日包括在内的晴天工作日

二、常用附加费名称(英汉对照)

缩写	英文全称	中文名称
	Alteration Charge	变更卸货港附加费
ANER	Asia North America Eastbound Rate	亚洲北美东行运费协定
BAF	Bunker Surcharge or Bunker Adjustment Factor	燃油附加费
	Cleaning Charge	洗舱费
C. S. C	Container Service Charge	货柜服务费
CAF	Currency Adjustment Factor	货币汇率附加费
CFR	Cost And Freight	成本加海运费
C&F	Cost And Freight	成本加海运费
CIF	Cost, Insurance, Freight	成本,保险加海运费
CIP	Carriage and Insurance Paid To	运费、保险费付至目的地
DDC	Destination Delivery Charge	目的港码头费
	Direct Additional	直航附加费
	Deviation Surchare	绕航附加费
EBS	Emergency Bunker Surcharge	应急燃油附加费
ERC	Equipment Reposition Charge	空箱调运费
EPS	Equipment Position Surcharges	设备位置附加费
FAF	Fuel Adjustment Factor	燃料附加费
	Fumigation Charge	熏蒸费
GRI	General Rate Insurance	整体费率上调
H/C	Handling Charge	代理费
	Heavy - lift Additional	超重附加费
	Ice Surcharge	冰冻附加费
	Long - Length Additional	超长附加费
O/F	Ocean Freight	海运费

ORC	Original Receiving Charge	产地接货费、本地收货费用（广东省收取）
	Optional Fees or Optional Additional	选择卸货港附加费
PCS	Port Congestion Surcharge	港口拥挤附加费
PSS	Peak Season Surcharges	旺季附加费
	Port Surcharge	港口附加费
	Suez Canal Sucharge	苏伊士运河附加费
T. O. C	Terminal Operations Option	码头操作费
T. R. C	Terminal Receiving Charge	码头收柜费
T. H. C	Terminal Handling Charges	码头操作费
YAS	Yard Surcharges	码头附加费
	Transhipment Surcharge	转船附加费

三、世界主要港口

表 9 – 1　　　　世界主要港口一览表

港口名称	译名	所属国家	地理位置	所属航线
BACOLOD	巴哥洛	菲律宾	亚洲	菲律宾
BADDECK	巴德克	加拿大	美洲	加拿大
BADJIGIRAN	巴达伊格兰	伊朗	亚洲	波斯湾
BAGANSIAPI – API	巴眼牙比	印尼	亚洲	印尼
BAGHDAD	巴格达	伊拉克	亚洲	波斯湾
BAGNOLI	巴尼奥利	意大利	欧洲	地中海
BAHIA（SALVADOR）	巴伊亚	巴西	美洲	中南美
BAHIA BLANCA	布兰卡港	阿根廷	美洲	中南美
BAHIA HONDA	翁达港	古巴	美洲	中南美
BAHRAIN	巴林	巴林	亚洲	波斯湾
BAIE COMEAU	贝科莫	加拿大	美洲	加拿大东岸
BAJO GRANDE	巴霍格兰德	委内瑞拉	美洲	中南美
BALBOA	巴尔博亚	巴拿马	美洲	中南美
BALIKPAPAN	巴厘巴板	印尼	亚洲	印尼
BALINTANG	巴林塘	菲律宾	亚洲	菲律宾
BALLINA	巴利纳	爱尔兰	欧洲	西北欧

续表

港口名称	译名	所属国家	地理位置	所属航线
BALTIMORE	巴尔的摩	美国	美洲	美国东岸
BALTIMORE	巴尔的摩	爱尔兰	欧洲	西北欧
BANANA	巴纳纳	扎伊尔	非洲	西非
BANDAR ABBAS	阿巴斯港	伊朗	亚洲	波斯湾中东
BANDAR SERI BEGAWAN	斯里巴加万	文莱	亚洲	北加里曼丹
BANDAR SHAHPOUR	沙赫普尔港	伊朗	亚洲	波斯湾
BANDHOLM	班德霍尔姆	丹麦	欧洲	西北欧
BANDIRMA	班德尔马	土耳其	亚洲	地中海
BANDJARMASIN	马辰	印尼	亚洲	印尼
BANGKOK	曼谷	泰国	亚洲	摇罗湾
BANGOR	邦格	美国	美洲	美国东岸
BANGOR	班戈	英国	欧洲	西北欧
BANIYAS	巴尼亚斯	叙利亚	亚洲	地中海
BANJUL (BATHURST)	班珠尔	冈比亚	非洲	西非
BANTRY	班特里	爱尔兰	欧洲	西北欧
BAR	巴尔	南斯拉夫	欧洲	地中海
BARACOA	巴腊夸	古巴	美洲	中南美
BARAHONA	巴腊奥纳	多米尼加共和国	美洲	中南美
BARCADERA	巴卡德拉	荷属安的列斯	美洲	中南美
BARCELONA	巴塞罗那	西班牙	欧洲	地中海
BARI	巴里	意大利	欧洲	地中海
BARLETTA	巴列塔	意大利	欧洲	地中海
BARMOUTH	巴尔默斯	英国	欧洲	西北欧
BARNSTAPLE	巴恩斯特普尔	英国	欧洲	西北欧
BARRA DORIACHO	巴拉多里兹阿	巴西	美洲	中南美
BARRANQUILLA	巴兰基利亚	哥伦比亚	美洲	中南美
BARROW – IN – FURNESS	巴罗 – 因 – 弗内斯	英国	欧洲	西北欧
BARRY	巴里	英国	欧洲	西北欧
BARTON	巴顿	英国东岸	欧洲	西北欧
BARTON	巴顿	英国西岸	欧洲	西北欧
BASLE	巴塞尔	瑞士	欧洲	西北欧
BASRAL (AL – BASRAH)	巴士拉	伊拉克	亚洲	波斯湾

续表

港口名称	译名	所属国家	地理位置	所属航线
BASSEIN	勃生	缅甸	亚洲	孟加拉湾
BASSETERRE	巴斯特尔	圣基茨 - 尼维斯 - 安圭那	美洲	中南美
BASSE - TERRE	巴斯特尔	瓜德罗普岛	美洲	中南美
BASTIA	巴斯提亚	法国	欧洲	地中海
BATA	巴塔	赤道几内亚	非洲	西非
BATANGAS	八打雁	菲律宾	亚洲	菲律宾
BATH	巴思	美国	亚洲	美国东岸
BATHURST	巴瑟特斯	加拿大	美洲	加拿大东岸
BATON ROUGE	巴吞鲁日	美国	美洲	美国东岸
BATUMI	巴统	苏联	欧洲	地中海北岸
BAYONNE	巴荣纳	法国	欧洲	西北欧
BAY ROBERTS	巴罗伯茨	加拿大	美洲	加拿大东岸
BAYTOWN	贝敦	美国	美洲	美国东岸
BEAUMARIS	博马里斯	英国	欧洲	西北欧
BEAUMONT	博蒙特	美国	美洲	美国东岸
BEAUTY POINT	博尤替角	澳大利亚	大洋洲	澳洲
BEDI	贝迪	印度	亚洲	波斯湾
BEIRA	贝拉	莫桑比克	非洲	东非
BEIRUT	贝鲁特	黎巴嫩	亚洲	地中海
BEJAJA	贝贾亚	阿尔及利亚	非洲	地中海
BELAWAN	勿拉湾	印尼	亚洲	东南亚
BELEKERI	贝莱克里	印度	亚洲	波斯湾
BELEM	贝伦	巴西	美洲	中南美
BELFAST	贝尔法斯特	英国	欧洲	西北欧
BELIZE	伯利兹	伯利兹	美洲	中南美
BELL BAY	皮尔湾	澳大利亚	大洋洲	澳洲
BELLEDUNE	贝拉顿	加拿大	美洲	加拿大
BELLINGHAM	贝林哈姆	美国	美洲	美国西岸
BENGHAZI	班加西	利比亚		非洲
BENGKALIS	本卡利斯	印尼	亚洲	印尼
BENGKULU	明古鲁	印尼	亚洲	印尼
BENGUELA	本哥拉	安哥拉	非洲	西非

续表

港口名称	译名	所属国家	地理位置	所属航线
BENI SEF	贝尼萨夫	阿尔及利亚	亚洲	地中海
BENOA	贝诺亚	印尼	亚洲	印尼
BERBERA	伯培拉	索马里	非洲	东非
BERDYANSK	别尔迪杨斯克	苏联	欧洲	地中海
BERGEN	卑尔根	挪威	欧洲	西北欧
BERKELRY	伯克利	美国	美洲	美国西岸
BERWICK	伯里克	英国	欧洲	西北欧
BEYPORE	贝普尔	印度	亚洲	波斯湾
BHAVNAGAR	包纳加尔	印度	非洲	波斯湾
BHEEMLNIPATNAN	比穆尼帕特南	印尼	亚洲	印尼
BIDEFORD	比德福德	英国	欧洲	西北欧
BILBAO	比尔巴鄂	西班牙	欧洲	西北欧
BIMA	比马	印尼	亚洲	印尼
BINATANG	比纳唐	马来西亚	亚洲	北加里曼丹
BINTULU	明都鲁	马来西亚	亚洲	北加里曼丹
BIRKENHEAD	比肯黑德	英国	欧洲	西北欧
BRIMINGHAM	伯明翰	英国	欧洲	西北欧
BISLIG	比斯利格	菲律宾	亚洲	菲律宾
BISSAU	比绍	几内亚比昭	非洲	西非
BITUNG	比通	印尼	亚洲	印尼
BIZERTA	比赛大	突尼斯	非洲	地中海
BLACK RIVER	布拉克河	牙买加	美洲	中南美
BLANES	布兰内斯	西班牙	欧洲	地中海
BLAYE	布拉伊	法国	欧洲	西北欧
BLINJU	勿里洋	印尼	亚洲	印尼
BLUEFIELDS	布卢非尔兹	牙买加	美洲	中南美
BLUEFIELDS	布卢非尔兹	尼加拉瓜	美洲	中南美
BLUFF	布拉夫港	新西兰	大洋洲	澳新
BLYTH	布莱思	英国	欧洲	西北欧
BOCA CHICA	小博卡	波多黎各	美洲	中南美
BOCA GRANDE	泊卡格兰德	古巴	美洲	中南美
BOCA GRANDE	泊卡格兰德	美国	美洲	美国东岸
BODO	博多	挪威	欧洲	西北欧

续表

港口名称	译名	所属国家	地理位置	所属航线
BOGENSE	博根塞	丹麦	欧洲	西北欧
BOIE COMEAU	贝科莫	加拿大	美洲	加拿大东岸
BOLAMA	博拉马	几内亚比昭	非洲	西非
BOMA	博马	扎伊尔	非洲	西非
BOMBAY	孟买	印度	亚洲	波斯湾
BONAIRE	博内尔岛	荷属安的列斯群岛	美洲	中南美
BONE	波 尼	阿尔及利亚	非洲	地中海
BONIFACIO	博尼法休	法国	欧洲	地中海
BONNY	博尼	尼日利亚	非洲	西非
BORA BORA	博腊	法属波利尼西亚	大洋洲	澳新
BORDEAUX	波尔多	法国	欧洲	西北欧
BOSTON	波士顿	英国	欧洲	西北欧
BOSTON	波士顿	美国	美洲	美国东岸
BOTWOOD	博德伍德	加拿大	美洲	加拿大东岸
BOUGIE	布日伊	阿尔及利亚	非洲	地中海
BOULOGNE－SUR－MER	布伦	法国	欧洲	西北欧
BOURGAS	布加斯	保加利亚	欧洲	地中海
BOWEN	博恩	澳大利亚	大洋洲	澳新
BRAILA	布勒伊拉	罗马尼亚	欧洲	罗马尼亚
BRAKE	布腊克	德意志联邦共和国	欧洲	西北欧
BREMEN	不来梅	德意志联邦共和国	欧洲	西北欧
BREMERHAVEN	不来梅哈芬	德意志联邦共和国	欧洲	西北欧
BREST	布勒斯特	法国	欧洲	西北欧
BREVIK	布雷维克	挪威	欧洲	西北欧
BRIDGEPORT	布里奇波特	美国	美洲	美国东岸
BRIDGETOWN	布里奇顿	巴巴多斯	美洲	中南美
BRIDGEWATER	布里奇沃特	加拿大	美洲	加拿大东岸
BRIDGWATER	布里奇沃特	英国	欧洲	西北欧
BRIDLINGTON	布里德林顿	英国	欧洲	西北欧

续表

港口名称	译名	所属国家	地理位置	所属航线
BRIDPORT	布里德波特	英国	欧洲	西北欧
BRIGHTLINGSEA	布赖特西林	英国	欧洲	西北欧
BRIGHTON	波力顿	英国	欧洲	西北欧
BRIGHTON	波力顿	特立尼达和多巴哥	美洲	中南美
BRINDISI	布林的西	意大利	欧洲	地中海
BRISBANE	布里斯班	澳大利亚	大洋洲	澳新
BRISTOL	布里斯托尔	英国	欧洲	西北欧
BRIXHAM	布里克萨姆	英国	欧洲	西北欧
BROCKVILLE	布克罗维尔	加拿大	美洲	加拿大东岸
BROMBOROUGH	布朗巴勒	英国	欧洲	西北欧
BROOME	布鲁姆	澳大利亚	大洋洲	澳新
BROUWERSHAVEN	布劳沃斯哈文	荷兰	欧洲	西北欧
BROWNSVILLE	布朗斯维尔	美国	美洲	美国东岸
BRUGES	布鲁日	比利时	欧洲	西北欧
BRINEI	文莱	文莱	亚洲	沙巴
BRUNSBUTTLE	布朗斯布特尔	德意志联邦共和国	欧洲	西北欧
BRUNSWICK	布兰斯维尔	美国	美洲	美国东岸
BRUSSELS	布鲁塞尔	比利时	欧洲	西北欧
BUBA	布巴	尼内亚比昭	非洲	西非
BUCHANAN	布坎南	利比里亚	非洲	西非
BUCKIE	巴基	英国	欧洲	西北欧
BUCKSPORT	巴克斯波特	美国	美洲	美国东岸
BUCTOUCHE	巴克图什	加拿大	美洲	加拿大东岸
BUDE	布德	英国	欧洲	西北欧
BUENAVENTURA	布韦那文图拉	哥伦比亚	美洲	中南美
BUENOS AIRES	布宜诺斯艾利斯	阿根廷	美洲	中南美
BUFFALO	布法罗	美国	美洲	美国东岸
BUGO	博哥	菲律宾	亚洲	菲律宾
BULELENG	武莱陵	印尼	亚洲	印尼
BUNBURY	邦伯里	澳大利亚	大洋洲	澳新
BUNDABERG	班达伯格	澳大利亚	大洋洲	澳新

续表

港口名称	译名	所属国家	地理位置	所属航线
BURGAS	布加斯	保加利亚	欧洲	地中海
BURGHEAD	伯格黑德	英国	欧洲	西北欧
BURNIE	伯尼	澳大利亚	大洋洲	澳新
BURSIDE	本塞德	美国	美洲	美国东岸
SURNTISLAND	伯恩狄斯兰	英国	欧洲	西北欧
BURRIANA	布里亚纳	西班牙	欧洲	地中海
BURTON PORT	伯尔顿港	爱尔兰	欧洲	西北欧
BURUTU	布鲁图	尼日利亚	非洲	西非
BUSAN	釜山	韩国	亚洲	韩国
BUSHIRE	布什尔	伊朗	亚洲	中东
BUSSELTON	巴斯尔顿	澳大利亚	大洋洲	澳新
BUTTERWORTH	巴特沃斯	马来西亚	亚洲	新马
BUTUAN	武端	菲律宾	亚洲	菲律宾

四、常用提单名称（英汉对照）

英文	中文
Advanced B/L	预借提单
Air Way Bill	空运提单
Ante－dated B/L	倒签提单
Bill of Lading（B/L）	海运提单
Blank B/L 或 Open B/L	不记名提单
Charter party B/L	租船合同提单
Clean B/L	清洁提单
Direct B/L	直达提单
Foul B/L	不清洁提单
House B/L	货运提单
Liner B/L	班轮提单
Minmum B/L	最低运费提单
MT B/L	多式联运提单
Omnibus B/L 或 Combined B/L	并提单或拼装提单
On Deck B/L	舱面提单或称甲板货提单

Order B/L	指示提单
Parcle Receipt	包裹提单
Shipping B/L	收货待运提单
Saparate B/L	分提单
Shipped or Board B/L	已装船提单
Straight B/L	记名提单
Switch B/L	交换提单
Through B/L	联运提单、转船提单

五、不正常运输的货物种类和代号（英汉对照）

英文全称	英文缩写	中文
Offloaded	OFLD	卸下，拉货
Shortshipped	SSPD	漏（少）装
Overcarried	OVCD	漏卸（运过境）
Mislabeled Cargo		贴错标签货物
Missing Label		标签脱落
Missing Cargo	MSCA	少收货物
Found Cargo	FDCA	多收货物
Missing AWB	MSAW	少收货运单
Found AWB	FDAW	多收货运单
Damage		破损

六、货代英语范文阅读

Unit 1

The Practice of International Ocean Cargo Transportation

Shipping constitutes the principal mode of international transport and is estimated to carry about 90 percent of international trade in terms of volume. *Consequently, it is very important for the freight forwarder to be able to identify the formalities relating to carriage of goods by sea to be able to provide an efficient service*①.

1. Transport Geography

An international freight forwarder should be familiar with international trade routes[2]. He or she should have knowledge of main traffic routes, location of ports, *trans – shipment points*[3] and inland centers. A freight forwarder should also have a general idea of the pattern of international trade and its changing trends.

2. Different Types of Shipping Services

The international shipping market offers four types of service, namely, *conference lines*[4], non – conference lines, non – vessel operating common carriers and tramp service.

2.1 Conference Lines

A shipping conference is a group of shipping lines operating in any particular route under agreement to provide a scheduled service with a common tariff and a fixed itinerary of ports of call[5].

The purpose of a shipping conference is to eliminate price competition among member lines and reduce outside competition by trying to capture most of the traffic for member lines through loyalty arrangements with shippers[6].

The main advantages of the conference system to shippers are stability of freight rates and regularity of services[7]. However, the disadvantages are obvious. *Rates are usually high. Rates do not fluctuate according to supply and demand as in a tramp service. Rules and procedures are inflexible*[8].

2.2 Non – conference lines

In recent years, along most international routes, non – conference lines have posed a challenge to the conference system[9]. *This is attributable to the development of containerization and emergence of many independent carriers*[10]. *As a result, along some routes, the conference lines have been forced to come to terms with the non – conference lines in regard to rates, and terms and condition of service*[11].

2.3 Non – vessel operating common carrier (NVOCC)

An NVOCC is a carrier who operates a regular scheduled service. He does not own or operate the vessels by which sea transportation is provided[12]. Although the NVOCC is a arriver in his relationship with the actual shipper, he is a shipper in his relationship with the actual carrier. He assumes the role of a principal and performs sereral functions. He assumes responsibility for ocean carriers, both conference and non – conference lines. He renders a useful service by providing groupage or consolidation services, particularly to small shipper who do not have much bargaining power in negotiating rates.

2.4 Tramp service

Tramp service has no fixed itinerary or schedule and is operated on any route according to supply and demand. Tramp vessels are usually chartered at negotiated rates, particularly when the quantity of cargo is large.

3. *Shipping documents*

*The documents commonly used in carriage of goods by sea are bills of lading, sea waybills, manifests, shipping notes, delivery orders and mate's receipts*⑬.

The bill of lading by itself is not a contract of carriage as it is signed only by the carrier. However, it provides evidence of contract of carriage. It serves as a receipt for goods delivered to the carrier. Besides, the bill of lading serves as a document of title enabling the goods to be transferred from the shipper to the consignee or any other party by endorsement.

A sea waybill is replacement of the traditional ocean bill of lading. The waybill is a non－negotiable document and made out to a named consignee who is allowed, upon production of proper identification, to claim the goods without presenting the waybill.

A cargo manifest provides information regarding cargo on board. A freight manifest gives information regarding freight rates, surcharges, rebates, ect. The manifest is prepared by the carrier's agent but the freight forwarder has to handle it while dealing with the customs and port authorities.

A shipping note is issued by the shipper to the carrier requesting allocation of shipping space. It is a commitment on the part of the shipper to ship goods and serves as the basis for the preparation of the bill of lading.

A delivery order is issued by the carrier or his anent to enable the consignee or his forwarding agent to take delivery of the cargo (import cargo) from the vessel.

A mate's receipt is the receipt issued by the carrier in the acknowledgement of the goods received on board (export cargo) which is subsequently exchanged for the bill of lading.

New words and Expressions

allocation	n. 分配	endorsement	n. 背书，签注
bargaining	n. 讨价还价，交涉	itinerary	n. 航线，路线
consolidation	n. 拼箱，合并	carrier	n. 承运人
containerization	n. 集装箱运输，集装箱化	charter	v. 租船
		consignee	n. 收货人

principal　n. 委托人
shipper　n. 托运人
carriage of goods by sea　海上货物运输
common carrier　公共承运人
contract of carriage　货物运输合同
delivery order　提货单
document of title　物权凭证
freight rate　运费率
non – conference lines　非班轮公会航线
non – vessel operating common carriers (NVOCC)　无营运船公共承运人
pattern of international trade　国际贸易方式
port authorities　港务局；港口主管机关
ports of call　挂靠港；停靠港
receipt for goods　货物收据
scheduled service　定期航运
shipping conference　班轮公会
shipping marker　航运市场
shipping space　舱位
supply and demand　供应

Notes

1. 因此，对货运代理来说，重要的是能够了解有关海上货运代理的手续，以便提供有效的服务。

2. 国际货运代理应熟悉国际贸易线路。

3. 转运地，货物从一艘船到另一艘船运输的地点。

4. 班轮公会运输。

5. 班轮公会是按预定的船期表在特定的航线上从事营运的班轮公司的组织，具有共同的费率表、固定的挂靠港。

6. 班轮运输的目的是消除会员公司之间在运价上的竞争，通过与托运人之间达成的忠诚协议为会员争取大量货源，以减少外部竞争。

7. 班轮公会对于托运人而言，具有稳定的运费率、定期的运输服务等方面的好处。

8. 不像不定期船那样，运费率随供求关系的变化而变动，规则和程序不灵活。

9. 近几年，出现在大多数国际航线上的非班轮公会运输，对班轮公会提出了挑战。

10. 这是由于集装箱运输和许多独立承运人的出现。

11. 结果航运公会被迫在运价、运输条件上和非班轮公会公司达成协议。

12. 无船承运人是从事定期营运的承运人，但并不拥有或经营海上运输的船舶。

13. 货运单证。

海上货物运输常用的单证包括提单、舱单、托运单、提货单和大副收据。

formalities 手续
be familiar with 熟悉
trade routes 贸易线路
Scheduled 船期表的
tariff 费率表
Member lines 会员公司
price competition 运价竞争
Tramp service 不定期船运输
supply and demand 供求
Pose a challenge to 对…提出了挑战
be attributable to 可归因于
Come to terms with 达成协议
in regard to 关于
Operate 营运

提单（bills of lading）是海上货物运输合同的证明（evidence of contract of carriage）。它是货物交付给承运人的收据（receipt）。另外，提单可作为物权凭证（document of title），使提单通过背书（endorsement）将货物的所有权从托运人转移到收货人或其他方手中。

海运单（sea waybill）替代了传统的提单。它是一种不可流通的单据（non－negotiable document）且指定收货人，该收货人在提供身份证明后，无须出示提单即可提货。

货物舱单（manifest）提供已装船货物的信息。

托运单（shipping notes）是托运人签发给承运人要求分配舱位的单证。

提货单（delivery orders）由承运人或其代理签发给收货人或其代理，使后者能够从船上提货。

大副收据（mate's receipts）由承运人签发，是对货物装船的确认，以后可用大副收据取提单。

Exercise

1. Answer the following questions according to the text.

(1) What are the advantages of the conference system?

(2) What is a mate's receipt?

(3) What is a delivery order?

(4) What are the main functions of a bill of lading?

(5) What are the features of tramp service?

2. Single choice questions (choose the one answer which is correct in the followings).

(1) Ships that do not sail on regular trade routes or have regular schedules are called. (　)

A. liners　　B. tramps

C. charters　　D. NVOCCs

(2) (　　) is the list of current freight rates issued by a liner conference.

A. Tariff　　B. Schedule

C. Manifest　　D. Shipping note

(3) (　　) is a document signed by the mate of a ship as proof that the goods specified in the document have been loaded onto his ship.

A. Delivery order　　B. Shipping note

C. Mate's receipt　　D. Manifest

(4) Which of the following terms refers to a person or company that carries goods from place to place? (   )

A. shipper B. charter

C. operator D. carrier

(5) Which of the following is the amount of money payable under a contract for the carriage of goods by sea? (   )

A. delivery B. endorsement

C. freight D. receipt

3. Decide whether the following statements are true or false.

(1) An international freight forwarder should have knowledge of international trade. (   )

(2) Conference lines do not provide a scheduled service. (   )

(3) Tramps move from port to port without following a fixed route. (   )

(4) A sea waybill is a negotiable document. (   )

(5) A delivery order is issued by the carrier enable the shipper to load the cargo. (   )

4. Multiple choice questions (choose at least two answers which are correct in the followings).

(1) Which of the followings are the functions of marine bills of lading? (   )

A. contract of carriage B. receipt for goods delivered

C. shipping notes D. document of title

(2) Which of the following documents can be issued by a carrier?

A. delivery order B. mate's receipt

C. shipping note D. bill of lading

(3) What are the disadvantages of a shipping conference?

A. stability of freight rate

B. high rates

C. Rates do not fluctuate according to supply and demand

D. regularity of services

(4) An international freight forweoter should be familiar with?

A. International trade routes B. location of ports

C. trans – shipment points D. pattern of international trade

(5) Which of the following descriptions are true about NVOCC?

A. He operates a regular scheduled service.

B. He owns or operates vessels.

C. He assumes responsibility for both conference and non – conference lines.

D. He provides a useful service by providing groupage or consolidation services.

5. Translate the following terms into Chinese.

(1) carriage of goods by sea

(2) endorsement

(3) mate's receipts

(4) shipping conference

(5) shipping documents

6. Translate the following terms into English.

(1) 托运人　(2) 运价表　(3) 集装箱化

(4) 舱单　(5) 提单

Unit 2
International Rail and Road Transport

Rail transport plays more or less the same role as road transport in the domestic economy of a country①. Rail transport and road transport are often complementary, with rail transport undertaking the long haul and road transport undertaking the local collection and distribution②. Freight forwarders should be able to organize the carriage of goods by load and rail efficiently.

In the contract of carriage of goods by road, the rights, duties and responsibilities of the road carrier may be discussed under Convention de Merchandise Par Routes (CMR) and the national law③. The CMR convention is the convention on contract for international carriage of goods by road which was adopted in 1956 *and which generally governs international transport of goods by road④. The CMR convention has been ratified only by countries in Europe and road transport in the countries outside Europe is to a great extent governed by national laws and ordinances which vary from country to country⑤. However, it is of benefit to forwarders outside Europe to be aware of the convention as they could then understand the legal regime applicable to movement of cargo when they act as intermodal transport operators, when land transport in Europe forms part of the intermodal transport system⑥.*

Under CMR convention, the carrier is responsible for:

· *the acts and omissions of his agents and servants or other persons whose services he makes use*[7]; and

· *loss of or damage to the goods occurring between the time he takes over the goods and the time of delivery as well as for any delay in delivery*[8].

However, the carrier is relieved of liability if the loss, damage or delay is due to:

· any wrongful act or neglect of the consignor;

· *inherent vice of the goods*[9]; and

· circumstances which he could not avoid and the consequence of which he was unable to prevent.

The carrier shall not be relieved of liability by reason of defective condition of the vehicle used by him in order to perform the carriage, or by reason of the wrongful act or neglect of the person from whom he may have hired the vehicle or of the agents or servants of the latter[10].

New words and Expressions

complementary	adj. 补充的，补足的	domestic economy	国内经济
consequence	n. 结果，后果	intermodal transport	多式联运
incorporate	vt. 结合	inherent vice	固有缺陷
liability	n. 责任	long haul	长途运输
ordinance	n. 法令，市政令	carriage of goods by road	公路货物运输
omission	n. 不做为，忽略	rail transport	铁路运输
ratify	vt. 批准，认可	road transport	公路运输
regime	n. 体制，政体	Convention de Merchandises Par Routes (CMR)	国际公路货物运输合同公约
undertake	vt. 承担		
limitation of liability	责任范围限制		

Notes

1. 在一国国内经济中，铁路运输或多或少与公路运输扮演同一角色。

2. 铁路和公路运输通常是辅助性的，铁路运输承担长距离运输，公路运输从事本地的集散。

3. 在公路运输合同中，公路承运人的权利义务和责任在国际公路货物运输合同公约和国内立法中有详细论述。

Haul（货物的陆地）运输
distribution 配销，分销
Convention de Merchandisese Par Routes（CMR）国际公路货物运输合同公约
to a great extent 很大程度上
be of benefit 有益
be aware of 了解
intermodal transport operators 多式联运营运人
take over the goods 接管货物
delay in delivery 延迟交付

4. CMR 公约是指国际公路货物运输合同公约。该公约于 1956 年被采用。而且通常用来调整国际公路货物运输。

5. CMR 公约仅被欧洲国家认可，而欧洲以外国家的公路运输很大程度上是受国内的法律和法规制约的，各国的规定又不尽相同。

6. 然而，欧洲以外的货运代理了解该公约也是有益的，因为一旦他们作为多式联运的营运人并且当欧洲的陆路运输构成该多式联运的一部分时，他们可了解货物运输所适用的法律体制。

7. 承运人的代理人，受雇人或其他人的作为和不作为。

8. 自他接管货物到交付期间发生的灭失和损害及延迟交付。

9. 货物的固有缺陷。

10. 对由于为履行运输而使用之车辆的不良状态或由于承运人已租用其车辆的人的或其代理人或其受雇人的错误行为或过失，承运人不应免责。

Exercise

1. Answer the following questions according to the text.

(1) What kind of role does rail transport play in the national economy?

(2) What is the relationship between rail transport and road transport?

(3) What is CMR?

(4) Where has CMR been ratified?

(5) Why should freight forwarders outside Europe have knowledge of CMR?

2. Multiple choice questions (choose the one answer which is correct in the following).

(1) Road transport undertakes (　　).

A. the local collection and distribution　　B. long haul

C. the domestic economy　　D. rail transport

(2) When was the CMR convention adopted? (　　)

A. in 1965　　B. in 1956

C. in 1946　　D. in 1964

(3) The CMR convention generally governs (　　).

A. carriage of goods by sea　　B. carriage of goods by air

C. international transport of goods by road　　D. long distance transport

(4) Which countries have ratified the CMR convention? (　　)

A. countries outside Europe　　B. developed countries

C. developing countries　　D. countries in Europe

(5) Road transport in the countries outside Europe is to a great extent governed by ( ).

A. the CMR convention　　B. international laws

C. national laws　　D. the same rules

3. Decide whether the following statements are true or false.

(1) Rail transport plays more or less the same role as road transport in the domestic economy of a country. ( )

(2) Rail transport usually undertakes local cargo distribution. ( )

(3) Roads are important in local transportation. ( )

(4) The CMR convention has been ratified countries around the world. ( )

(5) National laws and regulations for road transport vary from country to country. ( )

4. Multiple choice questions (choose at least two answers which are correct in the followings).

(1) In the contract of carriage of goods by road, the rights, duties and responsibilities of the road carrier may be discussed ( ).

A. under Convention de Merchandises Par Routes (CMR)

B. under the national law

C. by railway company

D. by intermodal transport operators

(2) Which of the following statements are true about CMR convention? ( )

A. It is the convention on contract for international carriage of goods by sea

B. It was adopted in 1956.

C. It generally governs international transport of goods by road.

D. The CMR convention has been ratified only by countries in Europe.

(3) Why is it beneficial for forwarders outside Europe to be aware of the CMR convention? ( )

A. Land transport in Europe forms part of the intermodal transport system.

B. They could then understand the legal regime applicable to movement of cargo when they act as intermodal transport operators.

C. The CMR convention has been ratified by countries all over the world.

D. Road transport all over the world is to a great extent governed by CMR convention.

(4) Under CMR convention, the carrier is responsible for ( ).

A. inherent vice of the goods

B. the acts and omissions of his agents and servants or other persons whose services he makes use

C. any wrongful act or neglect of the consignor

D. loss of or damage to the goods occurring between the time he takes over the goods and the time of delivery as well as for any delay in delivery

(5) The carrier is not responsible for the loss, damage caused by ( ).

A. any wrongful act or neglect of the consignor

B. inherent vice of the goods

C. circumstances which he could not avoid

D. the acts and omissions of his agents and servants or other persons whose services he makes use

5. Translate the following terms into Chinese.

(1) Limitation of liability

(2) intermodal transport

(3) inherent vice

(4) long haul

(5) carriage of goods by road

6. Translate the following terms into English.

(1) 铁路运输　　(2) 公路运输　　(3) 发货人

(4) 分发;配销　　(5) 国内经济

Unit 3
Multimodal Transport

*Multimodal transport*① refers to a transport system usually operated by a carrier with more than one mode of transport under the control or ownership of one operator. Goods moving in international trade often have to pass through the hands of more than one carrier and over more than one mode of transport. Under the conventional system of segmented transport, the consignor *enters into separate contracts*② with each carrier, the liability of each carrier being limited to the carriage performed by him. *The consignor or his agent has also to attend to another, including, if necessary, warehousing of the goods at any transshipment point*③.

Multimodal transport has the following advantages:

Minimizing time loss at transshipment points: multimodal transport, which is planned and co - ordinated as a single operation, minimizes the loss of time and the risk of loss, pilferage and damage to cargo at transshipment points. The multimodal transport operator maintains his own communication links and co - ordinates interchange and onward carriage smoothly at transshipment points.

Providing faster transit of goods: the faster transit of goods made possible under multimodal transport reduces the disadvantages of distance from markets and the tying - up of capital.

*Reducing the burden of documentation and formalities*④: the burden of documentation and other formalities connected with segmented transport is reduced to a minimum.

Saving costs: the savings in costs resulting from these advantages are usually reflected in the through freight rates charged by the multimodal transport operator and also in the cost of cargo insurance.

Establishing only one agency to deal with: the consignor has to deal with only the multimodal transport operator in all matters relating to the transportation of his goods, including *the settlement of claim*⑤ for loss of goods, or damage to them, or delay in delivery at destination.

Reducing cost of exports: the inherent advantages of multimodal transport system will help to reduce the cost of exports and improve their competitive position in the international market.

Currently, different types of multimodal transport operations involving different combinations are taking place. These are sea/air, air/road, rail/road/inland waterways - sea - rail/road/inland waterways, mini - bridge, land bridge, piggyback and sea train.

Sea/air combines in itself the economy of sea transport and the speed of air transport. *The economics of this combination mode favor high value items like electronics, electrical goods, computers and photographic equipment*⑥. In air/road, road transport is now being increasingly used for trucking air freight over long distance, sometimes across national boundaries, to connect with the main bases of airlines operating long haul services such as transpacific, transatlantic and intercontinental.

Rail/road/inland waterways - sea - rail/road/inland waterways mode is in common use when goods have to be moved by sea from one country to another and one or more inland modes of transport such as rail, road or inland waterways have to be used for moving goods from an inland center to the seaport in the country of origin or from the seaport to an inland center in the country of destination. Mini – bridge involves the movement of containers, under a through bill of lading issued by an ocean carrier, by a vessel from a port in one country to a port in another country and then by rail carrier's terminal in the second port city.

Land bridge system concerns itself with shipment of containers overland as a part of a sealand or a sea – land – sea route. In this case, the railways are paid a flat rate by the ocean carrier who issues the through bill of lading. This system is in operation for the movement of containers on certain important international routes. Piggyback is a system of unitized multimodal land transportation of transport by road and rail. It combines in itself the speed and reliability of rail on long trunk hauls with door – to – door flexibility of road transport for collection and delivery.

Sea train is another innovation in the multimodal transport system involving the use of rail and ocean transport. It is similar to the roll – on, roll – off system except that in the place of the place of the（删除）ro – ro vehicle a rail car is used so that geographically separated rail systems can be connected by the use of an ocean carrier.

New words and Expressions

carriage	n.	运费，运输
competitive	adj.	竞争的
innovation	n.	改革，创新
interchange	v.	相互交换
liability	n.	责任，义务
piggyback	n.	驮运联运
pilferage	n.	行窃，偷窃
reliability	n.	可靠性
route	n.	路线，路程，通道
settlement	n.	解决，结算
transatlantic	adj.	大西洋彼岸的，横渡大西洋的
transpacific	adj.	横渡太平洋的，太平洋彼岸的
transshipment point		转运点
air freight		空运货物
enter into		缔结
flat rate		统一费用
freight rate		货运价格
inter – continental		洲际间的
land bridge		陆桥运输
mini – bridge		小陆桥运输
sea train		火车车厢运输船
tying – up of capital		资金紧张
settlement of claims		索赔结算

Note

1. 多式联运。

2. 签订不同的合同。

3. 这里 if necessary 是插入成分，意思是“如有必要”，transshipment point 是指货物的转运点。

4. 减少文件和手续的复杂性。

5. 索赔的处理。

6. 这种组合运输模式适合运输诸如电子电器产品，计算机和照相机设备等高价值的物品。

Exercises

1. Answer the following questions according to the text.

(1) What is multimodal transport?

(2) What are the advantages of multimodal transport?

(3) What are the different types of multimodal transport operations?

(4) What is the sea/air transport operation?

(5) What is the minibridge system?

2. Multiple choice questions (choose the one answer which is correct in the followings).

(1) Another innovation in the multimodal transport system involving the use of rail and ocean transport is called (　　)

A. sea train　　B. air freight

C. sea/air　　D. road

(2) A transport system of utilized multimodal land transportation of transport by road and rail is called (　　)

A. land bridge　　B. piggyback

C. sea train　　D. mini - bridge

(3) The multimodal transport system involving the use of rail and ocean transport is (　　)

A. landbridge　　B. mini - bridge

C. sea train　　D. sea/air

(4) The system combining in itself the economy of sea transport and the speed of air transport is (　　)

A. mini - bridge　　B. sea train

C. land bridge D. sea/air

(5) Which of the following is not one of the multimodal transport's advantage? ( )

A. saving costs B. providing the fast transit of goods

C. reducing the cost of export D. issuing a landing permit

3. Decide whether the following statements are true or false.

(1) Multimodal transport refers to a transport system usually operated by a carrier with more than one mode of transport under the control or ownership of one operator

(2) One of the advantage of multimodal transportation is to provide faster transit of goods

(3) Sea train is another innovation in the multimodal transport system involving the use of rail and ocean transport.

(4) By employing multimodal transport, burden of documentation and formalities in transportation can be reduced to a minimum

(5) Air/road combines the economy of sea transport and the speed of air transport

4. Multiple choice questions (choose at least two answers which are correct in the following).

(1) Multimodal transport has the following advantage ( )

A. minimizing time loss

B. providing faster transit of goods

C. saving costs

D. Estabilishing only one agency to deal with

(2) Different types of multimodal transport operations include ( )

A. sea/air B. air/road

C. mini - bridge D. land bridge

(3) The innovations in the multimodal transport system refer to ( )

A. sea train B. land bridge

C. sea/air D. air/road

(4) Multimodal transport has the following characterisitics, they are ( )

A. it involves more than one mode of transport

B. it can provide faster transit of goods

C. it saves costs

D. it can cut down the costs of exports

(5) In terms of minimizing time loss at transshipment points, multimodal transport can (　　)

A. minimize the loss of time

B. reduce the risk of loss

C. cut down pilferage to cargo

D. minimize the damage to cargo

5. Translate the following terms into Chinese.

(1) multimodal transport

(2) transshipment point

(3) insurance coverage

(4) full container loads

(5) liability insurance

6. Translate the following terms into English.

(1) 空运货物　　(2) 统一费用　　(3) 货运价格

(4) 陆桥运输　　(5) 资金紧张

参考文献

1. 肖旭:《国际货运代理》, 高等教育出版社, 2014 年版。
2. 顾晓峰:《国际货运代理实务》, 北京大学出版社, 2015 年版。
3. 陶莉, 李富:《国际货运代理实务》, 南京大学出版社, 2016 年版。
4. 姚大伟, 朱慧如:《国际货运代理实务》, 高等教育出版社, 2017 年版。
5. 中国国际货运代理协会:《国际陆陆货运代理与多式联运理论与实务》, 中国商务出版社, 2020 年版。
6. 中国国际货运代理协会 http://www.cifa.org.cn/
7. 国际货运代理协会 http://www.fiata.com/
8. 锦程物流网 http://www.jctrans.com/
9. 童宏祥、孙婧:《国际货运代理基础》, 上海财经大学出版社, 2007 年版。
10. 顾丽亚:《航空货运业务》, 华东师范大学出版社, 2007 年版。
11. 姚大伟:《国际货运代理实务》, 中国商务出版社, 2007 年版。
12. 张敏、周敢飞:《国际货运代理实务》, 北京理工大学出版社, 2007 年版。
13. 方仲民、赵继新:《物流法律法规基础》, 机械工业出版社, 2007 年版。
14. 中国国际货运代理协会:《国际货运代理理论与实务》, 中国商务出版社, 2007 年版。
15. 李秀华:《货代作业实务》, 机械工业出版社, 2007 年版。
16. 张成武、张宏伟、曹旭平:《国际商法》, 上海财经大学出版社, 2007 年版。
17. 杨鹏强:《国际货运代理实务》, 电子工业出版社, 2011 年版。
18. 何银星:《货代高手教你做货代》, 中国海关出版社, 2014 年版。
19. 钱琳伊、张法坤:《国际货运代理实务》, 中国财政经济出版社, 2011 年版。
20. 王艳、李作聚:《国际货运代理业务流程设计》, 清华大学出版社, 2014 年版。张小彤:《国际货运代理实务》, 中国财富出版社, 2014 年版。
21. 肖建辉:《国际货运代理实务》, 清华大学出版社, 2012 年版。
22. 孙学农:《国际货运代理实务》, 中国财富出版社, 2014 年版。
23. 邓传红:《国际货运代理实务 (第二版)》, 大连理工大学出版社, 2014 年版。顾晓峰:《国际货运代理实务》, 北京大学出版社, 2015 年版。
24. 李志文:《物流实务操作与法律》, 东北财经大学出版社, 2012 年版。
25. 孙家庆:《国际货运代理 (第四版)》, 东北财经大学出版社, 2014 年版。
26. 刘娜、施丽华、韩杨:《国际货运代理》, 清华大学出版社, 2014 年版。